아델 벌린(Adele Berlin)

성경 평행법의 역동성

(The Dynamics of Biblical Parallelism)

수정 + 증보판

THE DYNAMICS OF BIBLICAL PARALLELISM

Adele Berlin

Revised and expanded Edition
With the addition of
"The Range of Biblical Metaphors in Smikhut"
by Lida Knorina

성경 평행법의 역동성

2012년 10월 20일 초 판 1쇄 인쇄
2012년 10월 30일 초 판 1쇄 발행

저 자 • 아델 벌린(Adele Berlin)
역 자 • 이 희 성
발행인 • 조 경 혜
발행처 • 도서출판 그리심
156-763 서울시 동작구 사당5동 196인정 B동(B01)

등록번호 • 제 7-258호(1998. 4. 23)
출 판 사 • 전화 523-7589 팩스 523-7590
홈페이지 • http://grisim.biz
전자우편 • grisimcho@hanmail.net

값: 표지 뒷면에

ISBN 978-89-5799-304-??? 93230

tr. by
Hee-sung, Lee

Originally published in English under the title
Dynamics of Biblical Parallelism
Revised and expanded Edition by **Adle Berlin**
First edition ⓒ 1985 Adele Berlin
Published 1985 by Indiana University Press, Bloomington
Revised and Expanded Edition ⓒ 2008 Adele Berlin

Revised edition published jointly 2008
by Wm. B. Eerdmans Publishing Co.
2140 Oak Industrial Drive N.E., Grand Rapids, Michigan 49505, P.O.
Box 163, Cambridge CB3 9PU U.K.
www.eerdmans.com

and by Dove Booksellers, 13904 Michigan Avenue, Dearborn,
Michigan 48126
www.dovebook.com

Translated and used by arrangement of Wm. B. Eerdmans Publishing
Co., through rMaeng2, Seoul, Republic of Korea.

Moshe Greenberg

와

Barry L. Eichler

를 위하여

עשה לך רב וקנה לך חבר

그리고 또한

Tikva Frymer-Kensky

와

Michael O'Connor

를 기념하며

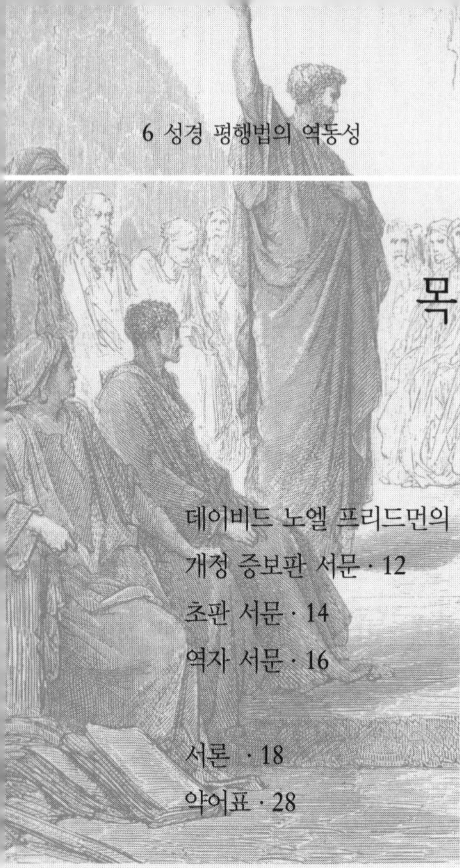

목 차

서 문

균형감각 있는 작가의 손으로 빚어낸 가치 있는 주제를 담은 글은 읽는 이에게 항상 즐거움이요, 때로는 안도감을 안겨 주기도 합니다. 아델 벌린(Adele Berlin)은 아주 멋들어지게 글을 쓰는 작가이며, 또한 신뢰할 수 있는 구약학자입니다. 새롭게 출간되어 나온 성경 평행법의 역동성(The Dynamics of Biblical Parallelism)에서 벌린은 "둘이나 그 이상의 서로 비슷한 구성요소는 인접한 연속적인 표현에서 결합된다; 즉, 유사성(similarity)은 인접성(contiguity)에 반드시 따라오는 것"이란 평행론의 언어학적인 현상을 추적했습니다. 그리고 그녀는 아주 중요한 결과를 끌어냈습니다.

로버트 알터(Robert Alter)나 제임스 쿠겔(James Kugel), 스티븐 겔러(Stephen Geller)나 마이클 오코너(Michael O'Connor)도 모두 같은 주제를 다루었습니다; 하지만 벌린의 책은 평행법의 이론적인 기초를 그 전반적 특징인 의미적, 음운적, 형태적, 어휘적인 면으로 설명하는 러시아 언어학자 로만 제이콥슨(Roman Jacobson)의 선구자적인 연구를 통합함으로써 다른 학자들과 구별됩니다. 대부분의 평행법에 관한 핸드북은 "의미론적" 설명에서 끝납니다.

나는 같은 급, 심층 구조, 또는 소리와 의미까지 공유하는 단어와 표현을 사용하는 평행법의 특징이 동의어적이며 반의어적인 하나의 효과를 만들어 낸다는 벌린의 의견에 동의합니다. 이 동시다발적인 수렴-발산의 효과(converging-diverging effect)는 자크 데리다(Jacques Derrida)의 서기법(書記法)연구(Of Grammatology, 1967)에서 여러 차례 제시된 차이(difference)의 개념에 가까운데, 이는 벌린이 데리다보다 앞선 선구자들 중의 하나인 제이콥슨의 연구를 토대로 일구어가기 때문에 그다지 놀랄 일은 아닙니다.

1985년에 패트릭 D. 밀러(Patrick D. Miller)는 성경 평행법의 역동성(The

Dynamics of Biblical Parallelism)을 논평하면서 벌린이 은유, 중복, 모호성과 같은 중요한 시적인 현상들을 좀 더 자세히 다루어야 한다고 제안했습니다. 이 지적에 대한 응답으로, 현재 출간된 벌린의 책에는 리다 노리나(Lida Knorina)의 "Smikhut에 담긴 성경 은유의 범위(The Range of Biblical Metaphors in Smikhut)"와 같은 은유에 관한 언어적인 분석도 포함하고 있어서, 이전에 축소된 수준으로 평행법을 논한 것에서부터 그 관점을 더 확대 시켜주고 있습니다.

교사들은 아마도 그 외의 작품들, 예를 들어, 롤프 A. 제이콥슨 (Rolf A. Jacobson)의 "종교적인 시 해석(과 그들의 사고의 폭을 넓히는 것)을 학생들을 가르치기(Teaching students to Interpret Religious Poetry(and to Expand their Avenues of Thinking) (*Teaching theology and Religion*, Vol.7, no.1)"와 같은 책을 찾아 벌린의 연구에 담겨있는 자료와 같이 통합함으로써 수업에서 교육상의 도움을 얻고자 할 것입니다. 특히 주목할 만한 것은, 제이콥슨의 참고문헌조차도 이 책 본문에 나타난 원래의 1985년이란 출판 날짜보다 훨씬 오래된 책들, 몇몇은 19세기의 책들까지 인용하고 있습니다. 따라서 벌린의 세심한 연구와 심오한 통찰력을 믿는다면 독자들는 현재로서 성경 평행법에 관한 실제로 가장 뛰어난 논문들 가운데 한 작품을 대하고 있다고 확신할 것입니다.

성경적인 시를 언어학적으로 분석하는 것에 관심이 있는 사람에게 누구든지 22년 전 첫판 이래 성경 평행법의 역동성(The Dynamics of Biblical Parallelism) 신간이, 1970년대 전성기 동안 그랬던 것과 똑같이 최근 히브리어 시 연구의 전성기에 큰 공헌을 하게 될 것이라는 약속을 해줄 것입니다. 벌린은 최판의 논지를 해명하거나 왜곡시키는 것을 피하기 위해 그녀의 처음 논의를 그대로 보존하기로 결정했습니다. 결국, 경이로운 초판은 개정된 것이 아니라 단지 재판으로 나오게 된 것입니다. 저는 평행법 연구는 그 무엇보다도 재미있는 일이라고 말하는 벌린에게 독자들이 기꺼이 동의할 것이라고 확신합니다.

데이비드 노엘 프리드먼(David Noel Freedman)

개정증보판에 대한 서문

나는 약 20년 전에 처음으로 출판된 성경 평행법의 역동성(The Dynamics of Biblical Parallelism)을 새로운 세대의 학생들과 학자들이 다시 접할 수 있도록 해준 윌리엄 B. 어드먼즈 출판사(William B. Eerdmans Publishing Company)에 감사를 표합니다. 책의 어느 한 부분을 다시 쓰는 것은 언제나 원래의 내용을 어느 정도 풀어버리는 경향이 있고 이는 왠지 지혜로운 일이 아닌 것 같아서, 나는 단지 미미한 실수들만 정정했습니다. 나는 또한 책이 쓰여진 당시의 적절한 학문적 연구 활동의 느낌을 제공해 주고 차후 평행법 연구의 간단한 개요를 보여주는 새롭고 아주 짧은 서문을 덧붙였습니다.

나는 이번 새 개정증보판에 러시아 언어학자, 리다 크노리나(Lida Knorina)의 아직 미 출간된 논문을 처음으로 공개한 것이 가장 기쁩니다. Smikhut에 담긴 성경 은유의 범위(The Range of Biblical Metaphors in Smikhut)라는 논문은 평행법(Parallelism)에 관한 글은 아니지만, 지금껏 성경적인 시에서 도외시되다가 최근 마땅히 받을만한 깊은 관심을 모으고 있는 은유(metaphor)를 다루고 있습니다. 크노리나는 연계형(Smikhut) 안에서 발생하는 은유들의 하위그룹을 분석합니다. 비록 이 글이 십여 년 전에 쓰여 졌고 결코 완성은 못되었지만, 나는 이 논문이 시의 언어적인 분석을 중요시하는 이들에게 여전히 획기적이고 유익하다는 것을 알고 있습니다. 크노리나의 은유에 대한 언어적인 분석은 평행법에 대한 나의 언어학적 유형 분류에 훌륭한 보완점을 제공해주고 있습니다. 평행법처럼 은유도 성경 시의 중심부를 이루고, 평행법보다는 덜하지만, 역시 산문 전반에도 나타납니다. 이들에 대한 언어학적인 접근은 그것들이 어떻게 작용하고 있는지를 더 잘 이해하는 데 큰 도움이 됩니다.

이 책은 원래 내 스승이신 모세 그린버그(Moshe Greenberg)와 내 동료이자 친구인 배리 아이흘러(Barry Eichler)에게 헌정되었습니다. 나는 이들에게 이 책을 다시 바치고 싶습니다. 그들은 수년간 깊이 있는 배움과 보기 드문 친절함 그리고 이 세상에 대한 관심을 가지는 훌륭한 모델로 내게 영향을 주신 분들이었습니다. 그들은 소중한 학자요, 선생이며, 또한 친구입니다. 마지막으로, 나의 친구이자 동료인 티크바 프리메르-켄스키(Tikva Frymer-Kensky)와 마이클 오코너(Michael O'Connor)을 생각하면서 그들에게도 이 책을 헌정합니다.

아델 벌린

2006년 8월

첫판에 대한 서문

아모스 7장 14절을 바꾸어 말하면, 나는 언어학자가 아니며 언어학자의 제자도 아니되 그저 성경학자일 뿐입니다. 하지만 나는 언어학으로부터 성경 본문을 설명하는 데에 사용할 수 있는 유용한 많은 안목들을 발견했습니다. 여기에서 내가 꼭 집어서 설명하고 싶은 성경 본문의 한 특징은 평행법입니다. 평행법이란 성경에서 매우 잘 드러나는 현상이며 언어학자들의 연구 주제에서도 상당한 부분을 차지하는데, 특히 로만 제이콥슨(Roman Jakobson)의 후기 연구가 그러합니다. 사실상 내가 대부분의 성경학자들이 제시한 관점을 대체 할 수 있을 만한 평행법의 다른 관점을 처음으로 맛본 것은 제이콥슨의 글들을 통해서입니다. 앞으로 소개될 여러 장들에 그의 영향이 분명히 드러나게 될 것입니다. 그에 반하는 비판들도 익히 잘 알고는 있지만, 나는 그 어떤 다른 접근보다 그의 연구야말로 우리에게 포괄적이고 통합적인 평행법의 관점을 모든 면에서 제공해 줄 수 있는 잠재력이 있다고 확신합니다. 동시에, 나는 내 자신을 제이콥슨이나 구조주의 언어학에만 제한하지 않았고 언어심리학이나 텍스트언어학도 과감히 섭렵하였습니다. 물론 나의 이런 지적 경험들은 완전하지는 않지만 그 안에서 많은 안목들을 발견하였고, 이러한 안목들이 성경 평행법을 더 심도 있게 이해하는 데는 충분한 것 같습니다. 하지만 이 책의 목적은 특정한 언어학 이론이나 방법을 옹호하거나 입증하는 것이 아니라, 히브리어 성경에 나타나는 평행법을 설명하는 데 있어서 언어학이란 것을 최대한 활용해 보고자 하는 것입니다. 나는 성경 평행법이 무엇인지와 또 어떻게 이루어지는가에 대한 기본적인 것을 책에 담고자 노력했습니다.

이 책을 완성하는 데에는 몇 년이 걸렸습니다. 처음에는 NEH Summer Stipend (1978)의 후원으로 성경 평행법의 문법적 측면을 연구했고 Hebrew Union College Annual L (1979), 17-43에 발표되었습니다. 그 이후 연구는,

지금 4장의 내용이기도 한데, Ugarit-Forschungen 15 (1983), 7-16에 "평행하는 단어 쌍들: 언어학적인 설명(Parallel Word Pairs: A Linguistic Explanation)"이란 제목으로 발표되었습니다. 대부분의 작업은 1982-83년 사이에 American Association of University Women과 General Research Board of the University of Maryland에서 받은 연구비로 완료되었다.

이 기간 동안 나는 몇몇의 동료들과 연락하면서 많은 도움을 받았었고 이 지면에 기쁜 마음으로 그들에 대한 감사를 표합니다. 마이클 오코너(Michael O'Connor)는 1장의 초기 초안을 읽고 나서 폭넓고 지각 있는 논평을 해주었습니다. 스티븐 겔러(Stephen Geller), 에드워드 그린스타인(Edward Greenstein), 프랜시스 랜디(Francis Landy)와 데니스 파디(Dennis Pardee)는 그들의 미발표 원고들을 제공하면서 여러 논점들에 대한 의견들을 주고 받았습니다. 지금까지 그래왔지만 항상 내 남편은 저에 대한 후원과 격려의 원천이 되어 주었습니다. 마지막으로, 비록 지금 나의 연구에 직접적인 영향을 주지는 않았지만, 나의 인격 형성기 이래로 내게 수준 높은 학문과 가르침에 대한 이상들을 심어준 두 사람이 있습니다. 이 책을 그들에게 바칩니다.

성경 구절들은 주요 현대 성경 번역본들과 비교해가면서 내가 직접 번역했습니다. 번역의 목적이 논의 과정 중에 있는 특정 현상을 명료하게 만드는 것이므로 나는 가능하면 효율적으로 이 목적을 수행하도록 번역(가끔 부분적인 음역이 동반됨) 작업을 했습니다. 이것이 평행법의 다른 측면들을 분명히 보여주도록 사용된다면 가끔 같은 절(verse)을 다르게 번역 하기도 했습니다.

구절에 밑줄을 그은 것도 또한 평행법을 강조하려고 고안한 것이지만 항상 절 전체와 일치하지는 않습니다. 실제로, 몇몇의 예문은 절이 전혀 아닙니다.

// 기호는 평행하는 행들 안에서 발생하는 것이란 전통적인 의미로 "…에 평행하는"을 표현합니다. 병렬 배열 안에 나타나는 히브리 단어 쌍들과 영어 단어 관련어들도 역시 평행법의 한 양상으로 간주되지만 - (하이픈)으로 표시했습니다.

역자 서문

지금으로부터 10년 전 나는 처음으로 아델 벌린(Adel Berlin)의 성경 평행법의 역동성(The Dynamics of Biblical Parallelism)이란 책을 접하게 되었습니다. 그 때 나는 박사 학위 코스웍 기간이었습니다. 시편 주해 수업 시간에 저의 지도 교수님이셨던 벤 게메렌(Willem A. VanGemeren) 교수님께서 벌린의 책을 소개해 주셨습니다. 구약 성경의 시에 대한 이해를 위해 평행법을 중요성을 역설하셨고 그와 함께 소개된 벌린의 책은 저를 성경해석의 새로운 세계로 인도했습니다. 그녀의 책은 구약 성경의 시학 이해에 유익한 안목을 주었을 뿐만 아니라 구약 여러 본문을 해석하는데 큰 도움을 주었습니다. 벤게메렌 교수님은 박사학위 종합 시험에서도 벌린의 책을 숙지하고 본문 해석에 적용하는 것을 요구하셨고 이러한 훈련을 거쳐 저는 학위 논문의 중요한 부분을 문안하게 작업할 수 있었습니다.

벌린의 책은 히브리 성경 전체에서 발견된 여러 형태의 평행법을 체계적으로 제시했습니다. 벌린은 언어학적이며 또한 비 언어학적 방법론을 비롯한 여러 학문적 도구들을 사용하여 히브리 성경 전반에 나타나는 평행법을 설명하고자 했습니다. 로만 제이콥슨의 평행법에 대한 이해를 바탕으로 언어학적 설명을 시도하였고 또한 알터(Robert Alter)와 쿠겔(James Kugel)의 이론을 더욱 발전시켜 비언어학적인 분야를 통해서도 평행법에 대한 이해를 돕고자 했습니다. 벌린은 자신의 생각의 패턴을 독자들이 잘 따라올 있도록 평행법에 관하여 명확하게 범주화를 시키며 글을 써 내려갔고 새로운 용어들이 나타날 때 마다 적절하게 설명해주고 있습니다. 무엇보다 구약 성경 평행법의 여러 가지 예들을 구체적으로 소개하여 연구하는 학자들이나 학생들이 쉽게 이해할 수 있도록

했습니다.

그 동안 학교 강단에서 구약을 가르치면서 깨달은 것은 한국성서학계에 구약 평행법에 관한 글들이 그렇게 많이 소개 되지 못했다는 점이었습니다. 평행법은 구약 성경의 시학 이해에 결정적으로 중요한 주제임에도 불구하고 그 동안 학자들의 많은 관심을 끌지 못했던 것은 사실입니다. 이러한 상황 속에서 벌린의 성경 평행법의 역동성(The Dynamics of Biblical Parallelism)이란 훌륭한 책을 번역할 수 있게 되어 개인적으로도 큰 영광이라 생각합니다. 평행법에 대한 교과서적인 책을 번역할 수 있게 해주신 하나님께 진심으로 영광과 감사를 드립니다. 그리고 책을 번역하는 동안 옆에서 기도와 온갖 내조로 도운 사랑하는 아내와 언제나 삶의 활력소가 되어주는 두 아들 주성, 주호에게 내 마음에 있는 사랑을 드립니다. 부디 이 책이 구약 성경을 좀 더 깊이 있게 연구하고자 하는 모든 이들에게 작은 디딤돌이 되기를 소망합니다.

2012년 7월 9일

새에덴 교회 연구소에서

이 희 성

서 론

1970년대 후기와 1980년대 초는 히브리 성경의 문학적 측면들에 대한 관심이 성장하는 시기였다. 이 시기는 앞서 나왔던 신문학비평과 함께 가미된 형식주의와 구조주의와 같은 현대 문학 이론의 전성기의 시작이었으며 성경 학자들은 이 같은 분석적인 방법들을 성경 본문에 적용하는 것에 대한 유익을 알게 되었다. 성경 문학 이론가들은 주로 네러티브에 관심을 기울였고 해체주의와 다양한 여러 형태의 포스트모던 문학 이론이 등장했을 때에도 지속적으로 그러했다. 비록 관심이 그보다는 덜 했지만 시 특히 히브리 성경 시의 형식적 구조들은 문학적 분석의 주제였다. 물론 성경의 시에 대한 학자들의 관심이 전혀 새로운 것은 아니었다. 이는 이미 고대로부터 시작되었고 모든 시대에 가졌던 그 관심이 다시 대두되었다.[1] 현대의 전(前) 형식주의자 단계에서 시 분석은 주로 운율에 관한 것이었으며(다른 고대의 연구), 여러 운율 체계들이 제시되었다. 적절한 때에 학자들의 관심은 본문의 어휘 구조 분석, 좀더 구체적으로 말하면 AABB, ABAB, ABBA의 형태들과 그와 비슷한 것이 나타나는 시행들 안에서 단어들의 패턴화로 이동했다. (이 시기에는 산문체뿐만 아니라 시 안에서도 교차대구법에 관한 많은 연구들이 나타났다.) 거의 동시에 평행하는 단어-쌍(word-pair)에 대한 연구들도 유행했다. 이러한 단어-쌍들은 구어로 구성된 시의 구성 요소들로 사용된 관용적 쌍들로 고정되었다라는 생각은 패리-로드(Parry-Lord)의 호머 풍의 시(Homeric poetry)의 구어 편집이론에서 도출되었다. 패리와 로드는 관용어구들(formulaic phrases)을 구전 편집의 기초와 동일시하였다. 그러나 성경은 관용어구들을 사용하지 않으므로 성경학자들은 그것들

1) James L. Kugel, *The Idea of Biblical Poetry: Parallelism and Its History* (New Haven: Yale University Press, 1981). 다음의 저자의 글을 참조하라. "Poetry, Old Testament," in *Dictionary of Biblical Interpretation* (Nashville: Abingdon, 1999), pp. 290-296.

의 기능적 상당어구를 단어 쌍 안에서 찾았다.[2)] 운율, 고정된 단어 쌍, 그리고 어휘적 패턴에 관한 연구들은 다소 서로 다르나 어떤 면에서 이러한 모든 연구들은 시적 담화의 형식적인 특성들과 그 편집을 가능케 한 기법들에 대한 관심을 불러일으키는 노력으로 보여질 수 있다. 따라서 그 연구들은 평행법의 형식적인 특성들에 관하여 이론적으로 더 정교한 연구를 위한 길을 준비시켰다.

기억해야 될 것은 형식주의와 구조주의는 언어학 분야에서 태동하였고 이들의 출현과 더불어 저명한 로만 제이콥슨에 의해서 시의 언어학적인 연구가 대두되었다. 비록 제이콥슨의 저서는 1960년 대로 거슬러 올라가나 성경 시에 관하여 학자들 사이 관심이 유발되기 까지는 약 10년 이상의 세월이 걸렸다. 성경 시학의 역동성(*The Dynamics of Biblical Poetry*)이란 책은 성경 시학의 중요한 차원인 성경 평행법에 제이콥슨의 원리들을 적용시킨 것이다.

필자의 저서는 아무것도 없는 진공 상태에서 기록된 것은 아니다. 평행법을 포함한 성경 시에 대한 많은 언어학적 연구들은 저자의 연구에 이미 선행하였었고 또한 영향을 미쳤다. 이들 가운데 주된 작품들로는 콜린스(T. Collons), 쿠퍼(A. Cooper), 드 므어(J. de Moor), 겔러(S. Geller), 그린 스타인(E. Greenstein), 밀러(P. Miller), 오 코너(M. O'Conner), 파디(D. Pardee), 파커(S. Parker), 세게르트(S. Segert), 왓슨(W.G.E.Watson)과 같은 학자들의 저서들이다.[3)] 이 학자들은 모두 어떻게든 성경의 절 행(verse lines), 평행법, 또는 언어학을 주된 도구로 사용한 시적 담화의 다른 차원을 정의 하거나 분석 하기 위해 안간힘을 썼다. 그러나 이들 모두가 제이콥슨과 같은 방향성을 가진 것은 아니었다.

거의 동시에 유명한 로버트 알터(Robert Alter)와 제임스 쿠겔(James Kugel)에 의해 비언어학적 연구 분야에서도 평행법 연구에 대한 새로운 진척이 일어났다. 이들은 "평행법의 아버지"라고 불리는 로버트 로쓰(Robert Lowth) 작품

---

2) 제 4장에서 고정된 단어 쌍에 대한 저자의 비평을 참조하라. 패리-로드 이론은 결과적으로 포기 되어졌다.
3) 이 책 마지막 부분의 참고문헌을 보아라.

의 좀더 직접적인 후예들이다(쿠겔에서 보여지는 바와 같이 비록 평행법에 대한 연구가 그보다 몇 세기들을 앞섰지만).[4] 알터와 쿠겔은 평행법의 두 번째 행이 첫 번째 행을 여러 가지 방식으로 넘어설 수 있다는 생각을 제시하면서 로쓰의 세 가지 형태의 평행법 분류(동의어적, 반의어적, 종합적)를 뒤집길 원했다. 중요한 점은 두 번째 행은 단지 첫 번째 행의 생각을 반복하지 않고 여러 면에서 넘어선다는 점이다. 즉 첫 번째 행을 수식하고, 확장하고, 또는 강화시킨다.[5]

알터와 쿠겔은 거의 동일한 시기에 각각 이 같은 평행법에 대한 이해에 이르게 되었다. 즉 이 같은 생각의 때가 찾아온 것이다. 나의 저서에서 1981년에 출판된 쿠겔의 책에 대해 상세하게 논의 하였다. 본인은 비록 알터의 성경시학의 기술(*The Art of Biblical Poetry*)란 책이 필자의 책이 출판된 해와 동일한 1985년에 발행되었다 할지라도 1983년에 나온 그의 평행법에 대한 두 개의 소논문이 있었기에 또한 그의 작품들을 더 비중 있게 다루어야 했었다.[6]

평행법에 대한 나의 생각은 초기 언어학적 연구들에 의해 이미 부분적으로 형성되었고 또한 알터와 쿠겔의 의해 발전된 팽행법에 대한 새로운 안목으로부터 유익을 얻었다. 결국 필자의 책은 어느 한 순간에 시적 담화의 언어학적 연구와 평행법의 비언어학적 연구를 수렴하는 지점에 서게 되었다. 다른 여러 학자들에 의한 언어학적 연구에서와 같이 로쓰 계통의 학자들의 연구 또는 오히려 알터와 쿠겔의 분석과 같은 반 로쓰 계통의 연구 안에서도 평행하는 행들 사이의 의미적 그리고 구문적 관계성들이 주된 논의의 중점이었다. 이 같은 관

4) 라쉬의 평행법에 대한 평가에 대해서는 다음을 참조하라. Mayer I. Gruber, *Rashi's Commentary on Psalms* (Leiden: Brill, 2004), pp. 150-54.

5) 거의 1963년 초기에 루이스 알론소-쇄켈(Luis Alonso-Schökel)은 다음과 같이 기록했다. "평행법은 부연설명을 하거나 또는 집중시키는 기능을 할 수 있다. 아마도 이미지를 확대하거나 또는 설명할 수 있다...; 두 가지 일을 조화시키거나 또는 긴장 관계를 만들어 낼 수 있다." (*Estudios de poética hebrea*, 230; quoted in *The Hebrew Bible in Literary Criticism, compiled and edited by Alex Preminger and Edward L. Greenstein* [New York: Unger, 1986], p. 153).

6.) Robert Alter, *The Art of Biblical Poetry* (New York: Basic Books, 1985).

계성들이 바로 필자의 주된 관심사이다. 평행법의 여러 측면들에 대한 최근의 설명을 따르는 나의 평행법에 대한 언어학적 설명이 알터와 쿠겔에 의해 다른 방법을 통해 이르게 된 결론에 대해 확신과 설명을 제공하게 되었다는 사실을 발견하게 되었다. 다시 말하면 평행구의 두 번째 행이 첫번째 행을 넘어선다는 점에 대해 언어학적 관점으로 여러 측면들을 설명할 수 있었다.

이 책의 목표는 평행법 연구에 대한 언어학적 틀을 제공하는 것이기에 이 책의 대부분은 설명을 위해 평행법의 언어학적 범주들에 할애하고 있다(평행법을 이해할 수 있도록 하기 위한 형태적, 구문적, 어휘적, 의미적, 그리고 음성적 범주들). 그러나 마지막 장에서 필자는 이 같은 여러 언어학적 범주들이 어떻게 본문 안에서 서로 상호 작용을 하는지를 다루었다. 나는 평행법의 복잡함들, 여러 뉘앙스들, 그리고 그 구성을 위한 거의 무한의 가능성들을 알기 시작했다. 몇몇의 평행법들은 기대치 않은 등가(等價)와 대조(對照)를 통하여 독자의 마음을 끄는 일종의 유희가 있다. 이는 아마도 단어들과 구들의 경이로운 조합 또는 행들의 구문 안에서 긴장 관계일 수도 있다. 이러한 예들을 살펴보는 것은 항상 즐거움이기에 그들 가운데 두 가지를 여기에 소개한다.

시편 79:11

תבוא לפניך אנקת אסיר
כגדל זרועך הותֵר בני תמותה

갇힌 자(*prisoner*)의 탄식이 주의 앞에 이르게 하시며;
주의 크신 능력을 따라, *죽이기로 정해진 자들을 풀어주소서.*

문자적으로 "묶인 자"란 의미가 있는 *갇힌 자*(*prisoner*)란 단어는 그와 연결된 두 개의 평행하는 단어들이 있다. "묶음"과 좀 더 일상적인 관련어는 *풀어*

줆이고 여기에서는 하나님을 주어로 하는 동사로 나타난다. 이용어는 문법적으로 평행하기 보다는 어휘적으로 평행을 이루고 있다. 이것은 일반적인 단어 결합(common word association)을 사용하고 있는 것이다(4장을 참조하라). *갇힌 자*와 관계된 두 번째 용어는 *죽이기로 정해진 자*이다. 이 용어들은 의미적으로 평행구를 이룬다. 비록 *죽이기로 정해진 자들*이 *갇힌 자*의 의미를 확대하지만 이 두 용어는 동일한 지시 대상을 가리킨다. 또한 *죽이기로 정해진 자*는 다음 평행구의 문법적 목적어인 반면에 *갇힌 자의 탄식*이 이 행의 문법적인 주어인 것에 주목하라. *갇힌 자*는 단수이나 *죽이기로 정해진 자들*은 문법상 복수이다(형태적 평행법). 이 책에서 설명된 여러 언어학적 형태의 평행법들은 다음 구절에 조합되어 나타난다.

욥기 5:14

יומם יפגשו חשך
וכלילה ימששו בצהרים

낮에도 그들은 어두움을 만나고
밤과 같이 그들은 대낮에도 더듬느니라.

욥기의 언어학적 난해함과 복잡함이 이 평행법 안에 나타나 있다. 일반적인 관련 단어인 *낮*과 *밤*은 많은 경우에 있어서 무엇인가 낮에 일어난 것이 있을 때는 밤에도 일어나는 것과 평행을 이루듯이 각각의 행 안에서 이 두 연계 단어가 문법적으로 평행구를 이룬다는 인상을 주면서 동일한 위치에 배치되어 있다(문장의 처음). 비슷하게 배치된 단어로는 덜 일반적이긴 하지만 어두움과 *대낮*(밝은 태양빛)의 연계단어 이다. 그러나 이러한 단어 쌍들이 어휘적으로는 평행을 이룰지 모르나 여기에서는 그와 같은 기능을 하지는 않는다. *낮에도*와 평행을 이루는 것은 *대낮에도*이고 밤은 어두움과 평행을 이룬다. 로쓰의 옛 용어를 사용한다면 이는 대낮과 밤을 대조하는 반어적 평행법이 아니고 두 행 모두 대낮을 말하는 동의어적 평행구이다. 분명히 두 번째 행은 지혜로운 자들의 소경 됨을 은유적으로 설명함에 있어서 첫 번째 행을 넘어선다. 그들은 태양이 가장 밝게 비출 때에도 거의 소경과 같다. 또한 일반적으로는 서로 연관성이 없는 두 단어인 *만나다*(*ypgšw*)와 *더듬다*(*ymššw*)를 함께 연관시켜 주는 소리 쌍에 주목해 보라.

이론적으로 거시적 차원이든지 아니면 특정한 예들의 차원이든지 평행법에 대한 연구는 지속될 것이다. 나는 점점 더 이 수사적 비유 어구의 탄력성과 저자가 멋있게 사용한 그의 기교적 창의성을 감상하며 즐기고 있다. 평행법에 대한 연구는 정말 재미있는 일이다.

1985년 이후의 평행법 연구

평행법에 대한 연구는 1980년 중반에 이르러 그 정점에 달했고 그 이론적 성격에 대해 특히 새롭게 할말이 없어지고 또한 시의 언어학적 연구가 다른 접근 방법들에게 그 길을 내어주고 난 후부터 점점 시들어지기 시작했다. 그러나 옛 평행법의 분류들을 좀 더 정교하게 하는 것(예, 야누스 평행법, 음위전환 평행법, 그리고 기타 비슷한 종류의 것)과 특정한 성경 본문과 다른 고대의 문서들 안에 나타난 평행법의 분석들을 포함하는 소위 파생적인 연구들은 지속될 것이다.

비록 포괄적이지는 않지만 다음에 소개하는 책자들은 1985년 이후에 출간된 평행법 연구에 대한 대표적인 총서들이다. 저자의 이름에 따라 알파벳 순서로 배열되었고 이 문헌목록은 성경 시, 성경 산문 안에서의 평행법과 성경기록 이후와 성경 이외의 문서들에 나타난 평행법에 대한 연구들뿐만 아니라 주해와 번역에서 평행법의 중요성을 다루는 연구들을 포함하고 있다.

Avishur, Yitshak. בשירה המקראית והכנענית התבניות הסגנוניות של בצלעות החרוז והתפתחות דפוסי התקבולת ההזרה התקבולת החוזרה *Ha-Hazarah veha-tikbolet ba-shirah ha-Mikra'it veha-Kena 'anit: ha-tavniyot ha-signoniyot shel ha-hazarah be-tsal'ot he-haruz ve-hitpathut defuse ha-tikbolet*. Tel Aviv-Yafo: Pirsume Merkaz arkhe'ologi, 2002.

Barco del Barco, Franciscdo Javier del. "Syntactic Structures of Parallelism : A Case Study in Biblical Prophecy." *Journal of Northwest Semitic Languages* 29, no.1 (2003), 37-53

Berlin, Adele. "Azariah de' Rossi on Biblical Poetry." *Prooftexts* 12 (1992), 175-83.

________. "Rams and Lambs in Psalm 114:4 and 6: The Septuagint's Translations of X // Y Parallelisms." *Textus* (forthcoming).

Burden, Jasper Jacobus. "Reconsidering Parallelism in the Old Testament." *Old Testament Essays* 4 (1986), 141-76.

Ceresko, Anthony R. "Januis Parallelism in Amos's 'Oracles against the Nations' (Amos 1:3-2:16)." *JBL* 113, no.3 (1994), 485-90.

Clines, David J. A. "the Parallelism of Greater Precision: Notes from Isaiah 40 for a Theory of Hebrew Poetry." In *Directions in Biblical Hebrew Poetry*. Edited by Elaine R. Follis. Sheffield : JSOT Press, 1987. Pp. 77-100.

Elwolde, John F. "Non-contiguous Parallelism as a Key to Literary Structure and Lexical Meaning in Job 28." In *Job 28: Cognition in Context*. Edited by Ellen van Wolde. Leiden : Brill, 2003. Pp. 103-18.

Gray, Patrick. "Points and Lines: Thematic Parallelism in the Letter of James and the Testament of Job.'" New Testament Studies 50, no. 3 (2004), 406-24.

Gruber, Mayer Irwin. "The Meaning of Biblical Parallelism: A Biblical Perspective." *Prooftexts* 13, no. 3 (1993), 289-93.

Harris, Robert A. *Discerning Parallelism: A Study in Northern French Medieval Jewish Biblical Exegesis*. Brown Judaic Studies 341. Providence: Brown University Press, 2004.

Irwin, William Henry. "Conflicting Parallelism in Job 5, 13; Isa 30,28; Isa 32, 7." *Biblica* 76, no.1 (1995), 72-74.

Landy, Francis. "Recent Developments in Biblical Poetics." *Prooftexts* 7, no. 2 (1987), 163-78.

Levine, Nachman. "Vertical Poetics: Interlinear Phonological Parallelism in Psalms." *Journal of Northwest Semitic Languages* 29, no. 2 (2003), 65-82.

Malul, Meir. "Janus Parallelism in Biblical Hebrew: Two More Cases (Canticles 4,9.12)." *Biblische Zeitschrift* 41, no. 2 (1997), 246-49.

Martens, Elmer A. "Narrative Parallelism and Message in Jeremiah 34-38." *Early Jewish and Christian Exegesis: Studies in Memory of William Hugh Brownlee*. Edited by Craig A. Evans and William F. Stinespirng. Atlanta: Scholars Press, 1987. Pp.33-49.

Nel, Philip J. "Parallelism amd Recurrence in Biblical Hebrew Poetry: A Theoretical Proposal." *Journal of Northwest Semitic Languages* 18 (1992), 135-43.

Nogel, Scott B. Janus Parallelism in the Book of Job. Sheffield: Sheffield Academic Press, 1996.

Pardee, Dennis. "Acrostics and Parallelism: The Parallelistic Structure of Psalm 111." *Maarav* 8 (1993), 117-38.

______. *Ugaritic and Hebrew Poetic Parallelism: A Trial Cut (" 'nt" I and Proverbs 2)*. Leiden and New York: Brill, 1988.

Paul, Shalom M. "Polysensusous Polyvalency in Poetic Parallelism." In *Shaarei Talmon: Studies in the Bible, Qumran, and the Ancient Near East Presented to Shemaryahu Talmon*. Edited by Michael Fishbane and Emanuel Tov. Winona Lake, Ind.: Eisenbrauns. 1992. Pp. 147-

63.

Payne, Geoffrey. "Parallelism in Biblical Hebrew Verse." *JSOT* 8, no. 1 (1994), 126-40.

Polak, Frank H. "Poetic Style and Parallelism in the Creation Account(Genesis 1.1-2.3)." In *Creation in Jewish and Christian Tradition*. Edited by Henning Graf Reventlow and Yair Hoffman. *JSOT* Sup. Series 319. Sheffield: Sheffield Academic Press, 2002. Pp. 2-31.

Reyburn, William D. "Poetic Parallelism: Its Structure, Meaning, and Implication for Translators." *Issues in Bible Translation* (1988), 81-112.

Reymod, Eric D. *Innovations in Hebrew Poetry: Parallelism and the Poems of Sirach*. Atlanta: SBL, 2004.

Rosengren, Allan. *Parallelism in Prose*. Ph.D. dissertation, University of Copenhagen. 1988.

Rousseau, Francois. *La poetique fondamentale du texte biblique: le fait litteraire d'un parallelism elargi et omnipresent*. Montreal: Editions Bellarmin and Paris: Editions du Cerf, 1989.

Segert, Stanislav. "Parallelism in the Alphabetic Apostrophe to Zion." *Archiv Orientalni* 64, no. 2 (1996), 269-77.

Tauberchmidt, Gerhard. *Secondary Parallelism: A Study of Translation Technique in LXX Proverbs*. Atlanta: SBL, 2004.

Tsumura, David Toshio. "Janus Parallelism in Hab. III4." *VT* 54, no. 1 (2004), 124-28.

______. " Literary Insertaion, A X B Pattern, in Hebrew and Ugaritic : A Problem of Adjacencey and Dependency in Poetic Parallelism." *Ugarit Forschungen* 18 (1986), 351-61.

______. "Vertical Grammar: The Grammar of Parallelism in Biblical Hebrew." In *Hamlet on an Hill: Semitic and Greek Studies Presented to Professor T. Muraoka on the Occasion of His Sixty-fifty Birthday*. Edited by M. F. J. Baasten and W. Th. Van Peursen. Leuven and

Dudley, Mass.: Peeters, 2003. Pp. 487-97.

Watson, Wilfred G.E. "Half-line Parallelism as Indicative of Verse in Hebrew Prose." In *Verse in Ancient Near Eastern Prose*. Edited by Johannnes C. de Moor and Wilfred G. E. Watson. Kevelaer: Butzon & Bercker; Neukirchen-Vluyn: Neukirchener Verlag, 1992. Pp. 331-44.

______. "Number Parallelism in Mesopotamian Texts." *Maarav* 7 (1991) (1993), 241-52.

Willism, John Thomas. "Aternating (ABA'B') Parallelism in the Old Testament Psalms and Prophetic Literature." In *Directions in Biblical Hebrew Poetry*. Edited by Elaine R. Follis. Sheffield: JSOT Press, 1987. Pp.49-76.

▶ 평행법과 성경 시학에 대한 이해를 보급시키기 위한 나의 노력은 다음의 자료들에서 찾아 볼 수 있다.

"Introduction to Hebrew Poetry." In *the New Interpreter's Bible* (Nashville: Abingdon, 1996). 4:301-15.

"Parallelism." In *Anchor Bible Dictionary*. Garden City, N.Y.: Doubleday, 1992. 5:155-62.

"Parallelism." In *The New Interpreter's Dictionary of the Bible*. Forthcoming.

"Poetry, Old Testament." In *Dictionary of Biblical Interpretation*. Nashville: Abingdon, 1999. Pp. 290-96.

"Reading Biblical Poetry." In *The Jewish Study Bible*. New York: Oxford University Press, 2004. Pp. 1097-2104.

약어표

BASOR	*Bulletin of the American Schools of Oriental Research*
CBQ	*Catholic Biblical Quarterly*
Chr	Chronicles
Deut	Deuteronomy
Eccl	Ecclesiastes
Ex	Exodus
Ezek	Ezekiel
fem.	Feminine
Gen	Genesis
GPRF	R. Jakobson, "Grammatical Parallelism and Its Russian Facet"
Hab	Habakkuk
Hag	Haggai
HAR	*Hebrew Annual Review*
Hos	Hosea
HUCA	*Hebrew Union College Annual*
HVS	M. O'Connor, *Hebrew Verse Structure*
IDB	*Interpreter's Dictionary of the Bible*
Idea	*J. Kugel, The Idea of Biblical Poetry*
Isa	Isaiah
JANES	*Journal of the Ancient Near Eastern Society*
JAOS	*Journal of the American Oriental Society*
JBL	*Journal of Biblical Literature*
Jer	Jeremiah
Josh	Joshua
JQR	*Jewish Quarterly Review*
JSOT	*Journal for the Study of the Old Testament*
JSS	*Journal of Semitic Studies*

Jud	Judges
Kgs	Kings
Lam	Lamentations
LP	R. Jakobson, "Linguistics and Poetics"
LXX	Septuagint
Mal	Malachi
masc.	masculine
Mic	Micah
MT	Massoretic Text
Nah	Nahum
Neh	Nehemiah
Num	Numbers
pl.	plural
Pr	Proverbs
Ps	Psalms
RSP	*Ras Shamra Parallels* (ed. L. Fisher). All references to RSP are to M. Dahood's "Ugaritic-Hebrew Parallel Pairs"
RSV	Revised Standard Version
Sam	Samuel
Sing.	Singular
Song	Song of Songs
UF	*Ugarit-Forschungen*
VT	*Vetus Testamentum*
Zeph	Zephaniah

제1장

평행법과 시

I. 평행법과 시

1753년에 로버트 로쓰(Robert Lowth)는 그의 히브리 성서의 시에 대한 강연들(*Lectures on the Sacred Poetry of the Hebrew*)의 세 번째 장에서 "문장들의 어떤 형태를" 연구하였다.

> 이는 히브리 시가 빈번하게 나타나는 본문에서 주로 관찰할 수 있다. 그 본문들은 하나의 주제를 여러 다른 방법으로 다루면서도 동일한 정서를 지속적으로 유지한다. 만약 그들이 동일한 것을 다른 단어들로 표현하거나 또는 다른 것들을 비슷한 형태의 단어들로 표현할 때 동등한 것들이 동등한 것들을 지시하고 반대의 것들이 반대의 것들을 지시할 때 그리고 이러한 구성의 기교가 심지어 산문체에서도 인정할 수 있고 계산할 수 있는 운율을 산출하는 것이 어렵지 않기 때문에 우리는 그것이 시에서도 강렬한 아름다움과 우아함을 부여했었을 것이라는 사실을 거의 의심하지 않는다.

로쓰가 이곳에서 (그리고 재차 XIX회 강연에서) 설명한 현상은 1778년 그의 *이사야서* 서론에서 좀 더 정확하게 정의되었다.

> 한 절 또는 행과 다른 그것과의 상호 연관성을 나는 평행법이라고 부른다. 한 진술이 주어졌을 때, 두 번째 행은 그것에 추가되거나, 또는 그 아래에 흡수되거나동등하거나, 또는 어떤 의미에서는 그와 대조되며, 또는 문법적 구성의 형태 안에서 비슷하게 된다. 이와 같은 것들을 나는 평행하는 행들

(Parallel Lines)이라고 부른다. 그리고 상응하는 행들 안에서 서로 대응하는 단어들 또는 구들을 평행 어구들이라고 부른다.

비록 로쓰가 평행법을 인식한 첫 인물은 아니지만[1] 그는 평행법을 성경 연구에 있어서 중요한 위치로 격상시킨 인물이었다. 그의 정의는 고전적인 것이 되었고 평행법의 형태에 대한 그의 세가지 분류는 여러 해 동안 표준으로 남았다(이 범주는 그의 책 *히브리 성서*의 시에 대한 강연들의 XIX과 *이사야서*에 상세히 설명되었다). 그의 골격이 되는 모델에 후의 학자들이 자신들의 연구에서 구체화 했다. 몇몇은 이 모델에 추가하거나 수정하기도 했으나 최근까지 그 누구도 그 틀 안에서 완전히 벗어나지는 못했다. 로쓰는 성경 독자들을 지속적으로 매료시키는 중요한 특징을 밝혀냈다. 평행법은 그 효과가 분명하기에 우리들을 즐겁게 해주었지만 동시에 (그것이) 기능하는 방식이 애매하기에 우리들을 좌절시키기도 했다. 우리는 로쓰가 시작한 것처럼 평행법의 여러 형태들을 수집하고 분류하면서 연구했고 세 가지의 원래 형태들이 평행법의 본질을 담아내지 못했을 경우에는 더 많은 형태와 부속적 형태들을 추가하였다. 따라서 이제 우리는 단지 유의어, 반의어, 그리고 종합적 평행법 뿐만 아니라 불완전 평행법, 계단식 평행법, 야누스 평행법, 음위 전환 평행법 등에 관하여 들을 수 있게 되었다. 인간은 식별의 능력을 지니고 있기에 우리가 평행법을 더 오래 연구하면 할수록 더 많은 별개의 행태를 찾을 수 있을 것이다.

나는 새로운 행태들을 제시하거나 옛 것들을 다시 분류하려고 이 자리에 온 것은 아니다. 진정으로 필요한 것은 평행법 전반에 대한 새로운 접근이다. 우리는 나무들과 가지들 그리고 잎사귀들을 해부하는 데에만 너무 바빠 숲을 전체적으로 조망하지 못했다. 숲은 서로 다른 요소들이 그 안에서 서로 연관을 맺으며 기능하는 역동적인 소우주이다. 단지 개별적인 요소들을 인식하는 것만으로는 불충분하다. 숲의 수 많은 요소들이 다각적이며 균형 잡힌 시스템에 속했다는 것을 보기 이전까지 우리는 숲의 본질을 파악하지 못한 것이다. 숲과 같이 평행법은 여러 가지의 측면이 있다. 그 가운데 몇몇은 아주 잘 알려졌으나 다른 것들은 아직 연구가 미비하다. 그러나 무엇보다도 우리는 언어학적인 것을 사용하는 종합적인 시스템의 부분들로서 평행법의 모든 측면들과 모든 형태들의 부속적인 형태들을 보기 시작해야만 한다.

평행법은 언어학적 현상이다. 평행법은 여러 흥미로운 방법으로 언어(단어들, 음소들, 문법)를 사용한다. 따라서 우리는 평행법에 대해 성경 연구라는 관점뿐만 아니라 언어학적 관점으로도 접근하는 것이 적절하다고 생각한다. 로쓰 이후부터 이 두 분야에서 상당한 진전이 이루어졌다. 따라서 그의 평행법에 대한 견해들이 하나의 옛경전처럼 남아 있을 이유가 더 이상 없다. 하지만 비록 우리가 평행법에 대한 좀 더 나은 관점들을 찾고자 로쓰의 견해들을 뒤로 한다 하여도 그가 제공한 기본적인 안목들을 결코 잃어버려서는 안된다. 로쓰의 일부 견해에 실수가 있을지도 모른다. 그리고 그는 분명히 그의 언어학적 지식에 있어서는 한계가 있었다. 그러나 *하나의 어구가 다른 것과 상응*(correspondence, 相應)한다는 평행법의 본질에 대한 그의 견해는 옳았다. 평행법은 그것을 구성하는 요소들 사이의 관계에 대한 이해를 증진시키며 이 관계는 상응성 중 하나이다. 상응의 성질은 여러 가지가 있겠으나 일반적으로 하나 또는 그 이상의 언어학적 차원에서 동등한 요소들의 반복이나 대체와 관련이 있다. 등가(equivalence, 等價)의 개념 그리고 그와 대응하는 반대 또는 대조는 우리가 앞으로 이 책에서 연구할 다양한 언어학 분야에서 반복적으로 나타날 것이다. 하지만 놀라운 것은 "동등한 것들은 동등한 것들을 그리고 반대의 것들은 반대의 것들을 지시한다"라는 로쓰의 연구 안에서 원시적인 형태로 이미 나타나있다. 하지만 로쓰가 언어학에 대해서 우리처럼 이해하지는 못했기 때문에 이점에서도 우리처럼 광범위하게는 이해하지 못했다. 우리는 여러 언어학적 차원에서 더 많은 등가와 반대하는 것들을 볼 수 있다. 이 같은 언어학적 등가들은 평행법이라 일컫는 현상을 구성하기 때문에 우리가 더 깊이 있게 살펴보길 원하는 것들이다.

여기에서 소개되는 평행법의 정의는 대부분의 성경 연구에서 발견할 수 있는 개념보다는 훨씬 더 광범위하다. 성경 연구에서 평행법은 일반적으로 단지 의미적 또는 문법적 등가들과 관련이 있는 것과 둘 또는 그 이상의 연속적인 행들 사이에서만 작용하는 것으로 간주했다. 이와 같은 좁은 관점의 평행법은 한 절 또는 한 행과 다른 것들과의 대응이라고만 말한 로쓰의 전통인 것 같다. 우리가 단어들, 어구들, 그리고 심지어 소리등과 같이 좀 더 작은 단위들이 속한 행들이 비록 평행하지 않더라도 이같은 작은 단위들이 서로 평행한다는 것을 인정한다면 우리는 본문 안에서 평행법의 빈도를 더 높일 수 있다. 그리고 만약 우리가 언어학적 등가를 찾는 것을 단지 인접 행들이나 문장들에만 제한하지 않고 본문 안 그 어느 곳에서도 그 등가를 발견할 수 있다는 포괄적인 관점을 취한다면 우리는 또한 평행법의 빈도를 한층 더 높일 수 있다. 이같은 평행법에 대한 광의의 정의는 로만 제이콥슨(Roman Jakobson)에 의해 발전된 것이며 이는 대부분의 성경학자들이 사용한 정의와는 다른 것임을 기억해야 한다. 제이콥슨의 견해는 관계성들이 아직 파악되지 않은 현상들을 통일시킬 수 있도록 해주기 때문에 보다 나은 점이 있다. 예를 들면 본문의 첫째 행과 마지막 행이 동일한 단어들 또는 구들을 포함하는 수미 쌍괄식(inclusio)으로 알려진 장치는 실제적으로 평행법의 한 형태이며 그와 같이 인식되어야 한다.[2] (그러나 실제적으로 대부분의 평행법의 예들은 인접한 행들로부터 나올 것이다. 왜냐하면 이러한 곳에서 대부분의 평행법이 명백하게 나타나기 때문이다.) 더욱이 제이콥슨의 접근은 시의 특징이라고 간주된 평행법들이 산문체의 본문 안의 언어학적 등가들과도 전혀 다를 바가 없다는 점을 더 쉽게 볼 수 있도록 해준다. 등가들을 체계적으로 이용하는 것과 어떤 언어학적 요소들을 사용하는 것은 전체적으로 성경 스타일의 특징이다. 이들은 비록 그들이 소위 시라고 부르는 장르에 더 두드러지게 나타날지라도 하나의 장르에만 제한되지는 않는다.

성경 연구에서 평행법과 시

이 같은 사실은 성경의 산문과 시의 관계라는 어려운 문제를 야기시키며 특별히 평행법과 관련해서는 더욱 그러하다. 성경학자들은 오랜 세월 동안 평행법과 시를 동일시하였다. 이는 의심할 여지없이 로쓰의 또 다른 유산이다. 그의 책(Lecture) III장을 자세히 읽어보면 그 또한 산문체에서도 "이 같은 작품의 기교"를 인식했다는 것을 알 수 있다. 그럼에도 불구하고 성경의 시는 쉽게 분별할 수 있는 운율 또는 절을 표시하는 적절한 그 어떤 특징이 부족하기에[3] 산문과 시를 식별하는 부담은 평행법의 존재, 구체적으로 말하면 연속하는 행들 사이의 평행법의 몫이 되었다. 이는 시의 모든 행이 반드시 평행이 되어야 한다는 말은 아니나 전반적으로 평행법이 나타나는 곳은 시라는 사실이다. (극단적으로 본다면 이는 산문적인 문맥들과 비교되는 시에 대한 작은 정보의 "발견"이라는 결과를 낳았다.)

최근 제임스 구겔의 저서 성경 시에 대한 생각(*The Idea of Biblical Poetry*)에서 이 문제에 대해 논의를 하기 전까지는 약간의 논쟁과 많은 모호함과 함께 그 상태에 머물렀다. 쿠겔은 시와 평행법을 동일시하는 점에 대해 문제를 삼았을 뿐만 아니라 성경에서 시와 산문을 구분할 수 있다라는 전반적인 개념에 대해 공격했다. 이 점은 우리의 연구의 첫 번째 관심사이나 쿠겔의 논쟁점은 산문-시의 문제에 대한 그의 견해를 언급하지 않고는 이해할 수 없다.

쿠겔은 일반적으로 산문체로 간주되었던 창세기와 출애굽기로부터 수 많은 평행법들을 인용하여 그의 연구를 시작하고 있고 문학성이 의심될 수도 있는 모압 비문에서도 평행법을 찾는다.[4] 이는"히브리 '시'를 특징짓는 것처럼 보이는 동일한 특성들이 또한 분명히 시가 아닌 것에서도 갑자기 발생한다"(*Idea*, 63)라는 연구로 그를 인도했다. 물론 이것은 사실이며 이는 평행법뿐만 아니라 다른 수사학적 표현들에도 적용된다. 반대로 시 안에서 모든 행들이 다 평행하거나 대칭적인 것은 아니다라는 사실도 또한 시편 11편과 122편에서 주로 보여진다. 다른 말로 하면 필자가 이미 언급한 대로 쿠겔은 모든 시가 평행법을 이루고 있으며 모든 평행법이 다 시라고 보지는 않는다. 그러나 쿠겔이 마치 우리를 그렇게 믿게 하려고 하는 것처럼 이는 산문과 시 사이에 그 어떤 차이도 없다는 점을 증명하지는 못한다.[5] 이는 단지 평행법에 기초하여 그 둘 사이가 구분될 수 없다는 점을 증명한다. 쿠겔은 자신의 불완전한 전제에 의해 희생자가 된다. 그는 암묵적으로 팽행법과 시의 동일화를 받아들인다(비록 그가 거절할지라도 - *Idea*, 70). 그리고 어디서든지 그가 평행법을 찾으면 그는 그것을 시라고 강요한다. 그러나 그것은 시가 아니라는 것을 자신이 알기 때문에 그는 이를 "세련된 형태"라고 부른다. 언어학자들이 보여준 바와 같이(참고. 히아트와 워쓰[Hiatt and Werth]) 사실은 평행법 그 자체로는 산문과 반대되는 시의 표지가 아니며 또는 심지어 일반적인 담화와 반대되는 세련된 형태의 표지도 아니다. 이는 모든 언어의 공통적인 특징이다. 그러나 우리가 곧 살펴볼 것이지만 어떤 의미에서 *평행법은 시의 본질이다.*[6)]

그러나 우리는 이 명백한 모순을 잠시 뒤로 하고 쿠겔의 논지로 다시 돌아간다. "산문"과 "시"와 같은 용어들과 쿠겔의 씨름은 성경 본문 이외에 성경적 본문이라고 분류하는 그 어떤 형태에 대해 그가 가지는 많은 반감의 한 부분이다. 결국 그는 그것이 문학이라고 불려질 수 있다는 점조차도 인정하지 않을 것이다. "물론 당연히 다음과 같이 질문할 것이다. 성경이 문학적이라는 것이 과연 무슨 의미인가? 분명히 성경은 그 자체를 문학과 동일시하지 않는다. 종종 이와 같은 자기 정의가 나타날 때마다 그것을 분명히 어느 곳이든지 적절히 위치시키는 것처럼 보인다"(*Idea*, 303).[7)] 만약 쿠겔이 분명히 성경이 문학이라는 점을 부인했다면 - 예, "기교적인 구성"이란 점 - 기교성에 기반을 두고 여러 문학적 부속 형태들을 식별하는 것은 무의미한 작업이다. 따라서 쿠겔은 그의 관점을 극단으로 몰아가고 있으며 결국 이를 통해 자신의 목적을 좌절시키는 위협을 스스로 하게 된다.

그러나 쿠겔의 허무주의로 인식되어 왔던 그의 이 같은 주장에도 불구하고 그는 다행히 자신의 방법만 고집하지 않고 오히려 본문을 문학적으로 만드는 특성들, 또는 그의 말로 표현하면 세련된 형식에 대해 지속적으로 논의한다. 여기에 산문-시 문제에 공헌한 그의 생각과 그 가운데서 평행법의 역할에 대한 그의 글을 소개한다.

> 만약 성경 시와 산문의 개념들을 뒤로하고 이 둘을 구분하는 것이 무엇인지를 알기 위해 성경의 여러 다른 부분들을 새롭게 보려고 시도한다면 그곳에는 두 가지의 표현 방식이 있는 것이 아니라 표현형식을 세련되게 하고 구성의 형식과 엄밀함을 제공하는 많은 다른 요소들이 있다는 사실이 명백해질 것이다. 분명히 간결체로 간주되는 이행 문장들(binary sentences)과 고도의 의미적 평행법이 일관성 있게 일정 부분들을 특징짓는다. 그 보다는 비교적 덜한 (덜 일관성 있게 나타나는 의미적) 평행법은 다른 부분에서 발견된다.…이는 본문의 전반적인 특징을 나타내는 다른 강도와 일관성을 보이는 평행법과 함께 구성 또는 형식의 연속체를 나타낸다. [*Idea*, 85]

필자도 기본적으로 동의하는 바이지만 쿠겔은 성경 본문 안에 세련된 형태의 연속체가 있다고 말한다. 일부 본문들은 다른 본문에 비해 더 세련된 형태가 나타나지만 어느 정도는 전반에 걸쳐 이 세련된 형식을 발견할 수 있다고 한다. 세련된 형태는 주로 두 가지 요소들의 산물이다. 간결함과 평행법이다. 이 두 가지의 요소가 상당히 많이 나타나는 곳은 우리가 (쿠겔을 제외한 모든 사람이) 소위 시라고 일컫는다. 그리고 이러한 요소가 전반적으로 (결코 전체적으로는 아님) 부족하고 덜 시적인 표현이 있는 곳은 소위 산문이라고 부른다.

이는 평행법 자체가 아니고 성경의 시적인 표현을 표시해주는 간결함과 결합된 평행법의 우세함(많이 나타남)이다. 그리고 성경에서 시와 덜 시적인 부분 사이의 차이는 정도의 문제이기 때문에 "산문"과 "시"안에서 다른 종류의 평행법을 기대하지 않고 그들의 우세함이라는 단지 다른 개념을 기대할 것이다.[8] 시에서 평행법 우세함의 개념은 산문에서도 많은 평행법 사용이 발견될 수 있기 때문에 단지 그 빈도수뿐만 아니라, 평행하는 행 안에서 음성적이며 구문적 균형을 산출하는 경향이 있는 간결함이다. 우리가 간략하게 살펴볼 것이지만 평행법은 그 위에 시가 만들어지는 구성적인 원리처럼 보인다. 하지만 산문체 본문은 비록 시와 같은 정도의 평행법이 나타날 수도 있겠지만 그 본문이 평행법의 구조 위에 세워진 것이라고 보기는 힘들다.

간결함의 개념은 쿠겔의 생각과 별로 다를 바 없이 시적 표현의 본질에 대한 또 다른 설명에서도 중심적인 역할을 한다. 한시(漢詩)의 번역과 관련하여 엠프슨(W. Empson)은 다음과 같이 말한다:

> 압운, 운율, 그리고 비교와 같은 명백한 장치들이 없는 행들은 단지 간결성으로 인하여 우리가 일반적으로 시라고 불러야 한다. 두 개의 진술들이 마치 서로 연결된 것처럼 나타나고 독자들은 그 연결성들을 스스로 생각해야만 한다. 왜 이러한 요소들이 시를 위해 선택되어야 했었는지는 그(독자)가 고안해야 할 숙제로 남는다. 그는 다양한 이유들을 고안할 것이고 그 자신의 마음 속에 정리를 할 것이다. 나는 이것이 언어의 시적인 사용에 관한 본질적인 사실이라고 생각한다. [24-25]

엠프슨은 다음과 같이 질문한다. 만약 시에서 모든 장치들과 구조들을 제거한다면 무엇이 남을 것인가? 단지 시의 "압축성"과 "연결성"이다. 이들은 우리가 지금까지 일컬어 왔던 소위 간결성과 평행법과 상응하는 것이다. 시는 "불필요한" 단어들을 제거하고 오직 생각의 핵심들만을 남겨두면서 메시지를 다듬고 간결하게 한다. 동시에 그 간결성을 상실하지 않으면서도 시는 부분들 사이의 관계들을 구축하고 결국 그 최종 완성물은 통일성을 이룬다.

이 모든 것들과 관련된 것이 성경 시의 병렬 형태이다. 행들은 연결하는 접속사 또는 일반적이며 다중적인 접속사인 바브(waw)가 없이 차례로 놓여진다. 그리고 본문의 표면에는 종속적인 관계들이 좀처럼 나타나지 않는다. 이는 시의 간결성과 연결성에 관련한 문제를 보여주고 있다. 행들은 서로 인접해 있다는 것 자체만으로 연결되었다고 간주되었으나 그들 사이의 정확한 연결성은 구체화되어 나타나고 있지 않다. 엠프슨은 그러한 인접성이 연결성이란 인상을 자아내고 있고 독자들에게 "그 관계성을 스스로 생각할 수 있게" 하며 나아가 그 관계성을 설명할 수 있는 "여러 이유들을 고안하도록" 그들을 강요한다고 이해했다.[9] 여기에서 평행법은 중요한 역할을 한다. 왜냐하면 평행하는 행들은 "좀 더" 연결되어 있다고 간주되기 때문이다. 평행법은 언어학적 상응성과 관련이 있기 때문에 부분들 사이가 서로 연결되어 있다는 생각을 더 가지게 한다. 평행법 안에는 "두 개의 진술들이 마치 서로 연결된 것처럼 만들어진다"라는 점에 대해서는 의심의 여지가 없다. 따라서 독자는 그들 사이의 관계성을 반드시 고려해야 한다. 성경 시에서 "대구(對句)"라는 개념을 만들어내는 것은 그 무엇보다도 평행법이다. 왜냐하면 이러한 대구들 안에서 행들은 간결하기 때문이다. 다시 말하면 단지 필수적인 요소들을 제외하고 모든 것이 제거되었기 때문에 길이나 리듬에 있어서 "균형을 이루는" 것처럼 보이면서 그 남아 있는 요소들의 수만큼 서로 대응하는 경향이 있다.[10] 이러한 점에서 성경의 시는 간결함과 균형을 이룬 평행법이 상당히 높은 빈도로 발생하는 것으로 특징된다고 우리는 말할 수 있다.

언어학적 연구에서 평행법과 시

시에 대한 정의와 그 안에서 평행법의 위치는 성경학자들뿐만 아니라 언어학자들의 주된 연구의 대상이 되어왔다. 아마도 이러한 노력의 한 가운데에는 평행법이 사용된 많은 언어들 안에서 평행법에 대한 언어학적 연구에 지대한 영향을 미친 로만 제이콥슨이 있을 것이다(참조. Fox). 이미 언급한 것처럼 대부분의 성경학자들보다 더 넓은 의미로 평행법이란 용어를 사용한 제이콥슨에게 평행법은 시적 언어의 핵심이다. 평행법에 대한 예리한 통찰력을 보이면서도 놀라울 정도로 일반적인 그의 유명한 견해는 다음과 같다. "시적인 기능은 등가의 원리를 선택의 축에서 조합의 축으로 투사한다. 등가는 연속적인 순서를 구성하는 장치로 향상된다"(LP, 358). 동일한 생각이 그의 "문법의 시와 시의 문법(*Poetry of Grammar and Grammar of Poetry*)"이란 책에서 다른 형태로 제시된다: "시에서 유사성은 인접성이란 개념에 덧붙여졌고 따라서 '등가는 연속성을 구성하는 장치로 향상된다' 고 말할 수 있다"(602). 그의 진술에는 설명이 필요한 많은 용어들이 나타나 있고 필자는 가능한 한 제이콥슨의 용어들을 사용하여 다음과 같이 소개한다. "선택" 그리고 "조합" [이는 또한 "유사성"과 "인접성" 그리고"계열적(paradigmatic)"과"통합적(syntagmatic)"인 것과 상응한다]은 "언어 행위에서 사용된 두 가지 배열의 기본 방식이다."

비슷하거나 계열적인 요소들의 그룹에서 선택한 후 다른 그룹들에서 선택된 것들과 함께 인접하거나 통합적인 체인으로 배열한다. 제이콥슨은 다음과 같이 설명한다.

> 만약 "child(아이)"가 메시지의 주제라고 한다면 화자는 존재하는 단어들 가운데 어린아이, 소년, 꼬마와 같이 아이와 거의 비슷한 명사들을 선택한다(어떤 면에서 이 모든 단어들은 등가이다). 그리고 이 주제를 언급하기 위해 화자는 의미적으로 같은 어원의 동사들(잠자다, 졸다, 낮잠 자다, 꾸벅 꾸벅 졸다)을 선택할 수 있다. 그러나 선택된 단어들은 언어 체인(speech chain) 안에서 조합된다. 단어 선택은 등가, 유사성과 비유사성, 동의어과 반의어의 기반 위에서 산출되는 반면에 연속성을 만드는 조합은 인접성을 기반으로 구성된다. [LP, 358]

우리는 제이콥슨의 예를 통하여 다음과 같이 설명할 수 있다. 만약 우리가

1. 그 아이가 잔다.

라는 문장에 등가의 요소들이 인접한 언어 체인 안에서 배열된다는 제이콥슨의 원리를 적용한다며 다음과 같은 문장들이 나올 것이다.

2. 그 아이가 잔다. 어린 아이가 졸고 있다.

3. 그 아이, 그 작은 꼬마가 살며시 졸면서 잔다.
4. 아이가 졸았다. 그리고 그들이 말하는 동안 그 어린 아이가 잤다.

2번과 3번 문장을 통해 우리는 성경에서 발견되는 평행법의 형태가 적어도 제이콥슨의 원리가 실현된 한 형태라는 점이 분명하다. 실제적으로, 4번 문장도 평행법으로 간주될 수 있다. 사실상 "등가의 원리는 평행법과 동일한 것처럼 보인다."(Werth, 24). 위 문장의 예에서 나타난 평행법들은 의미적인 부류("아이"와 "잠자다"에 해당하는 단어들) 그리고 문법적 부류(명사와 동사들)와 관련이 있다. 그러나 이러한 부류들만이 평행법 안에서 기능을 하는 언어학적 부류들의 전부가 아니다. 왜냐하면 제이콥슨은 "전반적인 평행법은 불가피하게 모든 차원의 언어들을 활성화시킨다."(GPRF, 423)고 말하기 때문이다. 따라서 어휘적이며 문법적인 것들뿐만 아니라 음성적이며 음운적인 등가들도 평행법에서 활성화된다. 따라서 제이콥슨은 자신의 팽행법에 대한 정의 안에 리듬, 압운, 그리고 운율에 대한 부분들도 포함시킨다. 이 같은 넓은 의미 안에서 오직 평행법이 "시적인 기능"과 동등하게 된다. "또는 시적인 언어에 대한 또 다른 전문가이며 이론가인 홉킨스(G.M. Hopkins)의 말을 인용한다면 시적 기교는 '그 자신을 평행법의 원리로까지 축소시킨다.' 등가인 것들은 등가의 위치에 있으면서 서로 마주본다." (GPRF, 423). 이는 쿠겔의 진술인 "평행법을 수사학적 형태나 어구로 부르는 것은 틀린 것이다… 평행법은 오히려 세련된 언어의 한 형태, 그 어구와 같다"와 서로 다른 방향에서 도착했지만 서로 거리가 멀지 않다(Idea, 86).

쿠겔의 "세련된 언어"는 시와 산문을 포함하지만 아마도 일반적인 담화는 배제한다. 제이콥슨의 "시적인 기능"은 더 추상적인 개념이다. 이는 주로 시 또는 시적인 언어와 관련하여 사용되었고 실제적으로 이는 "시" 그리고 "세련된 언어"보다 더 광범위하다. 왜냐하면 이는 모든 언어에서 나타날 수 있기 때문이다.

제이콥슨은 어떤 조합 안에 있는 메시지에서 나타날 수 있는 언어의 6 가지의 기능의 개요를 서술하고 있다(LP, 353-57). *지시적(referential)* 기능은 메시지를 지시대상 또는 정황 －논의되고 있는 사람이나 사물－을 향하게 한다. *정서적*(*emotive*) 기능은 메시지에 대한 자신의 태도를 표현하는 화자에게 초점을 맞춘다. *능동적*(*conative*) 기능은 가끔 호격과 명령형을 사용하면서 청중을 향하게 한다. *의례적*(*phatic*) 기능은 화자와 청자 사이의 접촉을 만들고 유지시키며 가끔 "안녕하세요?"라는 의례적이며 전형적인 대화로 구성되어 있다. *관어적*(*metalingual*) 기능에서 언어는 그 자체를 설명하기 위해 사용된다. 단어들은 "무엇을 의미합니까?"와 같이 다른 단어들 또는 메시지를 정의하거나 주석한다. *시적인*(*poetic*) 기능은 "보통 말하는 그런 메시지에 대한 갖춤새가 메시지 자체를 위해 초점을 맞추는 것이다"(LP, 356). 물론 시적인 기능은 시에서 나타나나 그 기능은 단지 시에만 제한되는 것이 아니며 또한 시에서만 발견되는 기능도 아니다. "시적 기능의 범위를 단지 시로만 축소시키거나 시를 시적인 기능에만 제한하려는 시도는 그릇된 것이며 지나친 단순화이다. 시적인 기능은 언어 기술의 유일한 기능은 아니지만 그것의 주된 그리고 결정적인 기능이다. 반면에 다른 모든 언어적 활동에서 이 기능은 보조적 구성요소로 기능한다."(LP, 356). 참으로 시적 기능이 그 자체를 드러내는 한 방식인 평행법은 제이콥슨에 의해 일상적인 언어로 제시되었다. 죠앤(Joan)과 마저리(Margery)와 같이 짧은 단어가 긴 단어 앞에 나오는 배열이 마저리(Margery)와 죠앤(Joan)과 같은 배열보다 더 발음하기가 좋다. 화자는 두운(頭韻, alliteration) 현상 때문에 호러블 헤리(horrible Harry)를 드레드플 헤리(dreadful Harry)보다 더 선호한다. 다시 말하면 성경학자가 아닌 언어학자의 관점으로도 볼 때 우리는 시를 시적으로 특징짓게 하는 장치가 비시적인 언어 기술과 심지어 일상적인 언어에도 나타난다는 사실을 알 수 있다.

이는 시라는 특징을 구분 지어주는 시적인 기능이 비록 많은 분량으로 나타난다 할지라도 단지 존재하는 것의 문제가 아니고 그 기능이 "우세함"으로 지배하는 것이다. 시에서는 시적인 기능이 다른 기능들보다 더 우선한다. 이는 단지 양적인 단위로 제시될 수 없을 뿐만 아니라 또한 시적인 기능은 단지 본문에 나타난 평행법의 수에 의해 계산될 수 없다. 제이콥슨이 러시아어, 영어, 프랑스어,

그리고 심지어 성경적 시들의 많은 분석들에서 보여준 것과 같이 참으로 이러한 언어들 안에서 많은 평행법들을 발견할 수 있다. 그러나 평행법이 산문에서 발견되었을 때 언어학자들은 또한 신문기사, 현대 소설, 그리고 학문적 논문과 같은 글 안에서도 소리, 단어들, 그리고 문법들의 수 많은 반복 현상들을 발견하였다. 사실 전화번호 책에서 조차 우리는 음성적, 어휘적, 그리고 형태적인 특성을 지닌 목록들을 결코 쉽게 지나칠 수 없을 뿐만 아니라(Werth, 54), 그와 동일한 현상을 우리는 성경의 족보 목록에서도 찾아볼 수 있다.[11] 1961년 미국에서 출판된 영어 산문의 일부를 가지고 실시한 문장 차원의 평행법에 대한 컴퓨터 연구[12]는 7315개의 문장들의 예들 가운데 46%가 적어도 하나의 평행법을 포함한다는 것을 보여주었다(Hiatt). 비시적인 본문들도 평행법을 포함하고 있을 뿐만 아니라 그 안에는 상당히 많은 수의 평행법이 존재하고 있다!

문제는 본문 안에 평행법이 얼마나 많이 나타나고 있는지에 대한 것이 아니고 메시지 그 자체에 초점을 맞추기 위해 평행법이 얼마나 효과적이며 또한 의미 있는가의 문제다(시적 기능). 어떤 종류의 글이든지 간에 등가의 언어적 범주 안에서 일정한 분량의 임의적인 반복은 있게 마련이다.

왜냐하면 언어는 제한된 양의 음소와 형태소가 있기 때문이며 이들은 조만간 다른 본문 안에서도 다시 사용될 것이기 때문이다. 음소적이며 문법적인 것들 보다 덜 제한적인 어휘적-의미적인 용어 항목들을 사용하여 특정한 주제를 지속적으로 논의한다면 그것을 지시하기 위해 동일하거나 비슷한 용어들을 사용해야 한다(참조. Werth, 60). 이는 실로 이러한 평행법들의 "시적인 효과"에 대한 문제다 – 그들의 "심리적 타당성" 또는 "감지력" 또는 그들이 얼마나 인상적인가에 대한 문제(Werth, 61).[13] 시적인 효과는 동사 형태와 의미 사이의 상호 작용의 결과이다(Werth, 63). 의미적인 영향을 고려함없이 단지 형태적인 등가들만을 나열할 수 없다. 왜냐하면 어느 등가 또는 반대가 독자들에게 감지될 수 있고 또는 의미가 있는지를 선험적으로 알 수 없기 때문이다. 제이콥슨에 대한 워스(Werth)의 비평이 이미 앞에서 언급된 말들에 나타났지만 그는 다음과 같이 제안한다.

> 반복의 효과는 반복의 형태와… 언어학적 단위의 형태에 따라 다르다… 예를 들면 단순한 음성학적 반복은 비록 더 높은 차원의 반복을 강조하기 위해 사용될 수 있다. 하지만 일반적으로 단순히 듣기는 좋으나 [의미와는 무관하다]… 단순한 어휘적 반복은 듣기 좋은 의도라기 보다는 항상 강조를 수반한다. 단순한 구문적 반복도 그와 같다. 비록 구문적 차원의 반복은 항상 강조하는 효과를 나타내지만 어휘적 범주의 반복은 그 영향이 적은 경향이 있다. 반대어의 경우와 같이… 의미적 반복은(예, 완전하거나 또는 부분적 유의어) 오직 어휘적 그리고 구문적 차원에서만 나타난다. [68]

여기에서 워스는 세가지 형태의 효과를 구분하고 있다. 의미적 효과, 강조적 효과, 그리고 음조적 효과이다. 효과는 평행법의 형태에 따라 다르다. 의미적 평행법은 최대한의 효과가 있고 음성적 반복은 가장 적은 효과만 나타난다. (우리는 앞으로 이 책에서 성경의 "시"에 나타난 상당한 분량의 의미적, 구문적 평행법–구체적으로 말하면 워스가 발견한 시적이며 의미 있는 평행법 을 살펴보게 될 것이다.) 그러나 워스는 또한 효과란 개념은 근본적으로 주관적이며 언어학자들이 식별하고 공식적으로 묘사하기에는 아직 그들의 능력 밖에 일임을 주지하고 있다(참조. Erlich, 26).

1976년 제이콥슨을 공격하기 위해 워스가 내어비친 일부 생각이 제이콥슨의 관점을 지지하기 위한 워(L. Waugh)의 한 설명(1980년)에 그대로 나타나 있다. 나는 평행법과 시의 관계성을 설명하는 것과 또한 지금까지 제시한 내용들과 서로 관련 있는 것들을 인용하고자 한다.

다른 이들과 마찬가지로 워도 산문에 평행법이 있다는 것에 주목하고 있다. 그러나 그녀는 그것들이 비록 존재하지만 그리 체계적으로 사용되고 있지 않다고 강조한다–그것들은 시에서처럼 본문에서 중요한 구성적인 기법(constructive device)를 이루고 있지는 않는다.

> 이는 산문에 평행법 또는 반복 또는 특히 시와 관련된 다른 어떤 기법이

> 없다는 것이 아니다. 그러나 그러한 대칭들은 산문의 구성적인 장치는 아니고 그렇게 체계적으로 사용되지도 않았다고 말하는 것이다…. 그러한 평행법들이 비록 산문에서 나타난다 할지라도 지시적인 (또는 다른) 기능에 종속된다. 그리고 그것들은 단지 담화의 주된 핵심논지와 모순되거나 충돌되지 않을 때만 사용된다. 마찬가지로 여러 종류의 등가 관계들은 아마도 산문 안에서 관계들을 위해 중요할지도 모른다. 그러나 등가는 그 자체로 연속성을 이루는 구성적인 기법이 되지 않는다는 점을 다시금 기억해야 한다. [64-65]

"구성적 기법"은 그 위에 시가 구성되는 공식적인 기법이다. 이는 분명히 제이콥슨이 말한 "등가는 연속성의 구성적 기법으로 승격된다"라는 것을 의미하고 (LP, 358), 이는 시적인 기능에 대한 그의 정의의 중요한 부분이다.

워는 평행법에 대한 감지력에 관한 문제에 대해 다음과 같이 언급한다.

> 물론 등가의 다른 면은 차이점이고 유사성의 다른 면은 비 유사성이다. 등가 그리고 부득이 하게 차이점을 조합의 축으로 투사함으로서 평행하는 요소들 사이 또는 그 안에서 대조는 중요한 역할을 하게 되고 등가와 같이 대조는 참으로 시의 구성에 중요한 부분이 된다…. [홀렌스타인(E. Holenstein)이 지적한 것 처럼] "등가의 원리를 선택의 축에서 조합의 축으로 투사하는 것 이외에도 시에서는 의미있고, 선택적이고, 조합하는 효과를 위한 운영을 위해 대조의 원리를 분명히 '손으로 만질 수 있고' 또한 '감지할 수 있는' 형태의 차원으로 투사시키는 것이 있다." 언어의 지시적 사용에서 대조는 주로 다양한 등가 관계들에 의해 연결된 요소들에 존재하는 것이 아니고 서로 단순히 인접해 있는 요소들 안에서 존재한다. 시적인 기능은 *대조와 등가 사이의 강력한 연계성*에 의해 순전히 지시적인 기능과는 다르다.

시적 기능에서 중요한 것은 인지 가능한 *대조*의 개념이다. 왜냐하면 평행법은 등가와 관계를 맺고 있을 뿐만 아니라 그 등가 안에서 반대도 있기 때문이다. 예를 들면 어떤 형용사를 다른 어떤 형용사와 평행시킬 수 있고 형태적 평행법을 창조해낼 수 있다. 그러나 *약한 소년 // 강한 소년*의 조합은 일반적 상황하에서 *약한 소년 // 금발의 소년*의 조합보다 좀 더 효과적인 평행법이다. 왜냐하면 등가적인 용어인 약한과 강한 안에는 고유의 대조가 있는 반면에 약한과 금발의 사이에는 존재하지 않는다. (그러나 독자의 마음 안에 효과적인 평행법에 대한 기대를 갖게 하는 평행법이 전반적으로 퍼져 있는 본문에서 약한과 금발의 사이를 동일시하거나 또는 대조시키는 경향이 있을 것이다.) 따라서 일련의 등가들 안에서 (긍정적 또는 부정적 대조를 포함하는) 대조에 대한 감지는 평행법을 효과적으로 만든다. 대조는 의미론적 사실로서 (유의어, 반의어, 기타 여러 경우에서와 같이) 또는 본문의 형식적인 구조의 산물로 존재할 수 있다. 이와 같은 대조들을 산출하는 것이 구성적인 원리인 본문에서 우리는 시를 볼 수가 있다.

이 같은 내용의 예를 설명하기 위해 시스라가 마시는 내용에 관한 산문체 기사와 시적 기사에서 발췌한 일부 본문을 비교해 보자.

사사기 4:19 ויאמר אליה השקיני־נא מעט־מים כי צמאתי
ותפתח את־נאוד החלב ותשקהו ותכסהו

그가 그녀에게 말하되, “청하노니 내게 물을 조금 마시게 하라
내가 목이 마르다 하매 그녀가 우유 부대를 열어 그에게 마시게
하고 그를 덮으니

사사기 5:25 מים שאל
חלב נתנה
בספל אדירים הקריבה חמאה:

물을 그가 구하매
우유를 그녀가 주되
곧 엉긴 우유를 귀한 그릇에 담아 주었고

산문기사는 평행법을 포함하고 있다. 사사기 4:19은 동일한 어근인 הַשְׁקָה를 반복하며 휴대용 물과 우유란 용어를 사용하고(의미적 등가인), 이 두 명사는 직접 목적어로 사용되었다(문법적 등가). 그러나 구조적 차원에서 *물*과 *우유* 사이의 상관성에 대해서는 그리 잘 드러나지는 않는다. 시스라의 요구와 야엘의 승낙 사이에는 미묘한 의미적인 부조화가 있으나 그것들을 표현하는 절들이 구문적으로 다르기 때문에(즉, 등가가 아니다) 그들 사이의 대조에는 예리한 초점이 맞추어지지 않는다. 그러나 사사기 5:25에서 물과 우유 사이의 대조는 그것들이 나타나는 절이 구문적으로 정확한 평행을 이루기때문에 (심지어 요소들의 순서들까지도) 분명하게 드러난다. 그리고 *청했다*와 *주었다* 사이에는 의미적 대조가 존재하고 *그가 청했다 // 그녀가 주었다* 사이의 인칭의 성(性)에서 형태적 대조가 나타난다. 이 같은 사실은 물과 우유 사이의 대조를 이들 명사가 단지 동일한 형태 부류에서 나왔다는 점에서만 평행이 아니라 이들은 의미적 대조도 나타낸다는 점에서도 독자의 마음에 강력히 호소한다. 즉 워스가 언급했듯이 이들은 의미적 효과들과 관련이 있다. 이러한 효과는 בספל אדירים הקריבה חמאה의 추가로 더 고조되며 이 문구는 제 삼의 행위로 오해되어서는 안 되고 חלב נתנה란 행위에 대한 반복적인 표현(의미적 등가)으로 간주되어야 한다. חלב נתנה과 의미적 등가인 בספל אדירים הקריבה חמאה는 מים שׁאל와 의미적 대조를 강조한다. (חלב נתנה과 בספל אדירים הקריבה חמאה는 그 자체의 등가들 안에 대조를 가지고 있다: 문장의 둘째 절은 일반적이고 일상적인 것을 품격 있는 종교적 동작[הקריבה חמאה]으로 만들면서 첫 번째 절의 내용을 업그레이드 시킨다.) 워가 지적했듯이 시적인 기능에서 *등가와 대조*는 *밀접한 연관성*이 있다. 산문에서 이 같은 대조는 등가들의 산물이라기 보다는 주로 구성 요소들의 인접성의 결과이다. 사사기 4:19에서 *물*과 *우유* 사이의 인지할 수 있는 대조가 있다면 단지 이 두 용어가 인접해서 나타나기 때문이지 이 대조를 위한 구조적인 강조는 없다. 워는 이 점을 지속해서 언급한다.

> 이렇게 등가와 대조를 투영하는 것은 내적이며 자율적 구조를 시에게 부여하는 방법일 뿐만 아니라 그 어떤 언어학적 본문에 선형성(linearity, 線型性) 자체를 초월하는 방식이다. 평행법들을 통하여 본문은 더 이상 일련의 선형적인 것이 아니고 다양한 방식들로 세분화된다. 다시 말하면 산문의 더 엄밀한 선형적 특성은 더욱 비선형적인 시의 특성과 분리된다. [65]

사사기 4:19은 선형적인 행위들을 포함하고 있다. 이야기는 한 행위에서 다른 행위로 진행한다. 그는 물을 달라고 요구했다, 그녀는 우유통을 열었다, 그에게 마실 것을 주었다, 그녀는 그를 덮었다. 사사기 5:25은 무엇보다도 세 개의 행위들로 보이지만 실재로 두 개를 표현함으로써 선형성을 파괴한다. 따라서 각 절(clause)은 산문체와는 달리 연속적 순서 안에서 특별한 시간적 순서를 가지고 있지는 않다. 마지막 두 절(clause)의 유사성 또는 동시성은 처음 절에 의존하여 읽혀질 수 있다. 따라서 요구와 주는 것은 연속적인 것이 아니고 동시적인 것이다 – 한 그림의 두 부분이다. 따라서 시적인 본문은 더욱 비선형적이다.[14)]

이는 시스라의 살인에 대한 묘사에서 너욱 선명하게 볼 수 있다. 명확함을 위해 절과 절로 구성되었다고 본인이 언급한 산문기사는 사사기 4:21에 나타나고 맛소라 본문 배열을 따르는 시적인 기사는 사사기 5:26-27에서 발견된다.

사사기 4:21

ותקח יעל אשת חבר את יתד האהל
ותשׂם את המקבת בידה
ותבוא אליו בלאט
ותתקע את היתד ברקתו
ותצנח בארץ
והוא נרדם ויעף
וימת

그리고 헤벨의 아내, 야엘이 장막 말뚝을 가지고
그녀가 손에 방망이를 들고

그녀가 그에게로 가만히 가서
그녀가 그의 관자놀이에 박으매
말뚝이 꿰뚫고 땅에 박히니
[그가 피곤하여 깊이 잠들고 있었고]
그가 기절하여 죽었다.

사사기 5:26-27

ידה ליתד תשלחנה
וימינה להלמות עמלים
והלמה סיסרא מחקה ראשו
ומחצה וחלפה רקתו:
בין רגליה כרע נפל שכב
בין רגליה כרע נפל
באשר כרע שם נפל שדוד:

그녀의 손으로 장막 말뚝을 잡으며
오른손에 일꾼들의 방망이를 들고
시스라를 쳐서 그의 머리를 뚫되
곧 그의 관자놀이를 꿰뚫었도다.
그녀의 발 앞에 그가 꾸부러지며 엎드러지고 쓰러졌고
그녀의 발 앞에 그가 꾸부러져 엎드러져서
그 꾸부러진 곳에 엎드러져 죽었도다.

산문체의 기사에 나타난 절들은 모두 동사로 시작한다는 점에서 서로 평행하고 그 가운데 두 개는 동일한 구문과 수 많은 다른 등가들을 가지고 있다(**ותשם את המקבת בידה**와 **ותתקע את היתד ברקתו**). 그러나 산문체의 주된 인상은 선형성이다. 우리는 야엘이 행한 일과 시스라가 행한 일을 단계적으로 알 수 가 있다. 물론 동일한 연속적 순서가 시적인 기사에도 나타나기도 한다. 살인 병기를 취하는 일, 시스라의 관자놀이를 꿰뚫는 일, 시스라의 넘어짐과 최후가 그렇다. 시에서는 일련의 끈과 같은 특성은 사라진다. 평행 구조는 행동을 *연속적이지만 그러나 중첩되는 연속성*으로 세분한다. 그녀가 장막 말뚝을 취하면서 또한 방망이를 들었다. 그것으로 그녀는 시스라를 쳐서 그의 머리를 꿰뚫었다; 그의 머리를 뚫되 곧 그의 관자놀이를 꿰뚫었다. 시스라의 최후는 일련의 연속적으로 반복되는 동사들로 묘사되었다. 그는 꾸부러지며, 엎드러지고, 쓰러졌고, 꾸부러져, 엎드러져, 꾸부러져, 엎드러져 죽었다. 이는 한 행동을 표현하는가 아니면 여러 행동을 표현하는가? 여기에 나타난"유의어적" 평행법은 한 행동의 반복적인 표현이 아니고 몇몇의 유사하고 반복적인 행동일 것이다(몸을 비틀거리는 시스라의 죽음). 산문체에 구성된 주의 깊은 시간적 구조 - 1) 시스라가 피곤하여(וַיָּעַף, 2) 그가 잠이 들어(נִרְדָּם, 3) 그리고 지금 죽었다(וימת) - 는 한 남자가 야엘의 발 밑에서 비틀거리며, 죽고, 비틀거리며 죽는 비시간적 그림으로 새롭게 구성되었다. 산문체의 선형성과 시적 인접성 사이의 긴장관계는 아마도 사사기 5:26a에 대한 학자들의 논의에서 가장 잘 소개되고 있으며 특별히 단어쌍인 יד // ימין("손 // 오른 손")에서이다. 이 구절에 대한 "산문체" 읽기는 사사기 4:21에서 발견한 바와 같이 이 구절은 두 개의 서로 분리된 행위(연속적이거나 또는 동시적인)를 나타낸다고 상술한다. 이 두 행위들은 아마도 서로 다른 두 손을 사용한 것과 연관성이 있다. 왜냐하면 야엘의 모습을 다르게 표현한다면 그녀가 말뚝과 방망이를 묘기하듯 한 손으로 저글링 하는 모습이기 때문이다. 이는 불가능한 것은 아닐지라도 명백히 우스운 곡예사의 모습이다. 그러나 평행법은 부분적으로는 구문에 의해 (사사기 4:21의 구문이 평행이 아닌 점에 주목해 보라) 그리고 부분적으로는 단어쌍인 יד와 ימין의 사용을 통하여 두 행동들을 같게 만들었다. 다른 말로 하면 이 구절은 두 신체적 행동을 열거할 수도 있으나 야엘이 시스라를 죽이기 위한 준비를 묘사하면서 두 행동들을 한 단위로 결합시켰다.[15]

이 결합은 יד가 ימין와 함께 쌍을 이루며 사용되며 "왼손"을 의미한다고 주장하는 학자들에 의해 파괴된다(나는 이 견해가 잘못되었다고 본다).[16] 이러한 주장은 이 구절이 오른손과 왼손이 각각 쥐고 있는 것을 대조하기를 원한다는 점을 드러낸다. 그러나 만약 이러한 것을 의도했다면 ימין // שמאל이 사용되었을 것이다(참조. 7:20). 만약 우리가 논하고 있는 본문에서 대조를 찾아낸다면 이는 야엘의 손과 시스라의 머리 (그리고 야엘의 다리) 사이의 대조일 것이다.

יד // ימין은 동격이 아니고 오히려 단어//종속 이다. 즉, יד는 보다 일반적인 단어이고 ימין은 그 하위 범주에 속한 것이다(제 4장을 보아라). 이 쌍을 포함하는 다른 구절들을 살펴보면 이 점이 입증될 것이다.

시편 138:7b

תשלח ידך
ותושיעני ימינך

주의 손을 펴사
주의 오른 손이 나를 구원하시리이다.

이사야 48:13

אף ידי יסדה ארץ
וימיני טפחה שמים

내 손이 땅의 기초를 정하였고
내 오른손이 하늘을 폈나니

시편 89:26

ושמתי בים ידו
ובנהרות ימינו

내가 또 그의 손을 바다 위에 놓으며
오른손을 강들 위에 놓으리니

이러한 구절들이 두 가지의 행동들을 언급하는가에 대해서는 의심의 여지가 있다. 분명히 이는 두 개의 분리된 손에 관한 질문은 아니다. 하나님께서 한 손은 펴고 다른 손으로 구원하시는 것은 아니며 또한 한 손으로는 지구를 만들고 다른 손으로는 하늘을 만드는 것은 아니다. 심지어 나누어 읽기, 즉 이사야 48:13을 "나의 오른손과 왼손이 땅과 하늘을 만들었다"와 같이 해석하는 것은 도움이 되지 않는다. 왜냐하면 그런 의미를 의도했다면 잠언 3:16에서와 같이 ימין // שׂמאל이 여기에서 사용되었을 것이기 때문이다.

잠언 3:16

ארך ימים בימינה
בשׂמאולה עשׁר וכבוד

그의 오른손에는 장수가 있고
그의 왼손에는 부귀가 있나니[참조. 사 9:19]

이 모든 구절들에서 행위가 실제로 한 두 가지 행위와 관련이 있든지 간에 그 각 행위의 부분을 분리하려는 의도는 드러나지 않고 동일한 행동으로 통일되어 제시된다. 평행법은 이중성을 단일성으로 만들어 낸다. 사사기 5:26과 יד // ימין을 사용하는 다른 여러 구절들의 초점은 어느 쪽 손이 무엇을 했느냐에 있는 것이 아니고 어렵지 않게 함께 수행된 행동들에 있다.

마지막으로 우리가 쿠겔과 엠프슨에게서 발견했던 간결함에 대한 개념이 좀 더 기술적인 언어로 워의 글에서도 나타난다.

> 그 어떤 담화에서도 두 개의 주요한 이분법 사이에는 변함없는 상호 작용이 나타난다. 한편으로는 *명백함* 대 *생략* 그리고 다른 한편으로는 *중복성* 대 *모호성*이 그렇다. 더욱이 이 두 이분법은 주어진 담화에 의해 전달되는 정보의 양의 문제를 드러내는 공통적인 특성을 함께 공유하고 있다… 중복적인 기호(sign)들은 본문에서 이미 주어진 다른 기호들에 관한 정보를 제공해 주는 것이며 따라서 독립적인 정보를 제공한다고 말할 수 없다… 모호한 기호들은 심지어 다른 기호들의 문맥 가운데 있을 때도 하나 이상의 해석을 제공한다… 생략적인 구조들은 특정한 기호들이 빠졌지만 독자들

> 에게 이미 알려졌을 것이라고 추정한다. 반면에 명백한 구조들은 충분한 기호들로 가득 찬 구조들이다⋯ 이제 그 자체와 기호로서의 기호에 초점이 맞추어진 시는 이 두 가지의 이분법과 함께 기능한다. 그리고 한편으로 시적인 표현은 생략적이며, 다른 한편으로 시적인 표현은 축소된 표현들에서 다중적인 의미를 추출해낸다 (모호성). [73]

다음 장에서 우리는 평행법의 역할인 중복성과 모호성에 대해 좀 더 자세하게 살펴볼 것이다. 이제 우리는 언어학자, 문학 비평가 또는 성경학자의 관점으로 연구하든지 간에 간결함과 평행법은 시적 언어의 특징일 것이라는 결론을 내릴 수 있다. 평행법은 시를 구성하고 조직하는 기법으로 사용되는 반면에 비시적인 본문은 비록 평행법을 포함하고 있으나 체계적인 평행법 사용을 통해 그 메시지를 구성하지는 않는다.

다른 일반 시에서와 마찬가지로 성경의 시에서 시를 구성하는 것은 언어의 여러 차원들 가운데 특히 평행법과 관련이 있다. 구문적 평행법과 의미적 평행법이 가장 두드러진 것이며 다른 것들도 또한 존재한다. 이러한 평행법들의 조합 효과는 평행법을 시의 주된 기능으로 만들고 있다.

나의 책의 주제는 성경 평행법이지 성경의 시가 아니다. 그러나 이 두 개는 서로 긴밀하게 연관되어 있기에 이 둘 사이의 상호 연관성을 드러내 보이는 것뿐만 아니라 이 둘을 서로 분리하는 것도 중요하다. 성경 평행법 연구로부터 얻을 수 있는 몇몇의 이점들이 있다. 첫째는 성경 히브리어와 그 탄력성 그리고 여러 표현들의 변화 가능성들에 대한 우리들의 이해를 증대시킬 수 있다. 평행법은 언어의 모든 차원을 활성화시키고 있다. 그리고 모든 차원들을 구체적으로 살펴보는 것이 단지 이것들이 평행법 안에서 기능하고 있다는 정도로 생각하는 것보다 낫다. 둘째, 평행법 연구를 통하여 우리는 시적인 본문들에 대한 좀 더 나은 이해를 가질 수 있다. 진정 평행법이 시의 구성적인 기법이라고 한다면 그 안에 동등한 요소가 무엇이고 대조되는 요소가 무엇인지를 발견하기까지 우리는 시의 구조와 그 통일성을 이해할 수 없다.

시의 통일성은 곧 그 시의 메시지와 의미에 관련된다. 시적인 기능–"그 자체를 위한 메시지에 대한 초점"–은 평행법을 통해서 성취되며, 따라서 평행법은 메시지로 들어가는 관문이 된다. 평행법이 만들어내는 관계들을 통하여 우리는 시의 의미들을 파악할 수 있다.

제2장

성경 평행법에 대한 언어학적 연구

II. 성경 평행법에 대한 언어학적 연구

시와 평행법과의 결합이라는 관점으로 볼 때 평행법에 초점을 맞춘 성경 연구들이 많지 않다는 사실은 그리 놀라운 것이 아니다. 이들 연구들은 성경 시에 관한 연구로 시작하나 오히려 그 특성상 곧 평행법에 대한 연구를 포함하거나 아예 평행법 연구로 되어 버리고 만다. 따라서 성경 평행법에 대한 연구사를 살피기 위해서는 성경 시에 대한 연구 역사를 개관하는 것이 반드시 필수적이다. 다행히도 이 연구에 대한 대부분의 내용들이 소개되었다. 쿠겔은 후기성서시대(postbiblical times)부터 로쓰에 이르기까지 "성경 시에 대한 생각"을 추적하였고, 로쓰 후기(post-Lowthian)에 관한 연구들은 오코너(O'Connor)의 *HVS* (*Hebrew Verse Structure*)에 잘 요약되어 있다. 따라서 이제는 평행법의 언어학적 분석에 관한 가장 최근 연구들의 견해들을 간단히 설명할 것만 남아 있을뿐이다.[1)]

대부분의 현대 학자들은 로쓰와 그의 계승자들의 모델들을 포기했고 성경 평행법에 대한 재평가를 위해 새로운 모델들을 찾고 있는 중이다. 그들 대부분은 (예. 콜린스[Collins], 쿠퍼 [Cooper], 겔러[Geller], 그린스타인[Greenstein], 오 코너 [O' Connor, 파디[Pardee] – 여기서 쿠겔은 예외다) 새로운 모델을 위해 언어학을 고려해 왔다. 이런 점에서 이들은 다른 시적 전통에 있는 학자들과 다르지 않다. 왜냐하면 언어학적 방법론에 관한 약간의 비평이 있음에도 불구하고 언어학은 빠른 속도로 시를 관찰하는 프리즘으로 제시되고 있다. 이 프리즘은 어느 적절한 한 시점에 다른 것으로 대체될 수도 있겠지만 전에는 결코 볼 수 없었던 여러 특징들의 스펙트럼을 이제 우리들에게 보여주고 있다.

최근 연구 가운데 우리의 관심을 끌고 있는 가장 두드러진 언어학적 특징은 아마도 구문론일 것이다. 최근 성경 시에 대한 연구의 대부분은 구문론적 분석으로 초점이 모아지고 있다. 이 분석은 표면 구조, 주요 구문적 요소들 또는 성분들, 또는 심층 구조 차원에서 이루어지고 있으나 어떤 방식으로든지 인접 행들의 구문의 묘사 또는 비교와 관련되어 있다. 인접 행들의 구문간에 일정한 조화 또는 연관성이 인식될 때 학자들은 이를 평행법이라 부르기 시작했고 실제로 이같은 구문적 조화를 통하여 평행법을 정의할 수도 있다. 학자들에게는 비록 흥미로운 일이지만 연구사의 관점으로 볼 때 혼란스러운 것은 각각의 학자들이 서로 다른 구조의 차원을 바라보고 있기 때문에 과연 어느 한계점에서 두 행이 평행인가에 대해서는 서로 다른 견해를 가지고 있다.

예를 들면 이 같은 새로운 연구 동향 가운데 가장 최초로 연구한 학자들 중 하나인 테런스 콜린스(Terence Collins)는 그의 1978년 연구에서 다음과 같은 내용을 소개한다. 그는 문장의 구성요소들(주어, 목적어, 동사, 동사의 수식어)을 연구했고 네 개의 기본 문장을 산출하는 네 개의 기본 패턴들 안에서 이러한 요소들이 나타난다는 사실을 발견했다.[2] 구성요소들의 순서는 그리 중요하지 않고 또한 구성요소가 여러 형태 부류들 가운데 하나를 형성하고 있을지도 모르기 때문에(예. 주어는 대명사, 명사, 명사구, 명사절일 것이다) 콜린스는 본문의 가장 외면의 표층구조를 다루고 있지 않는 것이 분명하다. 그렇다고 그가 심층 구조를 다루는 것도 아니다. 왜냐하면 אני ידעתי אפרים, "에브라임은 내가 알고" 그리고 וישראל לא נכחד ממני, "이스라엘은 내게 숨기지 못하나니"(호 5:3)을 서로 다른 두 개의 기본 문장들이라고 생각하기 때문이다($NP^1 - V - NP^2$ 그리고 $NP^1 - V - M$). (만약 심층구조의 차원에서 작업한다면 생성 언어학자[a generative linguist]는 이 구절이 능동-수동 그리고 긍정-부정 변형들과 관련이 있고 한 개의 기본 문장의 두 개의 실현으로 간주될 수 있다고 생각할 것이다.) 콜린스는 선지서 본문에서 시적인 행들을 연구하고 네 가지의 일반적인 행-유형(Line-Type)들이 있음을 다음과 같이 발견한다.

I. 행은 오직 하나의 기본 문장을 포함한다.

II. 행은 동일한 종류의 두 개의 기본 문장들을 포함한다. 그리고 모든 동일한 구성요소들은 이 두 문장에 나타난다.

III. 행은 동일한 종류의 두 개의 기본 문장들을 포함한다. 그러나 몇몇의 구성요소들은 이 두 문장 안에 나타나지 않는다 (즉, 생략이 있다).

IV. 행은 두 개의 서로 다른 기본 문장들을 포함한다.

콜린스는 행-형태들(Line-Forms)이라고 불리는 모든 위치 변환(permutation)들 안에서 각각의 행-유형이 나타나는 것을 지속적으로 기록하면서 여러 선지서 본문에 나타나는 이러한 행-형태들의 빈도수와 패턴에 관한 여러 중요한 관찰을 하였다. 그러나 그의 연구에서 나의 관심은 선지서나 시가서에 대해 그가 무엇인가를 말해야 하는 것이 아니고 평행법에 대해 그가 무엇인가를 언급해야 한다는 것이다. 왜냐하면 콜린스는 평행법이 단지 의미적 현상이라고 하는 옛 개념을 고수하고 있기 때문에 그는 문법적 측면으로 평행법을 분석하는 중요한 도구를 이미 그의 손에 가지고 있다는 점을 자각하지 못하고 있다. 실제로 적어도 세 가지 행-유형들 – II, III, 그리고 IV (만약 인접 행과 같이 취급한다면 유형 I 도 또한 그렇다) – 은 잠재적으로 평행법을 포함하고 있다. 그러나 그는 오직 유형 II 안에서만 평행법과 관계성을 보고 있으며 그보다는 좀 덜하지만 유형 III 안에서도 관계성을 보고 있다. 이 엄격한 유형적인 제한에도 불구하고 콜린스는 자신의 유형화(類型化) 체계와 평행하는 행들을 의미적으로 분류하는 일반적인 체계 사이에 어떤 긴장 관계가 있음을 인식하였다. 여기에 후자의 약점 즉, 시적인 행들을 묘사하는 것에 대한 부적절함에 대해 그가 발견한 내용을 소개한다.

주제를 다루는 대부분의 경우 이러한 종류의 행 [행-유형 II]은 히브리 시의 아주 전형적인 행으로 간주되나 이렇게 현저한 상태가 과연 정말로 보장

> 되는지는 의문이다. 그와 같은 행들에 주어진 강조가 그것들이 의미적 평행법에 대한 최고의 예들을 제공한다는 사실 때문이라는 점에 대해서는 의심의 여지가 있다. 만약 이 의미적 평행법이 히브리 평행법의 전형적인 특징이라고 한다면 이러한 행들이 그 히브리 행의 일종의 "순수한 이상"의 위치까지 승격되어야 하며 준-형이상학적 경외감을 가지고 접근되어야 한다. 문법적 구조에 근거한 분석은 이러한 태도를 거의 찾아 볼 수 없게 만든다는 것이 분명하다. 유형 II로는 선지서 본문 안에서 행들의 4분의 1 정도도 설명할 수 없다. …
>
> 의미적 평행법은 가장 최고의 상태로 이러한 행들 안에서 나타나는 것이 사실이다. 그러나 우리가 분류의 기준으로 이것을 사용하려고 한다면 우리는 즉시 문제점들을 직면하게 될 것이다… 의미적 내용에 따라 행들을 분류하는 것에서 우리는 시가 사용하는 좀 더 기본 구조적인 패턴을 무시하는 방향으로 종종 나아갈 수 있다는 것이다. 두 행은 특정한 패턴에 따라 반복되는 동일한 요소들을 가지고 있을 수 있다. 그러면서도 의미적으로 그들은 서로 다른 길로 나갈 수가 있다… 기본적인 것은 행들의 구조적인 [예, 문법적인] 분류이다. [92-93]

초기 연구들보다 중요한 발전은 콜린스가 히브리 시의 패턴화에 대한 묘사의 중요한 열쇠로 문법을 의미론 앞에 둔다는 점이다. 분명히 그는 이 둘이 서로 연결되었다는 것을 인식했다(참조. 229). 하지만 그는 의미적 구조만큼 문법적인 구조도 평행법에 관련되어있다는 점을 깨닫는 것에는 실패했다. 지난 2 세기 동안의 연구에서는 비록 일반적인 것이었지만 그가 이 점을 알지 못한 것은 더 불행한 일이다. 왜냐하면 로쓰의 평행법에 대한 정의에서 그 실패에 대한 해결책이 이미 나타나 있었기 때문이다. 로쓰는 의미적으로 동등하거나 또는 "문법적인 구성 형태에서 유사한" 두 명제들은 서로 평행하다고 인식했다. 그의 후계자들은 첫 번째 정의에만 집중하였고 (예, 의미에서 유사한) 두 번째 것은 무시하였다. 특별히 생성 문법과 같은 현대 언어학의 출현과 더불어 성경학자들은 시의 문법적 구조를 심각하게 분석하기 시작했고 (콜린스처럼) 이러한 분석에서부터 평행법에 대한 새로운 정의가 나타난다는 점을 인식하기 시작했다(콜린스가 하지 못한 것처럼). 문법적 접근은 스테판 겔러의 연구에서 지지를 얻게 되었고 그와 거의 동시에 행해진 콜린스의 연구와는 독립적으로 진행되었다. 콜린스와 같이 겔러도 문법적인 구성요소들을 분석했으나 그는 콜린스보다 더 깊은 문법적 차원으로 나아가게 된다. 왜냐하면 그는 "재구성된 문장"이란 개념을 소개하기 때문이다. 두 개의 평행하는 행들의 기초가 되는 하나의 기본적인 문장을 재구성함으로 겔러는 생략된 용어들을 채울 수가 있었고 표면적 차원에서는 "일치하지 않는" 구성 요소들을 더 심층적 차원에서는 같게 할 수 있었다. 겔러는 다음과 같은 예를 제시한다(Parallelism, 17).

삼하 22:14 ירעם מן שמים יהוה
ועליון יתן קולו

여호와께서 하늘에서 우렛소리를 내시며
지존하신 자가 음성을 내심이여

ירעם, "우렛소리를 내시며"와 **יתן קולו**, "음성을 내심이여"와 같은 용어들은 비록 문법적으로는 서로 일치하지 않지만 그럼에도 불구하고 문법적으로 "서로 잘 부합한다" 왜냐하면 이들은 재구성된 문장 안에서 동일한 기능을 하고 있기 때문이다. 겔러는 이 같은 내용을 다음과 같은 다이어그램으로 제시한다.

יהוה	מן שמים	ירעם
עליון		יתן קולו
여호와	하늘에서	우렛소리를 내시며
지존자		음성을 내심이여

["하늘에서"는 두 행들 모두에 속해있으나 두 번째 행에서는 생략되었다.]

겔러는 위 두 절들을 동일한 기본적인 문장의 서로 다른 실현으로 간주한 반면에 콜린스는 이 구절을 행-유형 IV (두 개의 서로 다른 문장들을 포함하는 행)으로 간주했다. 따라서 겔러의 분석은 콜린스의 것보다 더 깊은 언어학적 차원에서 이루어진 것이다. 그의 분석은 기본적인 행들의 문법적 구조의 심층을 간파한 것이다.

겔러의 연구는 또한 평행법의 관점으로 볼 때 콜린스의 것보다 더 우월하다. 왜냐하면 그의 책 제목(초기 성경 시에서의 평행법 [*Parallelism in Early Biblical Poetry*])이 보여주는 바와 같이 그는 특별히 평행법 현상에 관심을 두고 있기 때문이다. 그는 시에 대한 연구의 정황 가운데 우연히 이 주제를 다루는 것이 아니다. 이 책은 로만 제이콥슨의 연구에 의해 영향을 받았고 "문법적이며 의미적인 평행법에 대한 강조와 함께 평행법의 주요 측면들에 대한 분석을 위한 방법"을 설정하기 위한 것이었다(4).[3] 따라서 콜린스가 간과해버린 문법적 평행법은 비록 겔러가 항상 의미적인 평행법에 대해 인식하고 있었을지라도 그의 연구에 있어서 주된 초점이 되었다.

문법적 평행법은 에드워드 그린스타인의 "평행법은 무엇을 의미하는가?" ("*How Does Parallelism mean?*")란 책에서 그 절정을 이루고 있다. 콜린스, 겔러, 그리고 다른 학자들의 연구들을 숙지하면서 그린스타인은 한 걸음 더 나아가 문법적 평행법이 모든 평행법을 위한 기본 정의로 기능한다고 주장한다. 그린스타인에게 평행법은 의미적 내용과 상관 없는 구문적 패턴의 반복이다. 다른 말로 하면 평행법은 문법적 평행법이다. 분명히 이제는 로쓰의 견해와 그린스타인이 인용한 카사노윅즈(Casanowicz)의 정의로부터[4] 지금까지 내가 논의해왔던 최근의 연구들에 이르기까지 문법적 평행법은 오랜 동안 평행법 정의의 한 부분이 되어왔다. 그러나 그린스타인은 평행법을 문법적 평행법에만 제한한 최초의 성경학자이다. 적어도 이론적으로 이것은 구문적으로 서로 다른 절들 안에서 표현된 동일한 의미적 내용은 평행이라고 간주되지 않고 구문적으로 서로 비슷한 절들은 그들의 내용이 어떻게 서로 다르든지 간에 자동적으로 평행이라고 간주된다는 것을 의미한다. (나는 인접하거나 또는 병렬된 절들을 말하는 것이다.) 이제는 그와 같은 극단적인 예들은 보기 드물다. 왜냐하면 문법적이며 의미적 평행법들은 일반적으로 함께 발생하기 때문이다. 그러나 이론적 구성은 존재한다.

시편 106:35

ויתערבו בגוים
וילמדו מעשיהם:

그들이 이방 나라들과 섞여서
그들이 그들의 길들을 배우며

이 구절은 의미론적으로 평행하지만 구문적으로는 평행하지 않다(심지어 심층 구조의 차원에서도 – 다음을 보라); 반면에 다음과 같은 구절은

시편 111:5

טרף נתן ליראיו
יזכר לעולם בריתו:

여호와께서 자기를 경외하는 자들에게 양식을 주시며
그는 그의 언약을 영원히 기억하시리로다.

이 구절은 표층구조에서는 구문적으로 평행이며 (비록 한 행이 간접 목적어를 가지고 있고 다른 행은 부사를 가지고 있어도), 그러나 행들 사이의 의미적인 관계는 직접적으로는 분명하지 않다(참조. 또한 시 111:4a와 5a). 분명히 이러한 구절들은 보편적이지는 않다. 그린스타인이 설명하듯이 문법적 그리고 의미적 평행들은 같이 나타나는 경향이 있다. 왜냐하면 구조와 의미 사이에는 심리적인 연결고리가 있기 때문이다.

가장 중요한 점은 평행법은 우리가 그 내용을 인식하는 방법을 구조화시킴으로서 성경 구절의 의미에 기여한다. 평행법에서 제시하는 행들은 그들 사이의 의미적 연관성을 강화하는 효과를 가지고 있다. 불연속적인 것들이 비

> 슷한 형태로 우리에게 나타날 때 우리는 그들 사이에 몇몇의 의미 있는 상호 연관성을 추구하고 찾게 된다. 예를 들면 이는 리듬의 토대가 되는 원리이다: 리듬은 둘 또는 그 이상의 단어들 또는 구들 사이의 결합을 창출하거나 강화시킨다. 내가 평행법이라고 설명한 구문적 구조의 반복은 동일한 기능을 수행할 수 있다. 의미와 구문적 구조 사이의 심리적 결합은 실험적으로 소개되어왔다. 주제들이 특정한 문법적 형태의 문장으로 제시된 후 동일한 형태를 가진 다른 문장을 산출하도록 요구되었을 때, 주제들은 그 모델의 구조를 반영할 뿐만 아니라 그 의미들의 그 무언가를 반향(反響) 하는 문장을 형성하는 경향이 있다. 예를 들면, *게으른 학생은 시험에 실패했다*라는 문장은 *다음과 같은 반응들을 이끌어 낸다: 똑똑한 소녀는 시험을 통과했다. 부지런한 학생은 그 과정을 통과했다. 총명한 소년은 그 논문을 연구했다.*[64]

이 진술은 평행법을 이해하는데 중요한 함의들을 가지고 있고 그 중 몇몇은 다음 장에서 좀 더 설명할 것이다. 그러나 이제 나는 평행법은 전적으로 문법의 문제란 그린스타인의 주장과의 관련성에 대해 언급할 것이다. 구조에 있어서 유사성은 의미에 있어서 모종의 상호 관계를 인식할 수 있도록 해주는 것은 사실이다. 우리는 시편 11:5에서 이러한 점이 작용하고 있음을 볼 수 있다. 우리는 두 행들 사이에 비록 단어 쌍 또는 전반적인 의미적 등가들이 없을지라도 우리는 그 사이의 의미적 관계를 구하고 찾는 경향이 있다. 우리는 "양식을 주시며"를 "언약을 기억하시리로다"와 등가로 생각하고 "그를 경외하는 자들"은 "그의 언약"을 맺은 자들과 등가로 여긴다. 또는 우리는 역사적인 연결을 찾는다. 시내산에서 언약은 광야에서 양식을 제공하는 것과 함께 발생했다. 구조에 있어서 유사성 때문에 의미적인 관계를 증진시킨다는 것은 구조에서 서로 다름은 그것을 방해한다는 것을 의미하지는 않는다. 우리의 다른 예에서처럼 시편 106:35은 심지어 구조적 반복이 부재함에도 불구하고 의미적 상호 관계가 있을 수 있다는 점을 보여 준다. 그렇다면 우리는 시편 106:35을 의미적 평행법으로 고려해서는 안되는가? 그린스타인이 인용하는 언어심리학적 결과들은 마찬가지로 의미적 유사성은 서로 다르게 구성된 행 안에서 발생할 수 없다는 점을 증명하지 않는다. 그들은 단지 문법적 그리고 의미적 평행법들이 함께 발생한다는 경향을 강조한다. 왜냐하면 이 둘은 동일하게 연합하는 과정의 일부이기 때문이다(4장을 보라). 요약하면, 나는 구문적 반복이 평행법의 기반에 놓여 있다는 것과 의미적 평행법이 이 반복의 결과라고 하는 그린스타인의 의견에 동의하지 않는다. 많은 경우에 있어서 오히려 정반대이다. 즉, 생각을 반복하려는 의도는 그와 함께 구문적 반복을 산출할 수도 있을 것이다. 의미보다 구문에 우선 순위를 둘 이유는 없다(또는 그 반대로). 이 둘은 다음에 언급할 여러 가지 측면들과 더불어 평행법의 중요한 부분이다.

그린스타인의 논지에 대한 좀 더 충분한 설명을 다시 들어보기로 하자. 그린스타인이 구문적 반복을 의미했을 때 이는 심층 구조 차원에서의 구문적 반복이다. 구문적으로 비슷한 문장들은 그것들의 표층 구조와는 상관 없이 동일한 심층 구조를 가지고 있다. (만약 표층 구조가 동일하다면, 심층 구조가 비록 그렇지 않을 지라도 평행이다. – 그린스타인의 각주 20) 겔러의 재구성된 문장과는 비슷하나 언어학적으로는 더 정교한 방법을 통하여 그린스타인은 평행하는 문장들은 동일한 심층 구조를 가지고 있다는 점을 연속된 트리 다이어그램(tree diagram)을 통하여 보여준다.[5] 예를 들면, 다음 구절을 보아라.

시 105:17 שלח לפניהם איש
לעבד נמכר יוסף׃

그가 한 사람을 그들에 앞서 보내셨음이여
요셉이 종으로 팔렸도다.

다이어그램의 표가 보여주듯이 두 절(clause)은 분명히 서로 다르다.

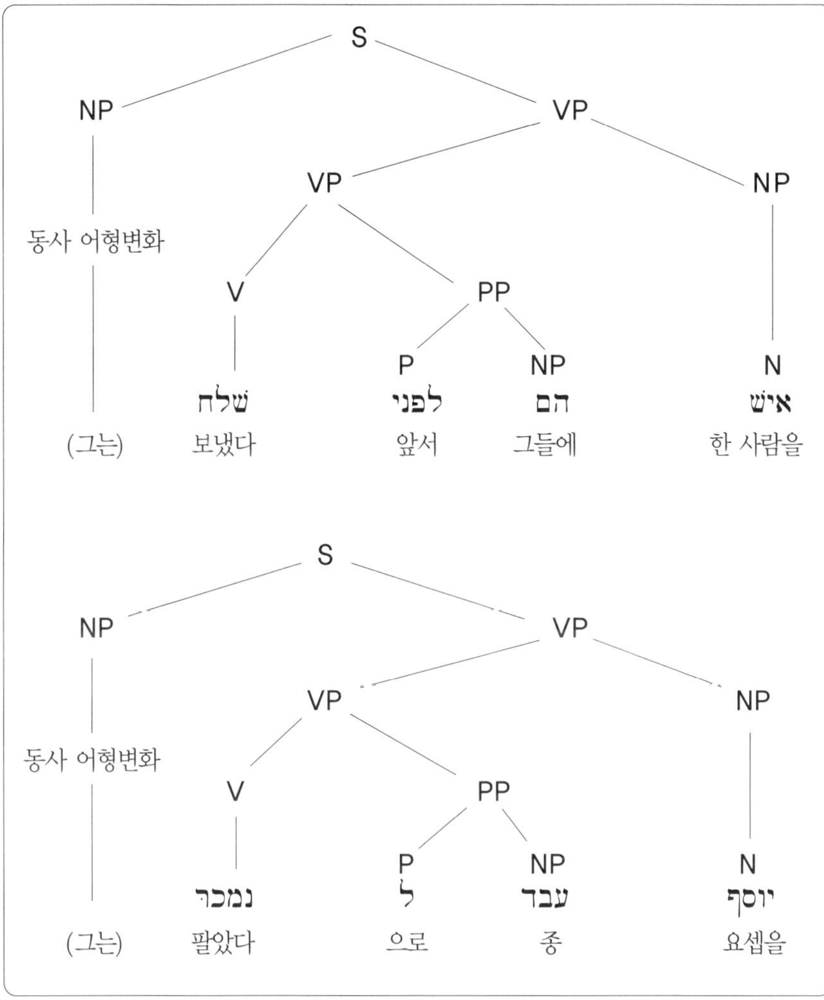

이 다이어그램은 다음과 같이 읽을 수 있다. S는 명사구(NP)로 표현되는 주제(또는 토픽)와 동사구(VP)로 표현되는 술어(설명)로 구성된 문장이다. NP는 동사의 어형변화의 대명접미사("그는")를 통하여 나타난다. VP는 한 VP 와 한 NP 형태 안에서의 목적어로 구성되어 있다. VP 자체는 한 동사(V)와 전치사(P)와 명사구로 구성된 전치사구(PP) 형태의 부사적 수식어로 구성되어 있다. 동사의 직접 목적어인 NP는 명사(N)로 표시된다.

그린스타인의 작업은 견고한 언어학적 (즉 문법적) 바탕 위에서 평행법에 대한 분석을 시도하는 장점이 있다. 그의 관심은 겔러와 나와 마찬가지로 시에 있는 것이 아니고 특별히 평행법에 있다. 그린스타인은 문법을 평행법이란 관점이 최대한 허용하는 범위 안에서 평행법의 정체성을 위한 기준으로 삼았다. 반면에 *Hebrew Verse Structure*에서 오코너(M. O'Connor)의 관심은 시에 있었고 평행법 그 자체에 있지는 않았다. 그리고 그는 최대한으로 문법을 성경 시를 묘사하는 기반으로 삼았다.[6)]

콜린스와 겔러는 무엇이 시적인 행을 구성하는지에 관한 최근 학계의 관례를 받아들이기 때문에 이에 대한 다른 정의를 내리려고 하지 않는다. 이들은 시의 행들 안 또는 사이에 나타나는 여러 문법적인 패턴들을 설명하려는데 관심이 있었다. 오코너의 연구는 시적인 행을 정의하는 것이었고 그는 이러한 작업을 오직 문법적 관점으로 하였다. 행은 일련의 구문적 제약들로 구성된다(그 행이 포함할 수도 있는 여러 개의 단위, 구성요소, 절들의 한계이다). 행을 정의하기 위한 오코너의 문법 사용은 그린스타인이 평행법을 정의하기 위해 문법을 사용한 것과 유사하다.

이렇게 함으로 오코너는 기본적인 시적 실체가 이행련구(couplet, 二行聯句)이라기 보다는 행이라는 점에 더 우위를 두고 있다. 반면에 다른 이들은 이행련구에 더 우위를 두는 경향이 있다. 왜냐하면 그들은 종종 한 행 이상과 관련된 구문적 관계를 다루고 있기 때문이다. 행이 오코너의 주된 관심이기 때문에 대부분의 경우 평행법과 관련된 행들 사이의 관계는 주로 두 번째 이슈가 된다. 콜린스의 연구와 같이 오코너의 연구는 평행법 자체에 대한 연구라기 보다는 시의 문법적 구조에 대한 것이었다. 그러나 그의 연구도 평행법 연구에 많은 기여를 하는 바가 있다. 나는 여기에서 이에 대한 부분적인 요약을 제시할 것이며 다음의 소개되는 장들에서 좀 더 자세히 다룰 것이다.

오코너는 팽형법을 "현상의 퇴적 더미(congeries of phenomena)"로 일컬음으로써 성경학자들을 무장해제시키고 아마도 그들의 생각에 반대 의견을 표한다

(*HVS*, 5). 그러나 이같이 말함으로써 오코너는 평행법이 존재하지 않는다거나 또는 중요하지 않다는 것을 의미하는 것은 아니다. 단지 평행법은 서로 다른 많은 현상들로 구성되어 있다는 것이며 그 가운데 몇몇은 구문적이며 다른 것들은 그렇지 않고, 그 가운데 몇몇은 정확한 묘사를 인정하나 다른 것들은 그렇지 않다는 것이다. 오코너는 이전 학자들이 평행법을 정의하는데 수 많은 어려움을 겪은 이유가 그들이 이러한 여러 다른 현상들을 혼돈했기 때문이라고 생각했다. 그들은 내가 소위 말하는 팽행법의 다중적 측면과 다중적 수준의 본질을 인식하는데 실패했기 때문이다. 즉 평행법은 의미론, 문법, 또는 다른 언어학적 특징들과 관련이 있고 단어, 행, 이행련구, 또는 좀 더 넓은 본문의 범위 차원에서 나타날 수도 있다는 것이다.

오코너가 가장 광범위하게 다루는 평행법의 분야들은 (즉 그것을 통해 그의 언어학적 접근을 가장 잘 분석할 수 있는) 최근 성경 연구에서 가장 관심을 받고 있는 영역이다. 즉 단어쌍들과 행 수준에서의 문법적 평행법이다. 후자의 것은 우리가 그 동안 추적해 왔기 때문에 이 장에서는 오코너의 기여만을 제시할 것이며 그의 단어 쌍에 관한 논의는 다음 장에서 다루기로 한다.

행 차원에서의 문법적인 평행법을 오코너는 "조화됨"이라고 이름한다. "만약 행들의 구문적 구조들이 동일하다면" 그것들은 조화된다(*HVS*, 119). 또는 오코너의 수정안이 언급하듯이 "만약 두 행들 사이에 생략을 제외한 구성적 구조가 동일하다면 그들은 조화된다"(*HVS*, 128). 이전에 인용한 연구에서 보는 바와 같이 단어 순서와 생략은 구문적 구조에 영향을 미치지 못한다. 오코너의 조화됨을 그린스타인의 문법적 평행법과 동일시하려는 유혹을 받는다(그리고 사실 그린스타인은 그의 각주 14에서 그렇게 한 것처럼 보인다.). 그러나 이는 사실상 콜린의 유형 II와 유형 III 문장들에 더 가깝다. 오코너는 조화됨을 표층 구조에서의 대응성이라고 간주한다. 왜냐하면 "구성적 구조"는 절의 표층 구조를 기반으로 하여 결정되기 때문이다(참조. *HVS*, 314). 따라서 오코너의 조화됨은 그린스타인이 평행 하다고 간주한 단지 행들의 부분을 설명한다. 사실 오코너 자신은 그의 책의 단지 삼분의 일 정도만이 조화됨을 다루고 있다는 것을 발견하고 "조화됨이 '평행적' 이라고 간주될 수 있는 모든 행들과는 관련이 없다"고 선언하였다(*HVS*, 119).[7]

비록 오코너의 행 수준의 문법적 팽행법의 개념이 그린스타인의 것보다 더 제한적이지만 무엇이 평행적이라고 간주될 수 있는 가에 대한 그의 개념은 더 광범위하다. 왜냐하면 비록 조화됨이 "팽행법이라고 일컫는 가장 광범위한 현상이지만"(HVS, 119), 이는 팽행법을 만들어내는 몇 가지 현상들 가운데 단지 하나이다. 평행법에 대한 나의 견해는 오코너의 관점과 거의 비슷하다(비록 나는 문법적 평행법을 알기 위해서는 그린스타인이 했던 것처럼 심층 구조로 가야 한다고 느끼지만). 앞에서 언급한 모든 학자들 같이 나도 언어학이 평행법을 분석하는데 도움이 된다는 것을 발견한다. 그러나 기억해야 할 것은 언어학은 문법 이상이며 평행법도 또한 문법 이상이라는 것이다. 언어학은 음운론, 형태론, 구문론과 의미론을 포함하고 있고 이 모든 것들이 평행법 안에서 기능하고 있다.[8] 적어도 하나 이상의 성경 평행법 연구에 영감을 불어넣은 로만 제이콥슨의 주장은 다음과 같다. "전반적인 평행법은 불가피하게 언어의 모든 차원을 활성화시킨다 – 독특한 특징들, 고유의 특징과 운율법에 맞는 특징들, 형태적이며 구문적 범주들과 형태들, 어휘적 단위들과 그들의 의미론적 등급들은 그들의 집중과 분산 안에서 자율적인 시적인 가치들을 가진다"(GPRF, 423). 사실 오코너도 동의하듯이 평행법은 단지 구문적 차원뿐만 아니라 언어의 모든 수준에서도 기능한다. 그리고 제이콥슨이 승인했듯이 우리는 가능한 이러한 많은 수준들을 살펴보아야 한다. 혼돈을 피하기 위해 나는 활용된 언어학의 영역들(음운론, 형태론 등)을 언급하는 *측면(aspect)*이라는 용어를 사용할 것이며 본문의 구조가 (대부분의 경우에 단어 또는 행 또는 절) 어느 정도 연관되어 있는지를 상술하기 위해 *수준(level)*이란 용어를 사용할 것이다. 성경 평행법에서 가장 명백한 측면은 의미적 그리고 문법적 측면이다. 이것들은 행의 수준에서 가장 많은 주목을 받아왔으나 이들에 대한 연구는 결코 많지 않다. 단어 수준(단어 쌍)에서 어휘적 측면의 분석은 어느 정도 진행이 되어 왔으나 언어학적으로 말하면 원하는 목표에는 도달하지 못했다. 음성적 측면의 분석은 겨우 시작 단계이다.

나는 각각의 측면들을 분리해서 다룰 것이나 사실 성경 시에 나타난 평행법의 전반성에 관한 이해에 기여를 하는 것은 측면들과 수준들이 상호 얽혀 있는 것이다. 만약 우리가 시적인 기능(즉 평행법)이 유사한 것들을 연속되게 만든다는 점("선택의 축에서부터 조합의 축으로 투영한다" [*LP*. 358])을 받아들인다면, 전반적인 평행법(또는 정경적 - 성경과 그 이외의 곳에서 평행법과 같은 종류에 대한 제이콥슨의 용어들)도 선택의 여러 축들로부터 조합의 여러 축들로 투영하면서 여러 방면에서 그와 같이 한다. 제1장에서 논의한 것과 같이 평행법은 등가(혹은 상응)와 대조의 문제이며 혹은 더 구체적으로 말하면 등가들 안에서의 대조의 문제이다. 기능을 하게 되는 등가들 그리고/또는 대조들이 더 많으면 많을수록 그것이 평행법일 것이라는 더 강한 느낌이 든다. 여기 한 예가 이를 증명한다.

애가 5:2 נחלתנו נהפכה לזרים
בתינו לנכרים

우리의 기업이 외인들에게 돌아갔나이다.
우리의 집들도 이방인들에게

행의 수준에서는 두 행의 구문이 동일하다는 것을 확인하는 것은 쉽다(두 번째 행 안에서 생략이 된 동사와 함께 – 역자 주. 두 번째 행에서는 굳이 동일한 동사를 반복하지 않았다). 비록 표층 구조 아래를 들여다 보지 않더라도 이 구절에는 구문적 등가가 있다. 마찬가지로 두 행의 의미는 아주 가깝다. 일부는 등가를 강조하면서 이를 유의어라고 부를 것이다. B행은 A행을 넘어선다고 주장하는 쿠겔은 대조를 강조한다. 따라서 집들을 잃는 것이 소유하고 있는 토지를 잃는 것보다 더 심각하다 점에서 쿠겔의 관점을 입증을 할 수 있다. 그리고 זר과 נכרי은 여러 곳에서 단어 쌍으로 나타나는 반면에(사 28:21; 61:5; 잠 27:2; 욥 19:15), 그들은 서로 완전한 유의어는 아니다. זר는 "내(內)집단(ingroup)"의 일원이 아닌 사람에 대해 사용된다. 그는 가정의 일원(왕상 3:18), 친족(신 25:5), 제사장그룹의 일원(민 1:51), 또는 사회 전체의 일원(욥 15:19)이 아닌 자이다; נכרי는 단지 이스라엘 백성이 아닌 경우에만 사용된다(참조. 창 17:12; 출 12:43; 느 9:2). 따라서 애가 5:2의 첫 행 만으로는 한 사람의 조상의 땅을 친족이 아닌 자에게 빼앗겼다는 것을 강조한다. 그러나 둘째 행은 한 사람의 삶의 장소를 이방인에게 빼앗겼다고 말함으로써 이 사실을 강력하고 명백하게 다시 정의한다.

단어 수준에서는 문법적 등가들과 또한 대조가 있다: נחלתנו와 בתינו은 둘 다 동일한 품사에서 왔고(소유격 접미어를 가진 명사) 동일한 구문적 기능을 한다(주어). 그러나 처음의 것은 여성 단수이고 둘째 것은 남성 복수이다. לנכרים와 לזרים 사이에는 완전한 문법적 동질감이 있다.

이 같은 문법적이며 의미적 측면들 외에도 음운론도 기능을 한다. 이 두 행에는 세 개의 음성적 등가들이 존재한다.

נחלתנו נהפכה ל // לנכרים

nḥl . . . nh . . . l // lnk . . .

נחלתנו // בתינו

-ataynu // -ataynu

לזרים // לנכרים

-rim // -rim

음성적 등가들은 의미적 그리고 문법적 등가들을 강조하며 드러낸다. 마지막 두 개의 음성적 쌍들 안에서(*-ataynu // -ataynu* 과 *-rim // -rim*), 문법적이며 의미적으로 비슷한 단어들은 또한 비슷한 음성들을 포함한다. 처음의 *nhl // lnk*은 더 두두러진다(그러나 특별한 것은 아니며 5장에서 다시 다룰 것이다). 왜냐하면 음성적인 차원이 아니면 언어학적으로는 서로 등가가 될 수 없는 소리 단어들로 서로 등가를 이루기 때문이다. 따라서 이 단어 쌍은 이 구절의 음성적 틀을 형성해 주면서 두 행을 더 가깝게 묶어 준다.

이러한 모든 등가들은 동일한 표층 구조와 함께 두 행 안에서 거의 균등히 분포된 단지 다섯 개의 단어만을 가지고 있는 비교적 작고 간단한 평행법 안에서 나타난다. 좀더 길고, 좀 더 복잡한 평행법들 안에서 등가와 대조의 여러 형태들의 가능성들이 증가할 것이란 것은 극히 당연하다. 나는 이러한 모든 것들을 한 번에 다 제시할 수 없어서 몇몇은 선택하여 별도로 분리하였고 이들은 이 책의 각 장에서 다룰 것이다. 나는 또한 종종 이러한 등가들 사이에 존재할 수 있는 긴장관계도 지적할 것이다 – 예를 들면 평행법의 서로 다른 측면들 사이에서 말이다. 장차 논의하게 될 측면들은 1) 문법적, 2) 어휘적, 3) 의미적, 그리고 4) 음성적 측면들이 있다. 이러한 것들은 단어 그리고 행 또는 절의 수준에서 분석될 것이다. 다음 차트는 이러한 측면들에 대한 개관을 보여주고 그들이 어떻게 두 수준에서 자신들을 드러내는 지를 보여준다.

수준 (Level)	차원(Aspect)		
	문법적	어휘적-의미적	음성적
단어	형태적 등가 그리고/또는 대조	단어쌍들	음성적 쌍들
행 또는 절	구문적 등가 그리고/또는 대조	행들 사이의 의미적 관계	행들의 음성적 등가들

이 차트가 보여주듯이 이 책은 모든 것보다 우선하고, 통합적이며, 언어학적으로 기반을 둔 성경 평행법에 대한 설명을 제시하는 것을 목적으로 한다.

대부분의 경우 나는 평행하는 행들을 다룰 것이다. 그러나 단어나 행의 다른 단 하나의 요소의 수준을 다룰 때, 다후드(Dahood)가 했던 것처럼(참조. *RSP* I, 80-81, 87), 병치 또는 연어(collocation, 蓮語) 안에 있는 단어들이나 구들이 동일한 종류의 언어학적 상응성을 보여줄 때는 이것들을 반드시 포함해야 한다.[9] (병치는 한 구 안에서 쌍의 두 부분이 모두 나타나는 것을 말하고[10]; 연어는 동일한 본문 안에서 명시되지 않은 거리에서 명시되지 않은 관계이다.) 동일한 단어 쌍 또는 소리 쌍이 평행하는 행에서 나타날 수도 있고 또한 본문이 비록 수필이나 또는 시일지라도 그들은 동일한 행의 조합이나 또는 좀 먼 거리서 서로 평행하는 행들의 조합 안에서도 나타날 수 있다. 따라서 이들은 평행법의 동일한 현상의 한 부분으로 간주될 수 있다. 쌍을 이루는 그 배후의 원리는 그것이 발생하는 정황과는 관계 없이 동일하다. 평행법, 병치, 그리고 연어들은 모두 어떤 면에서 언어학적으로 등가인 요소들을 조합하는 동일한 현상의 한 부분들이다.

병치와 연어 안에서 쌍을 이루는 것이 본질적으로 평행하는 행들 안에서 쌍을 이루는 것과 동일하다는 것은 동일한 단어들의 쌍이 이 모든 세 가지 배열들 안에서 발생할 수 있다라는 사실로 설명될 수 있다. 그 예로는 **אהל**, "장막", 그리고 **משכן**, "성막, 거처" 이다. 이 쌍은 민수기 24:5의 평행하는 행에서 발견된다.

민 24:5 **מה טבו אהליך יעקב**
משכנתיך ישראל

네 장막들 [*'hl*]이 어찌 그리 아름다운고, 야곱이여
네 거처들이 [*mškn*], 이스라엘이여. [참조. 사 54:2; 렘 30:18; 시 78:60]

이러한 쌍은 내가 말하는 소위 산문 평행법 (그러나 다후드는 이를 병치로 부름)에서 발견된다.

삼무엘하 7:6 **ואהיה מתהלך באהל ובמשכן**

나는 장막과 성막 안에서 다녔다 [*b'hl wbmškn*].

쌍은 욥기 21:28도 병치로 나타난다.

욥기 21:28 ואיה אהל משכנות רשעים

악인이 살던 장막이 어디 있느냐 [*hl mšknwt*].

병치는 시편 78:55과 시편 120:5에서 순서가 바뀌었고 마지막으로 그 쌍은 시편 15:1에서 연어로 나타난다.

시편 15:1 מי יגור באהלך
מי ישכן בהר קדשך

누가 당신의 장막['*hl*]에 머물 수 있으며
누가 당신의 성산에 거할 수[*yškn*] 있겠습니까?

마지막 구절은 특별히 여러 면에서 도움이 된다. 왜냐하면 이 구절은 평행법, 병치, 그리고 연어가 동일한 현상에 속한다는 것을 보여줄뿐만 아니라 한 언어적 측면에서 등가는 모든 언어적 측면에서의 등가를 의미할 필요는 없다는 것을 보여준다.

나는 비록 시편 15:1이 평행하는 행을 구성하고 있을지라도 이 구절에서 다후드가 "연어"로 지명한 것을 단어 쌍으로 채택해 사용했다. 여기에서 단어들을 쌍으로 만드는 것이 민수기 24:5에 나타난 단어들의 쌍과 다르다는 것은 시편 15:1에서는 אהל과 ישכן은 어휘적 등가이지 의미적 등가는 아닌 반면에 민수기 24:5에서 אהל과 משכן 모두가 어휘적이며 의미적 등가들 이라는 것이다 (의미적 쌍은 אהלך // הר קדשך, "당신의 장막 // 당신의 성산" 그리고 יגור // ישכן, "머문다//산다"이다). 만약 문법적으로 논의한다면 민수기 24:5에서는 그 쌍이 또한 문법적으로 등가라는 것을 알 수 있지만 시편 15:1에서는 אהלך과 ישכן 사이에는 직접적인 문법적 관계가 없다.[11)]

따라서 평행법에 나타난 등가들의 형태는 서로 아주 다를 수 있다. 여기에 동일한 어휘적 쌍이 서로 아주 다르게 기능하는 두 개의 평행법이 있다. 따라서 우리는 평행법을 단지 의미론 또는 문법에만 기반을 두고 분석하는 것은 존재할 수 있는 미묘한 점들을 놓칠 수 있다는 사실을 다시 한번 확인한다. 평행법은 여러 언어학적 측면 안에서 등가의 상호 관계로부터 그 효과를 발휘한다. 그러나 우리가 이러한 상호 작용을 평가하기 전에 우리는 반드시 이러한 측면들을 개별적으로 연구해야 한다. 이 내용은 다음 세 장에서 다룰 과제이다.

제3장

문법적 측면

III. 문법적 측면

평행법의 문법적 측면 – 문법적 등가 그리고/또는 대조 – 는 성경 평행법의 기본적인 측면들 가운데 하나이다. 평행하는 행들 사이에는 어느 정도의 문법적 상관성이 거의 항상 존재하며 많은 경우에 이는 평행법의 기본 구조 기법이다(평행법에 대한 통찰력을 산출하는 특징). 이 장에서 정확히 어떤 문법적 등가들이 존재하고 그것들이 어떻게 자신을 드러내는 지를 알아보기 위해서 나는 이 문법적 등가들을 광범위하게 살필 것이다.[1] 문법 연구는 일반적으로 형태론과 구문론으로 나뉘어지기 때문에 필자는 문법적 평행법을 이 두 가지 범주로 나누겠다. 구문적 평행법은 한 행과 다른 행의 구문적 등가이다. (대부분의 문법적 평행법 연구는 전반적으로 단지 행들의 구문의 비교만을 다루었다.) 형태적 평행법은 형태적 등가 또는 행들의 개별적 구성 요소들의 대조와 관련이 있다. 많은 행들은 한 유형 이상의 문법적 평행법을 포함하고 있다. 그리고 종종 형태적 그리고 구문적 평행법 사이의 경계는 분명하지 않다. 평행하는 행들의 문법을 연구한 사람들은 행들의 표층구조가 작은 몇 퍼센트만 서로 동일하다는 점을 잘 알고 있다. 그 중 하나는 다음과 같다.

시편 103:10

לא כחטאינו עשׂה לנו
ולא כעונתינו גמל עלינו

우리의 죄를 따라 우리를 처벌하지는 아니하시며
우리의 죄악을 따라 우리에게 그대로 갚지는 아니하셨으니

두 행의 표층 구조는 구문론과 형태론의 관점에서는 동일하다. 첫 행의 모든 요소들이 두 번째 행에서 반영된다. 두 행의 구문은 부정 · 전치사구 · 동사 · 간접목적어이다. 상응하는 용어들은 형태적으로 동일하다.

לא // לא

"not //not"

부정 불변화사

כחטאינו // כעונתינו

"우리의 죄를 따라 // 우리의 죄악을 따라"

전치사 + 명사 (남성 복수) + 소유격 접미사 (1인칭 복수)

עשׂה // גמל

"그가 처벌하다 // 그가 갚다"

동사 (칼, 3인칭, 남성, 단수, 완료)

לנו // עלינו

"우리를 //우리에게"

전치사 + 1인칭 복수. 접미어

이 구절은 사실상 문법적 동일성과 반복의 한 예이다. 어휘적인 반복은 없는 반면에 (두 행에서 동일한 단어들이 사용되지 않았다), 동일한 문법 구조의 반복은 나타난다. 그러나 이 구절은 예외적이다. 왜냐하면 우리는 종종 문법적 등가를 이 구절에서 발견하기 때문이다. 둘째 행은 첫 번째 행과 문법적으로는 다르나 등가인 것으로 대체한다. 이 대체는 아마도 단지 하나의 요소(예, 명사를 대신한 대명사)와 관련이 있을 것이며 이런 경우를 우리는 형태적 평행법이라 한다. 또는 대체가 전체 행의 구문 안에서의 변형(예, 직설법에서 의문문으로)과 관련이 있을 경우이며 우리는 이를 구문적 평행법이라 부른다. 기억해야 할 중요한 점은 두 문법적 구조 안에 서로 차이가 있을지라도 이들은 어느 면에 있어서는 서로 등가이다. 비평행적인 담화 안에서는 단지 하나만 발생하며 둘 중 하나가 다른 것을 대체할 수 있다(의미가 허용하는 한). 그러나 평행적인 담화 안에서는 그들 둘 다 존재한다. 따라서 문법의 개념은 선택의 축에서 조합의 축으로 투영되었다.

형태적 평행법

이 장에서 나는 다른 품사들로 구성된 형태적 쌍과 다른 형태적 요소들을 가진 동일한 품사로 구성된 쌍들의 예를 제시할 것이다.

A. 다른 품사들로 구성된 형태적 쌍

이러한 형태의 평행법은 언어의 서로 다른 부분들로 구성된 단어들과 관련이 있다.

1. 명사 // 대명사

시편 33:2

הודו ליהוה בכנור
בנבל עשׂור זמרו לו

수금으로 *여호와께* 감사하고
열줄 비파로 *그를* 찬송할지어다.

시편 33:8

ייראו מיהוה כל הארץ
ממנו יגורו כל ישבי תבל

온 땅은 *여호와를* 두려워하며
세상의 모든 거민들은 *그를* 경외할지어다.

2. 명사/대명사 // 관계사절[2)]

시편 105:26[3)]

שלח משה עבדו
אהרן אשר בחר בו

그는 그의 종 모세를 보내셨다;
그가 택하신 아론을.

예레미야애가 5:1

זכר יהוה מה היה לנו
הביט וראה את חרפתנו

기억하소서 여호와여 *우리가 당한 것을*
살펴보옵소서 *우리의 치욕을*

아가 3:1

על משכבי בלילות בקשתי את טשאהבה נפשי
בקשתיו ולא מצאתיו

침상에서 밤에 *내가 마음으로 사랑하는 자*를 찾았노라
내가 그를 찾아도 그를 찾아내지 못하였노라

3. 전치사구 // 부사

시편 34:2

אברכה את יהוה בכל עת
תמיד תהלתו בפי

내가 여호와를 항상(*all the times*) 송축함이여;
늘(*always*) 내 입술로 주를 찬양하리이다.

시편 42:9

יומם יצוה יהוה חסדו
ובלילה שירה עמי

낮에는(*By day*) 여호와께서 그의 인자하심을 베푸시고
밤에는(*in the night*) 그의 찬송이 내게 있어.[4)] [참조. 시 121:6.]

욥기 5:14

יומם יפגשו חשך
וכלילה ימששו בצהרים

낮에도(*By day*) 그들은 어두움을 만나고
대낮에도(*at noon*) 더듬기를 밤과 같이 하느니라

이사야 52:3

חנם נמכרתם
ולא בכסף תגאלו

너희가 *값 없이*(*without a price*) 팔렸으니;
돈 없이(*for money*) 속량되리라

4. 명사 상당 어구 (명사, 형용사, 분사) // 동사

이 범주에 대해서는 구문적 평행법 부분에서 더 자세하게 다룰 것이다. 왜냐하면 이는 종종 동사절과 평행하는 명사절과 상관이 있기 때문이다. 여기에서 몇몇의 예들을 소개한다. 첫째는 두 품사에 동일한 어근을 사용하는 경우와 다른 어근을 사용하는 경우이다.

시편 145:18

קרוב יהוה לכל קראיו
לכל אשר יקראהו באמת

여호와는 자기에게 간구하는 *모든 자*(*his callers*)에게 가까이 하신다;
진실하게 그를 부르는 자 *모든 자*(*those who call him*)에게

시편 97:9

כי אתה יהוה עליון על כל הארץ
מאד נעלית על כל אלהים

왜냐하면 주 여호와여 주는 온 땅 위에 *지존하시고*(*are highest*)
모든 신들보다 아주 높아 *지셨나이다*(*have been heightened*)

시편 34:19

קרוב יהוה לנשברי לב
ואת דכאי רוח יושיע

여호와는 마음이 상한 자를 *가까이 하시고*(*is near*)
충심으로 통회하는 자를 *구원하실 것이다*(*will save*).

미가 6:2

כי ריב ליהוה עם עמו
ועם ישׂראל יתוכח

여호와께서 자기 백성과 *변론하시며(has a quarrel)*
이스라엘과 *변론하실 것이라(will he dispute)*.

위에서 소개한 쌍에 대해서는 특이한 것은 없다. 왜냐하면 일반적으로 성경 히브리어 안에서 각 범주의 구성 요소들은 서로를 대체하는데 사용되었기 때문이다. 예를 들면, 대명사는 명사들을 대신하고 전치사구들과 부사들은 종종 종일한 구문적 기능을 하며 둘 사이를 항상 구분할 수 있는 것은 아니다. 그리고 관계사절은 주어 또는 목적어로 기능할 수도 있다 – 동일한 구문적 자리(slot)는 또한 명사들이나 대명사들로 채워질 수 있다. 이 같은 증거는 동일한 구문적 기능을 하는 어떤 품사들도 형태적 평행법 안에서는 쌍을 이룰 수 있다는 점을 드러낸다.

B. 동일한 품사로 구성된 형태적 쌍들

동일한 품사로 구성된 단어 쌍들을 발견하는 것은 아마 더 일반적일 것이다. 즉 명사 // 명사, 동사 // 동사이다. 그러나 여기에서도 단어들은 형태적으로 동일할 필요는 없다. 다음의 예들에서와 같이 단수들은 복수와 평행을 이룰 수 있고 완료는 미완료와 평행을 이룰 수 있다.

I. 시제의 대조

*qtl*과 *yqtl* 동사들의 평행은 잘 알려져 있고 이미 여러 책에서 충분히 설명된 현상이다.[5] 이는 동일한 어근의 동사들로부터 발생한다.

시편 29:10

יהוה למבול ישב
וישב יהוה מלך לעולם

여호와께서 홍수 때에 좌정하셨음이여
여호와께서 영원하도록 왕으로 좌정하신다.

이사야 14:25

וסר מעליהם עלו
וסבלו מעל שכמו יסור

그의 멍에가 이스라엘에게서 떠나고
그의 짐이 그들의 어깨에서 떠날 것이라[6)]

이사야 60:16

וְיָנַקְתְּ חלב גוים
ושד מלכים תִּינָקִי

네가 이방 나라들의 젖을 빨며
뭇 왕의 젖을 빨고

동일한 현상은 산문체에서도 발견된다.

창세기 1:5

ויקרא אלהים לאור יום
ולחשך קרא לילה

하나님이 빛을 낮이라 불렀고
어둠을 밤이라 불렀다.

출애굽기 4:11

מי שָׂם פה לאדם
או מִי יָשׂוּם אלם...

누가 사람의 입을 지었느냐
또는 누가 말 못하는 자가 되게 하였느냐...

레위기 25:10

וְשַׁבְתֶּם איש אל אחזתו
ואיש אל משפחתו תָּשֻׁבוּ

너희는 각각 자기의 소유지로 돌아갈 것이며
각각 자기의 가족에게로 돌아갈 것이다.

다음에서는 서로 다른 어근의 동사들이 *qtl-yqtl* 평행법으로 나타난다.

시편 26:4

לא ישׁבתי עם מתי שׁוא
ועם נעלמים לא אָבֽוֹא

나는 허망한 사람과 같이 앉지 아니하고
나는 간사한 자와 동행하지도 아니한다.

욥기 6:15

אחי בגדו כמו נחל
כאפיק נחלים יַעֲבֹרוּ

내 형제들은 개울과 같이 변덕스럽고
그들은 개울의 물살 같이 지나간다.

우리가 제시한 몇몇의 예들인 *qtl-yqtl* 변형이 의미적 이유 때문이 아닌 (이는 실제 시간 순서를 지시하는 것이 아니다) 문체적인 이유들 때문이라는 것을 강조하는 것은 중요하다.[7] 그러나 이는 약간 모호하게 "문체적"이라기 보다는 우리는 이를 소위 문법적 평행법의 한 종류로 이해한다.

2. 어형 변화 안에서의 대조

동일한 어근이지만 다른 어형 변화의 동사들은 다음과 같이 쌍을 이룰 수 있다.[8]

시편 24:7

칼 שְׂאוּ שׂערים ראשׁיכם
니팔 וְהִנָּשְׂאוּ פתחי עולם

들지어다 문들아 너희 머리를
영원한 문들아 들릴지어다.

시편 38:3 | כי חציך נִחֲתוּ בי *니팔*
ַתִּנְחַת עלי ידך *칼*

주의 화살이 나를 찌르고
주의 손이 나를 심히 누르시나이다

이 같은 현상은 카수토(U. Cassuto)에 의해 능동-수동 연속이라 일컬어졌고[9], 헬드(M.Held)에 의해서는 작위(作爲)-수동(factive-passive) 연속이라 불렸다(*JBL* 84, 272-82). 그러나 변화는 특정한 어형 변화 또는 문법적 태(態)에 제한 되지 않고 그 예로는 다후드에 의해 제시된 다음과 같은 절들에서 볼 수 있다. 시 64:5 (칼-히필); 시 77:12 (케티브)(히필-칼); 시 139:21(피엘-칼).[10] 앞에 언급한 학자들[11] 에 의해 인용된 구절들 이외에도 다음 구절들은 서로 다른 어형 변화 안에서 동일한 동사 어근의 쌍을 포함하고 있다.

창세기 6:12 | וירא אלהים את הארץ והנה נִשְׁחָתָה *니팔*
כי הִשְׁחִית כל בשׂר את דרכו על הארץ *히필*

하나님이 땅을 보셨다. 땅이 부패하였으니
이는 땅에서 모든 육체의 행위가 부패함이었다.

창세기 17:17 | הלבן מאה שנה יִוָּלֵד *니팔*
ואם שׂרה הבת תשעים שנה תֵּלֵד *칼*

백 세 된 사람이 어찌 자식을 낳을까
사라는 구십 세니 어찌 출산하리요.[12]

삼상 1:28 | וגם אנכי הִשְׁאִלְתִּהוּ ליהוה *히필*
כל הימים אשר היה הוא שָׁאוּל ליהוה *칼*

그러므로 나도 그를 여호와께 드리되
그의 평생을 여호와께 드리나이다

이사야 1:19-20

칼 ... טוּב הָאָרֶץ תֹּאכֵלוּ
푸알 ... חֶרֶב תְּאֻכְּלוּ

… 땅의 아름다운 소산을 먹을 것이요
… 칼에 삼켜지리라

이는 가능한 언어 유희이다. 왜냐하면 어근 *'kl* 이 다른 의미와 함께 다른 어형 변화로 발생하기 때문이다. 칼은 "먹다" 그리고 푸알은 "삼켜버리다"란 의미로 사용되었다.

사 33:1

הוי שׁוֹדֵד ואתה לא שָׁדוּד
וּבוֹגֵד ולא בָגְדוּ בך
כהתמך וֹדֵד תּוּשַּׁד
כנלתך לִבְגֹּד יִבְגְּדוּ בך

너 학대를 당하지 아니하고도 학대하는 자여
속이는 자여 그들은 너를 속이지 않았다
네가 학대하기를 그치면 네가 학대를 당할 것이며
네가 속이기를 그치면 그들이 너를 속이리라.

어근 *šdd*는 여기에서 칼과 후팔 형태로 나타난다. 어근 *bgb*는 단지 칼의 다른 형태로 나타난다. *šdd*는 어형변화에서 변화를 보여줄 뿐만 아니라 수동형태에서는 *šdd*을 그리고 능동 (비인칭) 형태에서는 *bgd*을 사용함으로써 동일한 패턴의 반복을 피할 수 있다.

이사야 66:13

피엘 כאיש אשר אמו תְּנַחֲמֶנּוּ
피엘 כן אנכי אֲנַחֶמְכֶם
푸알 ובירושלם תְּנֻחָמוּ

어머니가 자식을 위로함 같이
내가 너희를 위로할 것인즉
너희가 예루살렘에서 위로를 받으리니

예레미야 20:14 *푸알* ארור היום אשר יֻלַּדְתִּי בו

칼 יום אשר יְלָדַתְנִי אמי אל יהי ברוך

내가 태어난 날이 저주를 받았더면
나의 어머니가 나를 낳던 날이 복이 없었더면

예레미야 23:19 הנה סערת יהוה חמה יצאה

히트파엘 וסער מִתְחוֹלֵל

칼 על ראש רשעים יָחוּל

보라 여호와의 노여움이 일어나
회오리 폭풍처럼
악인의 머리 위에 맴돌 것이라.

[참조. 렘 30:23]

호세아 12:13-14 *칼* ... ובאשה שָׁמָר

니팔 ... ובנביא נִשְׁמָר

아내를 얻기 위해 [양]을 지켰고
한 선지자에 의해 [이스라엘이] 보호 받았거늘

미가 6:14b *히필* ותסג ולא תַפְלִיט

피엘 ואשר תְּפַלֵּט לחרב אתן

네가 감추어도 보존되지 못하겠고
네가 보존한 것은 내가 칼에 붙일 것이며

욥기 22:30 *피엘* יְמַלֵּט אי נקי

니팔 וְנִמְלַט בבר כפיך

그는 죄 없는 자가 아닐지라도 건지실 것이며
네 손이 깨끗함으로 말미암아 그가 건짐을 받으리라.

더욱이 단어 쌍들이 평행하는 행들 이외에 병렬과 연어에서 발견되는 것 같이 또한 서로 다른 어형의 동사 쌍도 이러한 배열들 안에서 나타난다.

창세기 7:23 וַיִּמַח אֶת כָּל הַיְקוּם . . . וַיִּמָּחוּ מִן הָאָרֶץ *칼..니팔*

그리고 그가 지면의 모든 생물을 쓸어버리시니 . . .

그들은 땅에서 쓸어버림을 당하였다.

창세기 25:21 וַיֶּעְתַּר יִצְחָק לַיהוה . . . וַיֵּעָתֶר לוֹ יהוה *칼…니팔*

이삭이 여호와께 간구하매. . .여호와께서 그의 간구를 들으셨으므로
[즉 그의 간구에 반응하셨다]

레위기 13:19-20 ...וְנִרְאָה אֶל הַכֹּהֵן וְרָאָה הַכֹּהֵן... *니팔…칼*

…그리고 그것은 제사장에게 보여질 것이요. 그리고 제사장은 보고 …

여호수아 6:1 וִירִיחוֹ סֹגֶרֶת וּמְסֻגֶּרֶת … *칼 피엘*

여리고는 굳게 닫혔고

이사야 45:1

לרד לפניו גוים
ומתני מלכים אֲפַתֵּחַ *피엘*
לִפְתֹּחַ לפניו דלתים *칼*
ושערים לא יסגרו

그 앞에 열국을 항복하게 하며
그리고 내가 왕들의 허리를 풀어
그 앞에 문들을 열고
성문이 닫히지 못하게 하리라.

이사야 57:20 והרשעים כים נִגְרָשׁ כי השקט לא יוכל *니팔*
וַיִּגְרְשׁוּ מימיו רפש וטיט *칼*

그리고 악인은 평온함을 얻지 못하는 요동하는 바다와 같고
그리고 그 물은 진흙과 더러운 것을 솟구쳐 낸다.

에스겔 14:6 שׁוּבוּ וְהָשִׁיבוּ *칼 히필*

돌이키라 그리고 돌이키게하라

스바냐 2:1 הִתְקוֹשְׁשׁוּ וָקוֹשּׁוּ *히트파엘 칼*

스스로 모일지어다 모일지어다

말라기 2:10-11 **מדוע נִבְגַּד איש... בָּגְדָה יהודה** *니팔 ... 칼*

왜 사람이 속으며 . . . 유다는 거짓을 행하였고

시편 92:13-14 **צדיק כתמר יִפְרָח** *칼*

בחצרות אלהינו יַפְרִיחוּ ... *히필*

의인은 종려나무 같이 번성하며 . . .

. . . 우리 하나님의 뜰에서 그들은 번성하리로다.

시제와 어형의 변화가 다음 구절에서 발견된다.

호세아 5:5 **וישראל ואפרים יִכָּשְׁלוּ בעונם** *니팔 yqtl*

כָּשַׁל גם יהודה עמם *칼 qtl*

그 죄악으로 말미암아 이스라엘과 에브라임이 넘어지고

유다도 그들과 함께 넘어지리라.

동사의 어형 변화에 대한 헬드(M. Held)의 설명은 다음과 같다. "기법은 문체적이며 첫 행에서 언급된 행동의 영향 또는 결과를 강조하거나 역설을 위한 목적으로 보인다." (*JBL* 84, 274). 그는 또한 동사에는 가능한 평행하는 쌍이 명사보다 적으므로 동일한 형태의 동일한 동사를 반복하기 보다는 약간의 변화가 주어졌다는 점도 제시한다(*JBL* 84, 275). 한편으로는 그의 주장에 의문점이 있다. 왜냐하면 우리가 4장에서 다룰 것이지만 모든 단어는 잠재적인 쌍을 가지고 있기 때문에 명사의 쌍을 이루는 것 같이 동사에도 쌍을 이루는 수 많은 가능성들이 있기 때문이다. 단어 쌍의 목록은 동사보다는 명사를 더 많이 포함하고 있다. 왜냐하면 성경 히브리어에서 종종 동사는 빠지거나 생략되기 때문이다(참조. 오코너, *HVS*, 122-27). 하지만 이 같은 형태의 평행법 효과에 대한 헬드의 관찰은 옳은 것처럼 보인다. 다른 어형 변화 안에서 동일한 어근을 사용하는 것은 종종 전혀 다른 어근을 사용하는 것보다 더 효과적이다. 왜냐하면 이는 성경 수사학의 많은 부분을 차지하는 유음(類音) 현상과 언어 유희를 만들어내기 때문이다. 이러한 관점에서 동일한 동사 어근의 다른 어형 변화를 포함하는 구절들은 그 어떤 본문 안에서도 동일한 어근을 포함하는 구절들과 같은 동일한 현상의 한 부분이다(예. 욥 11:18; 룻 2:12 – 다음을 참고하라 pp. 91, pp. 103, pp. 124)

3. 인칭의 대조

평행하는 행들 안에서 인칭의 변화는 여러 주석가들에 의해 이미 언급되었다. 이 논의에 있어서 필자의 공헌은 인칭의 변화는 고립된 "시적" 장치로 이해되어서는 안되며 이미 제시된 예들과 마찬가지로 형태적 평행법의 예로 보아야 한다는 것이다(참조. Kugel, *Idea*, 22).

시편 104:13

משקה הרים מעליותיו
מפרי מעשיך תשבע הארץ

그가 그의 누각에서부터 산에 물을 부어 주시니
당신이 하시는 일의 결실이 땅을 만족시켜 주는도다

아가 1:2

ישקני מנשיקות פיהו
כי טובים דדיך מיין

그가 내게 그의 입으로 입맞추기를 원하니
네 사랑이 포도주보다 나음이로구나

레위기 23:42

בסכת תשו שבעת ימים
כל האזרח בישׂראל ישבו בסכת

*너희*는 이레 동안 초막에 거주하되
이스라엘에서 난 자는[그들은] 다 초막에 거주할지니

시편 20:8은 3인칭과 1인칭 대조를 포함하고 있다. 전도서 5:1은 앞으로 논의될 여러 다른 문법적 대조들과 함께 2인칭과 3인칭 대조를 포함하고 있다.

4. 성(性)의 대조

남성 명사가 여성 명사와 쌍을 이룰 때 마치 **הרים** // **גבעות**, "산들(남성) // 언덕들(여성)" 같이 우연한 형태적 평행법이 있을 수 있다. 그러나 실제 대조는 동일한 명사 (또는 동일한 어근)가 두 개의 다른 성으로 나타날 때이다. 카수토(Cassuto)는 우가릿과 성경 히브리어에서 종종 남성 단어는 남성 또는 남성 용어를 언급하는데 사용되었고 여성 유의어는 여성 또는 여성 용어에 적용되는 예들이 있다는 것을 언급하였다.[13)]

예레미야 48:46

אוי לך מואב
אבד עם כמוש
כי לקחו בניך בשבי
ובנתיך בשביה

모압이여 네게 화가 있도다.
그모스의 백성이 망하였도다
네 아들들은 사로잡혀 갔고
네 딸들은 포로가 되었도다
[참조. 또한 신명기 21:10-11]

나훔 2:13b

וימלא טרף חריו
ומענתיו טרפה

사냥한 것으로 그 굴을 채웠고
찢은 것으로 그 구멍을 채웠었도다

이사야 3:1

כי הנה האדון יהוה צבאות מסיר מירושלם ומִיהודה מַשׁען ומַשׁענה ומַשׁעזה

보라 주 만군의 여호와께서 예루살렘과 유다가 의뢰하며 의지하는 것을 제하여 버리시되.

이사야 3:1에서 카수토는 단어 **מַשׁען**, "의뢰하는 것(남성)"은 유다를 상기시키고 **מַשׁענה** "의지하는 것(여성)"은 여성 예루살렘을 상기시킨다고 설명한다. 이 패턴은 교차대구패턴이다.

이 세 구절들은 세 개의 거의 동일한 단어 쌍들을 포함하고 있다: **שׁבי** // **שׁביה**, **טרף** // **טרפה**, **מַשׁען** // **מַשׁענה**. 카수토는 이러한 쌍들 또는 적어도 각 쌍의 두 번째 단어는 각각의 행 안에서 다른 단어들의 성과 어울리도록 하기 위해 선택되었다고 제안한다. 다른 말로 하면 이러한 단어들의 선택은 형태적 고려에 기반을 두고 있다.

그러나 이 세 구절 안에서 나타난 현상들을 바라보는 약간 다른 방법이 있다. 분명히 요구되는 성을 나타내는 다른 쌍들이 있다(예. 렘 48:46을 민 21:29과 비교해 보아라). 우리는 왜 이 같은 유사 용어들이 이 구절들 안에서 선택이 되었는지를 물어야 한다. 아주 가깝게 연결된 평행하는 용어들을 사용하는 것은 그들의 형태를 강조하기 위한 의도라는 것은 아주 분명하다. 이러한 쌍들은 그들의 행 안에서 다른 단어들의 성과 짝을 이루기 위한 의도라기보다는 마치 다른 어형변화 안에서 동일한 어근으로 구성된 쌍들과 같이 각각 형태적으로 평행을 이루기 위한 의도라고 필자는 생각한다. 비록 주변의 단어들과 서로 상호 관계가 없을지라도 다른 동일한 용어들의 쌍들이 – 하나의 남성과 하나의 여성 – 있다.

예레미야 23:19 הנה סערת יהוה חמה יצאה וסער מתחולל

보라 여호와의 노여움이 일어나 폭풍[*s'rt*]과 회오리 바람[*s'r*]
[참조. 렘 30:3]

이사야 52:2

התנערי מעפר קומי שבי ירושלם
הִתְפַּתְּחִי התפתחו שְׁתִּכְ מוסרי צוארך שביה בת ציון

일어나 너는 티끌을 털어 버릴지어다 사로잡힌[*šby*] 예루살렘이여
사로잡힌[*šbyh*] 딸 시온이여 네 목의 줄을 스스로 풀지어다.
[참조. RSV와 렘 48:46]

다른 구절들은 비록 서로 정확히 유의어 또는 평행이 아니더라도 동일한 어근의 남성과 여성 형태를 사용하고 있다.

에스겔 25:13 . . .ונתתיה חרבה
מתימן ודדנה בחרב יפלו

. . . 내가 황폐하게 [*ḥrbah*] 하리니
데만에서부터 드단까지 칼[*ḥrb*]에 엎드러지리라.

에스겔 25:15 . . . יען עשות פלשתים בנקמה
וינקמו נקם . . .

. . . 블레셋 사람이 옛날부터 미워하여[*nqmh*]
멸시하는 [*nqm*] 마음으로 원수를 갚아 . . .
[이 구절은 어근 *nqm*에 대한 언어 유희의 한 부분이다]

서로 다른 성에 동일한 형용사를 사용하는 것은 비록 수식된 명사들에 의해 결정되지만 그것은 종종 그 형용사를 강조하거나 대조시키는 기능을 하기 때문에 형태적 평행법으로 간주될 수 있다.

창 11:6 הן עם אחד ושׂפה אחת לכלם

그들은 한[남성] 족속이요 언어도 하나[여성]이므로.

이사야 66:8 היוחל ארץ ביום אחד
אם יולד גוי פעם אחת

나라가 어찌 *한[남성]* 날에 생기겠으며
민족이 어찌 *한[여성]* 순간에 태어나겠느냐

시편 51:19 זבחי אלהים רוח נשׁברה
לב נשׁבר ונדכה אלהים לא תבזה

하나님께 [참]제사는 *상한[여성]* 심령이라.
상하고[남성] 통회하는 마음을 주께서 멸시하지 아니하시리이다.

이 마지막 구절은 특별히 흥미롭다. 왜냐하면 רוח란 단어는 양성 모두가 가능하기 때문이고 실제로 לב와 רוח의 단어 쌍은 두 단어 모두 남성으로 시편 51:12에 나타난다. 아마도 רוח는 19절에서 נשׁברה // נשׁבר에서 두드러진 여성-남성 쌍을 산출하기 위해 여성형으로 사용되었을 것이다.

서로 다른 어근들과 연관된 이 같은 유형의 형태적 평행법에 대한 증거가 있는가? 한 행 안에서는 성의 일치를 나타내고 한 행과 다음 행 사이에서는 성의 대조를 나타내는 구절들이 있다.

시편 144:12 אשׁר בנינו כנטעים . . .
בנותינו כזוית

우리 아들들은 어리다가 장성한 나무들과 같으며 …
우리 딸들은 모퉁이 돌들과 같으며 …

시편 126:2 אז ימלא שׂחוק פינו
ולשׁוננו רנה

우리의 입에는 웃음이 가득하였고
우리의 혀에는 기쁨이

잠언 1:8 שמע בני מוסר אביך
ואל־תטש תורת אמך
내 아들아 네 아비의 훈계를 들으며
네 어미의 법을 떠나지 말라

이 구절들에서 성의 배열은 아마도 우연일 것이나 그 결과는 형태적 평행법을 구성한다. 하지만 다음과 같은 의문은 남는다. 성의 병치 배열은 효과적인가(1장에서 논의한 관점으로 본다면) – 다른 말로 하면 메시지 자체에 집중을 하는 데에 있어서 의미가 있는가? 좀 더 쉽게 말하면, 이 구절들에서 형태적 평행법이 시적인 기능에 속하는가 아니면 시적 중요성이 없는 우연한 발생인가라는 점이다. 다음과 같은 이유로 시적인 중요성에 대한 경우는 증명될 수 없다. 대부분의 평행하는 용어들은 문법적인 이유때문이 아니고 어휘적으로 서로 연관성이 있다는 이유로 선택된다(이 점에 대해서는 4장에서 길게 다룰 것이다). 히브리어에서 모든 명사는 남성 또는 여성 둘 중 하나이기에 불가피하게 각 성에서 하나의 단어를 포함하는 많은 조합들이 있다. 예, **ששון** // **שמחה**, **הרים** // **גבעות**, **אב** // **אם**, **בנים** // **בנות**와 같이 심지어 형태적 기반을 둔 것처럼 보이는 쌍들일지라도 이들은 단어 연결(word association)의 과정을 통하여 더 잘 설명될 수 있다. 따라서 필자는 앞에서 소개한 마지막 세 구절과 그와 같은 다른 구절들을 형태적 평행법이라고 간주하는 것을 주저한다. 그러나 효과적인 형태적 대조를 포함하는 것처럼 보이는 구절도 있다.

이사야 3:8a כי כשלה ירושלם
ויהודה נפל

예루살렘이 멸망하였고[여성]
유다가 엎드러졌음은[남성].

יהודה란 단어는 시 114:2; 애 1:3에서 보는 바와 같이 문법적으로 여성형이고 또 호 5:5에서와 같이 남성형이다. 이사야는 이 곳에서는 남성형으로 (그리고 또한 사 3:1) 사용하면서 형태적 평행법을 만들었다. 이사야 3:8에서 두 성(남성, 여성)은 서로 균형을 이루는 것처럼 보이며 심지어 환유법을 창출하기도 한다.[14] 이 같은 성의 변화는 평행법의 효과를 한층 더 고조시킨다.

5. 수의 대조

또한 여기에서 고려해야 할 것은 몇몇의 단어 쌍들은 어휘적 이유로 인하여 하나의 단수와 하나의 복수를 포함한다. 이 같은 예들은 대부분 다음의 범주들 가운데 속한다.

a. חיים, מים, שׁמים 같은 단어들은 비록 단수 의미를 가지고 있지만 문법적으로는 복수이다. 이 단어들은 대부분 단수 단어들과 함께 쌍을 이룬다.

b. 몇몇 단어들은 쌍수 또는 복수로 나타난다. 예, שׂפתיים, עיניים, 그러나 종종 평행하는 단수 단어를 취한다.

c. 몇몇 단어들은 비록 문법적으로는 단수이지만 집합적인 의미를 가지고 있다. 예, גוי은 복수와 평행을 이룬다.

d. 단어가 쌍을 이루는 원리 가운데 하나는 종속어 // 상의어 (한 부분과 그 전체)이다. 이 쌍들 가운데 몇몇은 하나의 단수와 하나의 복수를 포함하고 있다. 예, מלכים // דוד (시 144:10), ערי יהודה // ירושׁלם (렘 7:17), ציון // בנות יהודה (시 48:12).

e. 우리가 소위 일컫는 전통적, 논리적, 자연적 쌍들이 있다. 예, **ירח** // **כוכבים** "달 // 별들" (욥 25:5); **בעלה** // **בניה** "그녀의 남편 // 그녀의 아들들"(시 31:28); **אב** // **זקנים**, "아버지 // 장로들" (신 32:7);[15] **אחד** // **שׁנים**, "하나 // 둘" (신 32:30).[16]

따라서 어휘적-의미적 이유들 때문에 단수 단어가 복수 단어와 함께 평행하는 구절들이 많이 있다. 그러나 그 외에도 비어휘적 이유 때문에 이러한 부류의 평행법을 포함하는 수 많은 구절들이 있다. 이러한 구절들은 형태적 평행법을 산출하는 것 이외에는 다른 명백한 이유도 없이 복수와 (또는 복수 술어를 산출하는 합성어) 평행하는 단수 단어들을 포함한다.[17] 이는 동일한 어근이 서로 다른 수로 두 행에 나타날 때 가장 현저하게 드러난다.

아가 1:3

לריח שׁמניך טובים
שׁמן תורק שׁמך

*네 기름(들)*이 향기로워 아름답고
…*기름이* 네 이름이

시편 80:6

האכלתם לחם דמעה
ותשׁקמו בדמעות שׁלישׁ

당신께서 그들에게 *눈물*의 양식을 먹이시며
당신께서 그들에게 많은 *눈물(들)*을 마시게 하셨나이다.

잠언 14:12 = 16:25

ישׁ דרך ישׁר לפני־אישׁ
ואחריתה דרכי־מות

어떤 *길*은 사람이 보기에 바르나
필경은 사망의 *길(들)*이니라.

사사기 5:28

מדוע בשש רכבו לבוא
מדוע אחרו פעמי מרכבותיו

어찌하여 그의 *병거*가 더디 오는가
어찌하여 그의 *병거*들의 걸음이 늦어지는가.

욥기 6:15

אחי בגדו כמו נחל
כאפיק נחלים יעברו

내 형제들은 *개울*과 같이 변덕스럽고
그들은 개울 물살[*개울들의 물살*] 같이 지나가누나.

동등하게 효과적인 것은 다른 수의 지시적 대명사의 쌍이다.

이사야 66:8

מי־שמע כזאת
מי ראה כאלה

이러한 일을 들은 자가 누구이며
이러한 일들을 본 자가 누구이냐.

예레미야 5:9

העל אלה לוא אפקד נאם יהוה
ואם בגוי אשר־כזה לא תתנקם נפשי

내가 어찌 *이 일들*에 대하여 벌하지 아니하겠느냐, 여호와의 말씀이니라;
내가 어찌 *이런 나라*에 보복하지 않겠느냐.

욥기 10:13

ואלה צפנת בלבבך
ידעתי כי־זאת עמך

주께서 *이것*들을 마음에 품으셨나이다
이 뜻이 주께 있는 줄을 내가 아나이다.

욥기 12:9 מי לא ידע בכל־אלה
כי יד יהוה עשתה זאת

누가 *이 모든 것*들 중에 알지 못하겠느냐
여호와의 손이 *이것*을 행한 것을

욥기 18:21 אך אלה משכנות עול
וזה מקום לא ידע־אל

*이것*들은 불의한 자의 거처들이며
*이것*은 하나님을 무시하는 자의 처소다.

예레미야 애가 5:17 על זה היה דוה לבנו
על אלה חשכו עינינו

*이*로 인하여 우리의 마음이 피곤하고
*이것*들로 인하여 우리 눈들이 어두우며

다른 수를 가진 두 개의 평행하는 동사들을 찾는 것은 주목할 만하다.

호세아 5:5b וישראל ואפרים יכשלו בעונם
כשל גם־יהודה עמם

그리고 이스라엘과 에브라임이 그들의 죄악으로 말미암아 *넘어지고*(*stumble*)
유다도 또한 그들과 함께 *넘어지리라*(*stumbles*)

이사야 2:4 לא ישא גוי אל־גוי חרב
ולא ילמדו עוד מלחמה

이 나라와 저 나라가 다시는 칼을 들고 서로 *치지* [단수]아니하며
그들이 다시는 전쟁을 *배우지*[복수] 아니하리라 [그러나 참조 미가 4:3]

신명기 32:7 זכר ימות עולם
בינו שנות דר ודר

옛날을 *기억하라* [단수]
역대의 연대를 *생각하라* [복수].

많은 학자들이 **בינו** 대신에 **בין** 또는 **בינה**으로 읽기를 좋아한다. 그러나 그러한 것을 지지하는 그 어떤 근거도 없다. 이 평행법은 분명히 단수 // 복수 이다. 이 패턴은 이 구절에서도 나타난다.

שאל אביך ויגדך
זקניך ויאמרו לך

네 아버지에게 물으라 그가 네게 설명할 것이요
네 어른들에게 물으라 그들이 네게 말하리로다.

따라서 비록 **אב** // **זקנים** 쌍이 주로 형태적 쌍은 아닐지라도 이것은 선행하는 형태적 평행법을 강화한다. 신명기 32:7에 나타난 네 부분의 평행법은 수에 기반을 둔 형태적 패턴을 가진 단지 몇 가지 중에 하나이다.

이사야 40:4

כל גיא ינשא
וכל הר וגבעה ישפלו
והיה העקב למישור
והרכסים לבקעה

골짜기마다 돋우어지며
산마다, 언덕마다 낮아지며
고르지 아니한 곳이 평탄하게 되며
험한 곳들이 평지가 될 것이요.
[단수//복수; 단수//복수]

이사야 92:13-14

צדיק כתמר יפרח
כארז בלבנון ישגה
שתולים בבית יהוה
בחצרות אלהינו יפריחו

의인은 종려나무 같이 번성하며
레바논의 백향목 같이 성장하리로다
이는 여호와의 집에 심겼음이여
우리 하나님의 뜰 안에서 번성하리로다.
[단수//단수; 복수//복수]

시편 126:5-6

הזרעים בדמעה
ברנה יקצרו
הלוך ילך ובכה נשׂא משך הזרע
בא יבוא ברנה נשׂא אלמתיו

눈물을 흘리며 씨를 뿌리는 자는
기쁨으로 거두리로다
울며 씨를 뿌리러 나가는 자는
반드시 기쁨으로 그 곡식 단을 가지고 돌아오리로다.
[복수//복수; 단수//단수]

성(性)의 경우에서와 같이 다른 수에서 동일하거나 비슷한 형용사를 사용하는 것은 형용사를 강조하고 형태적 평행법을 산출한다.

창세기 11:1 ויהי כל־הארץ שׂפה אחת ודברים אחדים

온 땅의 언어가 하나요 말이 하나였더라.[18)]

이사야 54:7

ברגע קטן עזבתיך
וברחמים גדלים אקבצך

내가 잠시 [단수] 너를 버렸으나
큰 긍휼로 [복수] 너를 모을 것이요.[19)]

시편 126:5-6에서 우리가 볼 수 있는 것처럼 단수 또는 복수는 히브리어에서 일반적으로 사용될 수 있는 것이다. 더구나 우리는 종종 한 절이나 단락이 이 둘을 사용하고 그를 통해 형태적 평행법을 만들어내는 것을 발견한다.

잠언 14:33

בלב נבון תנוח חכמה
ובקרב כסילים תודע

지혜는 *명철한 자*의 마음에 머물거니와
*미련한 자*들의 속에 있는 것은 나타나느니라.

잠언 18:15 **לב נבון יקנה־דעת**
ואזן חכמים תבקש־דעת

*명철한 자*의 마음은 지식을 얻고
*지혜로운 자*의 귀는 지식을 구하느니라.

잠언 29:27 **תועבת צדיקים איש עול**
ותועבת רשע ישר־דרך

불의한 자는 *의로운 자들*에게 미움을 받고
바르게 행하는 자는 *악인*에게 미움을 받느니라.

욥기 4:7 **זכר נא מי הוא נקי אבד**
ואיפה ישרים נכחדו

생각하여 보라 *무죄한 자*가 망한 적이 있는가
*정직한 자*들의 끊어짐이 어디 있는가.

의인을 단수로 언급하는 시편 1:1-3과 그와 평행하면서 악인을 복수로 묘사하는 4절과 5절을 비교해 보아라

단수-복수 변형은 분명히 자유롭게 변한다. 나는 임의로 항상 복수로 나타나는 한 용어 **ישרי לב** "정직한 자들"을 선택했고, 이는 시편 64:11; 97:11과 94:15에서는 **צדיק**, "의로운 자들"과 평행하고, 시편 32:11에서는 **צדיקים**, "의로운 자들"과 평행하고 시편 36:11에서는 **יודעיך** "당신에게 헌신된 자들"과 평행한다.

마지막으로 애가 3:38에서는 문자적으로 "악들과 선"의 **הרעות והטוב**이 병

치 배열로 나타난다. 그리고 일반적으로 "쌍수 // 복수 (복수//단수와 함께)로 해석된 예로는

시편 75:11 וכל־קרני רשעים אגדע
תרוממנה קרנות צדיק

악인들[복수]의 뿔들[쌍]을 다 베고
의인[단수]의 뿔들[복수]은 높이 들리로다

이 부분을 마치기 전에 맛소라 본문이 정확한 것인지에 대한 평가를 위해 단수-복수 평행법에 대해 몇 가지 언급을 하는 것이 적절할 것이다. 맛소라 본문은 다른 번역본에는 반영되지 않은 몇 가지의 단수-복수 평행법을 포함하고 있다.

창세기 12:3a ואברכה מברכיך
ומקללך אאר

너를 축복하는 자들에게는 내가 복을 내리고
너를 저주하는 자에게는 내가 저주하리니[20]
[번역본들: 너를 저주하는 자들]

이사야 44:26 מקים דבר עבדו
ועצת מלאכיו ישלים

그의 종의 말을 세워 주며
그의 사자들의 계획을 성취하게 하며
[번역본들: 그의 종들]

시편 114:2 היתה יהודה לקדשו
ישראל ממשלותיו

유다는 그의 거룩한 자가 되고

이스라엘은 그의 통치들[복수]가 되었다.

[번역본들: 그의 통치]

신명기 26:13 …ככל מצותך אשׁר צויתני לא־עברתי ממצותיך…

주께서 내게 명령하신 당신의 모든 명령대로 하였사오니 내가 주의 명령들을 범하지도 아니하였고 잊지도 아니하였나이다.

[번역본들: 당신의 모든 명령들]

우리는 이러한 예들을 통하여 맛소라 본문에 오류가 있다거나 번역본이 다른 본문이라고 결론을 내려서는 안되고 오히려 이러한 번역본은 단지 이 같은 부류의 평행법에 민감하지 못하거나 또는 그들의 번역본들의 언어를 사용하여 관용적으로 번역할 수 없었다고(우리가 종종 영어에서도 그렇게 할 수 없듯이) 보아야 한다.[21)]

6. 한정됨(Definiteness)의 대조

만약 1) 정관사가 붙거나, 2)소유접미어가 붙거나, 3) 연계형일 경우에 히브리어에서 명사는 한정되었다고 본다. 우리는 한 유형의 한정된 명사가 다른 것과 평행하여 등가를 산출하는 경우들을 발견할 수 있다.

시편 33:17 שׁקר הסוס לתשׁועה
 וברב חילו לא ימלט

구원하는 데에 *군마(the horse)*는 헛되며
그의 *많은 군대(his many troops)*가 능히 구하지 못하는도다.

시편 126:6 … נשׂא משׁך הזרע
…נשׂא אלמתיו

*그 씨(the seed-bag)*를 가지고…
*그의 곡식 단(his sheaves)*을 가지고…

시편 25:9 ידרך ענוים במשפט
וילמד ענוים דרכו

온유한 자를 *정의(the judgment)*로 지도하심이여
온유한 자에게 *그의 도(his way)*를 가르치시리로다.

전도서 7:1 טוב שם משמן טוב
ויום המות מיום הולדו

좋은 이름이 좋은 기름보다 낫고
죽는 날이 그의 출생하는 날보다 낳다.

이 구절의 두 번째 부분은 두 개의 다른(그러나 등가인) 유형의 한정된 용어들을 포함한다. 이들은 첫 번째 부분의 두 개의 비한정적인 용어들과 형태적으로 대조를 이룬다. 한정된 단어들이 비한정적인 단어들과 대조되면서 쌍을 이루는 수 많은 구절들이 있다. (면밀히 관찰하면 정관사가 생략되는 경향이 시에서 더 현저하게 나타난다.[22])

시편 50:17 ואתה שׂנאת מוסר
ותשׁלך דברי אחריך

네가 *교훈*을 미워하고
*내 말들[복수]*을 네 뒤로 던지며.

시편 108:3 עורה הנבל וכנור

깰지어다, *비파야(the harp)*, *수금아(a lyre)*.

시편 114:6 ההרים תרקדו כאילים
גבעות כבני־צאן

산들(*the mountains*)은 수양들같이 뛰놀며
언덕들(*hills*)은 산들은 어린 양들같이

잠언 10:1 בן חכם ישמח־אב
ובן כסיל תוגת אמו

지혜로운 아들은 *아비*(*a father*)를 기쁘게 하거니와
미련한 아들은 *그의 어미*(*his mother*)의 근심이니라

욥기 3:3 יאבד יום אולד בו
והלילה אמר הרה גבר

내가 난 *날*(*a day*)이 멸망하였더라면
사내 아이를 배었다 하던 *그 밤*(*the night*)도 그러하였더라면[23)]

애가 3:47 פחד ופחת היה לנו
השאת והשבר

*두려움과 함정*은 우리들의 것이며
그 파멸(*the desolation*)과 *그 멸망*(*the destruction*)도

7. 격(case)의 대조

성경 히브리어에서 격의 접미어는 없으나 한 행에서의 주격 명사(예, 주어)는 둘째 행에서 (직접) 목적격 명사와 평행할 수도 있다. 예를 들면,

호세아 5:3 אני ידעתי אפרים
וישראל לא־נכחד ממני

내가 에브라임을 알고
이스라엘은 내게 숨기지 못하나니

이 형태의 평행법은 행들의 구문과 관련이 있기 때문에 이는 구문적 평행법에서 다룰 것이다(주어//목적어).

8. 기타 여러 대조

나는 평행법안에서 등가로 사용될 수 있는 주된 형태적 특성들을 소개했다. 물론 다른 것들도 또한 사용될 수 있는 가능성들이 있다. 사실 둘 또는 그 이상의 구성 요소들을 가지고 있는 그 어떤 형태적 범주와 둘 또는 그 이상의 실현들을 가지는 그 어떤 형식은 형태적 평행법의 잠재적 지원자들이다. 이 같은 한 예는 다음과 같다.

잠언 16:16 קנה חכמה מה־טוב מחרוץ
וקנות בינה נבחר מכסף

지혜를 얻는 *것(acquiring)*이 금을 얻는 것보다 얼마나 나은고
명철을 얻는 *것(to acquire)*이 은을 얻는 것보다 더욱 나으니라.

형태적 평행법에 관한 결론을 내리기 위해 필자는 모든 평행하는 용어가 형태적 평행법과 같은 종류의 것을 보여주는 구절을 마지막으로 제시하고자 한다.

예레미야 9:10 ונתתי את־ירושלם לגלים מעון תנים
ואת־ערי יהודה אתן שממה מבלי יושב

내가 예루살렘을 무더기로 만들며 승냥이 굴이 되게 하겠고
유다의 성읍들을 황폐하게 하여 주민이 없게 하리라.

구문적 평행법

나의 전제를 다시 반복해서 말하면 평행하는 행들은 어느 면에서든지 등가이다. 구문적 평행법 안에서 행들의 구문은 등가이다. 언어학적인 용어들로 말하면 이는 그들의 심층구조가 동일하다는 것을 의미한다(참고. 그린스타인).[24] 필자는 심층 구조가 무엇인지를 트리 다이어그램을 통해 발견하는 것 보다는 오히려 평행하는 행들 안에서 어떤 종류의 변형이 일어나는 지를 가능하면 간단하게 보여주는 것에 더 관심이 있다. 먼저 연속적인 영어 문장을 통하여 그 예를 들어보자.

1. 죤은 그 빵을 먹는다.
2. 죤은 그 빵을 먹지 않는다.
3. 죤이 그 빵을 먹는가?
4. 그 빵은 죤에 의해 먹힘을 당한다.

문장 1은 기본 직설법 문장이다. 문장 2는 1 문장을 부정으로 변환시킨다. 문장 3은 의문문으로 그리고 문장 4는 수동태로 변형시킨다. 모든 언어는 어떻게 이러한 변형들이 만들어지는 지에 대한 그 자신의 규칙이 있으나 대부분은 서로 동일하거나 또는 비슷한 변형들이다.

구문적 평행법에서 동일한 표층 구조를 가진 행들 – 즉, 무변형 – 이외에 또한 변형이 발생한 행들의 쌍을 발견한다. 그러나 우리는 변형된 것이 원래의 문장이 아니고 오히려 다른 것, 즉 그것과 평행하는 실현되지 않은 문장이란 것을 알아야 한다. 예들을 통하여 보면 이 내용이 좀 더 분명해지며 모든 형태의 변형들을 소개하고 나면 좀 더 명확해질 것이다. 내가 발견한 성경 평행법과 연관된 변형들은 다음과 같다: A) 명사적 - 동사적, B) 긍정적 - 부정적, C)주어 - 목적어, D) 문법적 법(法) 안에서의 대조. (아래에 인용된 구절들은 아마도 생략 그리고/또는 용어의 추가와 그들의 구성 요소들의 재배열을 포함하고 있을 것이다. 그러나 이것들은 자신들의 구문에 영향을 미치지 않는다.)

A. 명사적–동사적

히브리어에는 두 가지의 기본 문장 형태가 있는데 정동사가 없는 것들(명사적)과 정동사가 있는 것들(동사적)이다. 이 둘은 다음의 구절들에서 쌍을 이루고 있다.

미가 6:2b

כי ריב ליהוה עם עמו
ועם ישׂראל יתוכח

여호와께서 자기 백성들과 논쟁하시며
이스라엘과 변론하실 것이라.

시편 34:2

אברכה את־יהוה בכל־עת
תמיד תהלתו בפי

내가 여호와를 항상 송축함이여
항상 주를 찬양함이 내 입에 있으리다.

시편 49:4

פי ידבר חכמות
והגות לבי תבונות

내 입은 지혜를 말하겠고
내 마음의 읊조림은 명철이다.

애가 5:19

אתה יהוה לעולם תשׁב
כסאך לדר ודור

여호와여 주는 영원히 계시오며
주의 보좌는 대대에 이르나이다.

비록 전체 절들과 관련되어 있지는 않지만 명사적 그리고 동사적 형태들은 신명기 32:1에서 쌍을 이루고 있다.

신명기 32:1　　האזינו השמים ואדברה
ותשמע הארץ אמרי־פי

하늘이여 귀를 기울이라 *내가 말하리라*
땅은 *내 입의* 말을 들을지어다.

더 놀라운 것은 동일한 어근이 명사적 그리고 동사적 형태에 나타나는 구절들이다.

시편 73:11　　ואמרו איכה ידע־אל
ויש דעה בעליון

그들이 말하기를, "하나님이 어찌 알랴?
지존자에게 지식이 있으랴?"

시편 97:9　　כי אתה יהוה עליון על כל הארץ
מאד נעלית על כל אלהים

여호와여 주는 온 땅 위에 지존하시고;
모든 신들보다 위에 계시나이다.

룻기 2:12　　ישלם יהוה פעלך
ותהי משכרתך שלמה מעם יהוה

여호와께서 너의 행위에 보상하시길 원하며
여호와로부터 너의 보상이 온전히 지급되길 원하노라.25)

동일한 어근의 명사적 그리고 동사적 형태들이 또한 주로 평행하다고 생각되지 않은 본문들에서 나타난다.

출 12:10　　ולא־תותירו ממנו עד־בקר
והנתר ממנו עד־בקר באש תשרפו

그 어떤 것도 아침까지 남겨 두지 말며
아침까지 남은 것은 곧 불사르라.

레위기 13:12-13 ···מראה עיני הכהן וראה הכהן···

···제사장의 안목. 만약 제사장이 본다면···

레위기 13:17 ··· וטהר הכהן את־הנגע טהור הוא

제사장은 그 환자를 정하다 할지니 그는 정하니라. [참고 레 13:34]

레위기 13:46 ··· בדד ישב מחוץ למחנה מושבו

그가 혼자 살되 그의 거주지는 진영 밖에 있느니라.

위에서 소개된 명사절과 동사절이 쌍을 이루는 예들은 많은 구절들 가운데 단지 몇 가지일 뿐이다. 이 같은 쌍은 가끔 다른 동사들과 마찬가지로 완료와 미완료 안에서 정동사인 "···이다"의 사용을 통하여 이루어진다. 그러나 다른 동사들과 달리 일반적으로 분사 형태가 없고 따라서 우리가 현재 시제로 번역할 때는 전적으로 생략되거나 또는 실현되지 않는다. 다음에 소개하는 구절들은 한 행 안에서는 정동사의 형태인 "···이다" 그리고 다른 행에서는 존재의 명사절을 포함한다.

창세기 42:31 כנים אנחנו לא היינו מרגלים

우리는 정직합니다 우리는 정탐꾼이 아닙니다[히.었습니다].

삼상 3:1 ודבר יהוה היה יקר בימים ההם

אין חזון נפרץ

그날에는 여호와의 말씀이 희귀한지라

이상이 흔히 보이지 않았더라[히. 않더라].

욥기 29:15 עינים הייתי לעור

ורגלים לפסח אני

나는 맹인의 눈도 되었고
다리 저는 사람의 발도 되었고 [히. 되고]

여기에서는 *qtl-yqtl* 평행법에서와 같이 시간의 실제적인 다름을 드러내는 의도는 없고 비록 "현재시제"와 "과거시제"가 있는 것처럼 보여도 두 평행하는 행들의 시제는 동일하게 번역이 되어야 한다. (명사절은 시제 이외의 것이다－참조. Blau, *Grammar*, 84.)

B. 긍정–부정

이 형태의 평행법에서 긍정으로 진술된 문장은 부정형으로 된 문장과 쌍을 이룬다. (이는 반드시 부정적 변형과 연관 지을 필요가 없는 로쓰의 반어적 평행법과 혼돈하지 말아야 한다.) 이는 "죤은 빵을 먹는다"를 "죤은 빵을 먹지 않는다"로 변형하는 문제가 아니다. 왜냐하면 이와 같은 문장을 쌍으로 만드는 것은 이해할 수 없는 것이 되고 만다. 오히려 부정적인 변형은 다음과 같은 가능성을 나타내면서 평행하는 행에서 발생한다.

1. 죤은 빵을 먹는다; 죤은 빵을 먹지 않고 남겨둔다.
2. 죤은 빵을 먹는다; 죤은 우유를 마시지 않는다.
3. 죤은 빵을 먹는다; 메리는 빵을 먹지 않는다.

위 문장들과 이와 비슷한 다른 문장들은 긍정-부정 평행법으로 간주될 수 있다.

잠언 6:20 נצר בני מצות אביך
ואל תטש תורת אמך

내 아들아 네 아비의 명령을 지키며
네 어미의 법을 떠나지 말라.

잠언 3:1 בני תורתי אל תשכש
ומצותי יצר לבך
내 아들아 나의 법을 잊어버리지 말고
네 마음으로 나의 명령을 지키라.

하박국 3:17 כחש מעשה זית
ושדמות לא עשה אכל
גזר ממכלה צאן
ואין בקר ברפתים

무화과나무가 무성하지 못하며
그리고 밭이 먹을 것을 내지 않으며
우리에 양이 사라지며
외양간에 소가 없다.

앞에서 인용된 사무엘상 3:1과 창세기 42:31을 또한 비교해 보아라. 동일한 장치가 종종 산문체 본문에서 발견된다.

창세기 37:24b והבור רק אין בו מים

그 구덩이는 빈 것이라 그 속에 물이 없었더라.

신명기 9:7 זכר אל תשכש

기억하라, 잊지 말라

삼상 3:2b ועינו החלו כהות לא יוכל לראות

그의 눈은 어두워지기 시작했고 그는 볼 수 없었다.

왕상 3:18b ואנחנו יחדו אין־זר אתנו בבית

우리는 홀로였고, 집에 다른 사람이 없었나이다.

C. 주어-목적어

여러 평행하는 행들은 의미적으로 평행하는 용어들이 그들 각각의 행들 안에서는 서로 다른 구문적 기능을 하도록 구성되기도 한다. 그 용어들 중 하나는 주어로 기능하고 그의 다른 짝은 목적어(직접 또는 간접)로 기능하는 것이 일반적이다. 이 구조는 수동화의 변형과 연관되어 있다. "죤은 빵을 먹는다; 그 빵은 죤에 의해 먹힘을 당한다." 그러나 여기에서 긍정-부정 평행법의 경우와 같이 단지 원 문장의 변형을 넘어 그 이상의 것이 진행된다. 필자는 이를 주어-목적어 평행법이라고 부른다.

창세기 27:29 הוה גביר לאחיך
וישתחוו לך בני אמך

네가 형제들의 주가 되고
네 어머니의 아들들이 네게 굴복하길 원하노라.

장세기 37:33 חיה רעה אכלתהו
טרף טרף יוסף

악한 짐승이 그를 잡아 먹었도다
요셉이 분명히 찢겼도다.

예레미야 1:5 בטרם אצורך בבטן
ידעתיך ובטרם

내가 너를 모태에서 짓기 전에…
네가 배에서 나오기 전에…

예레미야 20:14 ארור היום אשר ילדתי בו
יום אשר־ילדתני אמי אל יהי ברוך

내 생일이 저주를 받았더면
나의 어머니가 나를 낳던 날이 복이 없었더라면,

호세아 5:3 אני ידעתי אפרים
וישׂראל לא־נכחד ממני

내가 에브라임을 알고
이스라엘은 내게 숨기지 못하나니.

시편 2:7 בני אתה
אני היום ילדתיך

너는 내 아들이라
오늘 내가 너를 낳았다.

룻기 1:21 אני מלאה הלכתי
וריקם השׁיבני יהוה

내가 풍족하게 나갔더니
여호와께서 나를 비어 돌아오게 하셨느니라.

애가 5:4 מימינו בכסף שׁתינו
עצינו במחיר יבאו

우리가 은을 주고 우리의 물을 마시며
우리의 나무들이 값으로 왔다.

어형 변화에 있어서 대조를 보여주는 몇몇 구절들은 주어-목적어 평행법과 관련이 있다. 예를 들면 예레미야 20:24은 주어-목적어, 그리고 긍정-부정 어형변화의 평행법을 포함하고 있다. 한 구절이 여러 가지 다른 형태의 문법적 평행법을 포함하는 것은 특이한 일이 아니다.

D. 문법적 법(Mood, 法)의 대조

다른 일련의 변형들은 하나의 문법적 법으로부터 다른 것으로 문장을 바꾸는 것이다. 만약 우리가 직설법을 기반으로 한다면 "죤은 빵을 먹는다"는 의문문에서는 "죤은 빵을 먹는가?" 간접 명령법에는 "죤이 빵을 먹게 하라" 등이 있다. 이 시점에서 독자는 평행법 안에서 어떤 한가지의 문법적 법으로 된 행이 다른 법으로 된 한 행과 쌍을 이룰 수 있다는 사실의 발견에 놀라지 말아야 한다.

시편 6:6 כי אין במות זכרך
בשאול מי יודה לך

사망 중에서는 주를 기억하는 일이 없고
스올에서 주께 감사할 자 누구리이까?
[직설법 // 의문문]

시편 73:25 מי לי בשמים
ועמך לא חפצתי בארץ

하늘에서는 주 외에 누가 내게 있으리요?
땅에서는 주 밖에 내가 사모할 이 없나이다.
[의문문 // 직설법]

이사야 44:8 היש אלוה מבלעדי
ואין צור בל־ידעתי

나 외에 신이 있겠느냐?
과연 반석은 없나니 내가 알지 못하노라.
[의문문 // 직설법]

시편 19:13 שגיאות מי יבין
מנסתרות נקני

허물을 깨달을 자 누구리요?
나를 숨은 허물에서 벗어나게 하소서.
[의문문 // 명령문]

시편 6:6, 시편 73:25, 그리고 이사야 44:8에서 의문문은 부정적인 대답을 함의하고 있고 평행하는 직설법은 부정적인 대답을 제공하고 있다.[26] 시편 19:13에서 질문에 대한 대답은 "당신, 하나님"이며 이는 간접적으로(함의된 주어로) 평행하는 행 안에서 나타난다. 따라서 우리는 여기에서 스스로 대답을 제공하는 수사학적 질문들을 볼 수 있다(참조. 또한 사 41:26 그리고 시 24:8,10).

명령법 // 간접명령법 또는 간접 명령법 // 명령법으로 구성된 평행법이 많이 있다. 몇몇은 2인칭 간접 명령법과 명령법(2인칭)이다. 시편에서 이러한 형태의 구절들은 다후드(M. Dahood)에 의해 열거되었다(Psalms III, 423-24). 또한 명령법과 3인칭 간접 명령법을 포함하는 구절들도 있다.[27]

신명기 32:1 האזינו השמים ···
ותשמע הארץ ···
귀를 기울이라 하늘이여···
땅은··· 들을지어다.

미가 6:1 קום ריב את ההרים
ותשמענה הגבעות קולך
일어나라, 산들을 향하여 변론하라.
작은 산들이 네 목소리를 듣게 하라.

잠언 3:1 בני תורתי אל תשכש
ומצותי יצר לבך
내 아들아 나의 법을 잊어버리지 말라
네 마음으로 나의 명령을 지키라.

전도서 5:1 אל תבהל על פיך
ולבך אל ימהר
함부로 입을 열지 말며
네 마음으로 급하게 하지 말라

필자가 열거한 모든 범주의 구문적 평행법은 변형들과 관련이 있다. 그러나 이미 언급한대로 변형된 것은 원래의 문장이 아니고 구문적으로 그것에 평행하는 다른 문장이다. 여러 단계의 과정을 거치는 변형들을 다음과 같이 분석할 수 있다.[28)]

필자는 이를 세 구절들에서 살펴볼 것이다.

1. 원문장: "악한 짐승이 그를 잡아 먹었다." [창 37:33]
2. 구문적으로 동일한 평행하는 행의 구성: "악한 짐승이 분명히 요셉을 삼켜 버렸다."
3. 평행하는 행에서 발생된 변형이며 이 경우는 수동형으로 변형이다: 요셉은 분명히 잡혀 먹혔(힌)다 [악한 짐승에 의해]

몇몇 평행법은 더 많은 단계들과 관련이 있다.

1. 원문장: "내가 풍족하게 나갔다." [룻기 1:21]
2. 구문적으로 동일한 평행하는 행: "내가 비어 돌아왔다."
3. 평행하는 행의 변형이며 이 경우는 수동형으로 변형이다 (왜냐하면 동사가 자동사이며 소개된 인과의 요소가 있다): "나는 비어 돌아오게 되었다."
4. 더 심화된 변형 – 여기에는 수동형의 재능동화, 인과적 요인을 상세화하는 것: "여호와는 나를 비어 돌아오게 하셨다."

호세아 5:3에서는 약간 다른 일련의 변형들을 포함하고 있다.

1. 원문장: "내가 에브라임을 알았다."

2. 구문적으로 동일한 평행하는 행: "내가 이스라엘을 알았다."

3. 수동형으로 변형: "이스라엘은 내게 알려졌다."

4. 수동형 변형의 부정: "이스라엘은 내게로부터 숨겨지지 않았다."

평행법은 이 과정에서 그 어떤 단계 안에서 행들로 구성된다. 따라서 몇몇의 평행하는 행들은 정확하게 (표층구조에서) 구문적으로 동일할 것이며 다른 것들은 하나 또는 그 이상의 변형들의 과정을 겪게 될 것이다. 동일하다는 것은 형태적 평행법에 의해 볼 때 사실이다. 동일한 형태적 요소는 반복될 수 있을지도 모르며 또는 그 어떤 차원에서의 등가는 대체될 수 있을지도 모른다. 이제 의문 불변사들을 마지막 예로 한번 들어보자.

다음의 예는 형태적 차원에서 볼 때 두 행 안에서 동일한 요소가 있다.

이사야 66:8 מי שמע כזאת
מי ראה כאלה
이러한 일을 들은 자가 누구이냐?
이러한 일을 본 자가 누구이냐?

서로 다른 요소이지만 등가의 요소들(모두 의문 불변사)이 있다.

이사야 40:18 ואל מי תדמיון אל
ומה דמות תערכו לו
하나님을 누구와 같다 하겠느냐?
무슨 형상을 그에게 비기겠느냐?

욥기 5:1 ⋯היש עונך
ואל מי מקדשים תפנה

네게 응답할 자가 누구이겠느냐?
거룩한 자들 중에 네가 누구에게로 향하겠느냐?

이사야 10:3 ומה־תעשׂו…
על־מי תנוסו…
ואנה תעזבו…

무엇을 하려느냐…
누구에게로 도망하겠느냐…
어느 곳에 두려느냐…

의문문은 이미 의문 불변사가 없는 것 또는 실제로 의문법과 함께 쌍을 이룰 수 있다는 점을 살펴 보았다(예. 시 6:6; 시 73:25).

이 장의 목적은 평행법 안에서 문법의 역할을 살펴보는 것이었다. 분류법안에서 길을 잃어버릴 수 있는 위험을 무릅쓰고 필자는 여러 가지 서로 다른 여러 문법적 쌍들의 예를 인용하는데 노력을 기울였다. 이러한 예들의 중요성은 전체적으로 문법은 – 형태론 과 구문론 – 문법적으로 인정될 만한 문장을 구성할뿐만 아니라 평행법을 구성하는데도 사용된다. 다른 말로 하면 평행법은 문법을 초문법적인 목적을 위해 사용한다. 이는 평행법의 한 부분으로서 문법이 시적인 기능을 하게 한다. 아마 이는 행들이 실제 문법적으로 평행하지 않을 때에 가장 분명하나 마치 그들이 그런 것처럼 보이게 한다. 표층 구조가 동일한 몇몇 행들이 있으나 심층구조는 그렇지 않은 행들이 있다(그린스타인은 또한 이것들이 문법적으로 평행하다고 간주한다). 구문적 반복의 착시현상이 평행법의 개념에 추가된다.

시편 105:6 זרע אברהם עבדו
בני יעקב בחיריו

그의 종 아브라함의 자손(The seed of Abraham his servant);
그의 택한 자 야곱의 아들들[복수](The sons of Jacob his chosen).

이 두 행들은 3인칭 단수 소유격 접미어와 함께 동격 명사를 – 개인적 이름 – 구성에 함에 있어서 명사를 포함한다. 구문은 동일하게 보인다. 이 동일성은 모든 단어가 그의 의미적 쌍을 가지고 있고 그들은 동일한 순서로 발생한다. *씨 // 아들들, 아브라함 // 야곱, 종 // 선택받은* (참고. 이 쌍에 대해서는 3장을 참조하라). 그러나 실제로 두 행들의 구문은 동일하지 않다. 왜냐하면 *그의 종*은 *아브라함*과 동격이며 반면에 *그의 선택 받은 자*는 *아들들*과 동격 관계에 있기 때문이다. "구문적" 번역은

그의 종 아브라함의 씨(The seed of his servant Abraham)
야곱의 택한 아들들(The chosen sons of Jacob).

다른 예는 구문과 단어 쌍 사이의 긴장 관계에 있는 구절이다.

시편 49:5 **אטה למשל אזני**
אפתח בכנור חידתי

내가 비유에 내 귀를 기울이고
내가 수금으로 나의 오묘한 말을 풀리로다
[참조. 시 78:2]

여기에서도 구문은 동일하다. 즉 동사 – 전치사 + 명사 – 명사 + 접미사. 구문은 심지어 더 높은 차원에서는 동일하다: 동사 – 간접목적어 – 직접목적어. 그러나 만약 그 단어들을 그들의 문법적 기능들과 동일시 한다면 엉뚱한 등가들이 나올 것이다. 즉 *비유에 // 수금으로; 내 귀 // 내 오묘한 말*이다. 구문은 이 구절을 한 방향, 한 쌍의 등가로 이끄는 반면에 다음과 같은 단어 쌍인 *비유 // 오묘한 말*은 다른 방향으로 이끈다. 키파르스키(P. Kiparsky)는 "시에서 잠재적 상관성이 있으면서 언어학적으로 동일한 것은 문법에서도 잠재적으로 상관성이 있는 것이

다" 라고 주장해왔다(*Daedalus*, 1973, 235). 필자는 이 장에서 이 진술이 옳음에 대하여 아마 언어학자들이 예상하지 못한 방식으로 상당한 증거들을 제시해왔다고 생각한다. 그러나 내 목적은 언어학적 이론들을 증명하려는데 있지 않고 어떻게 그 이론들이 본문을 더 잘 이해할 수 있도록 성경학자들을 도울 수 있는지를 보여주는 것이다. 성경학자들은 문법이 단지 시의 행을 분석하기 위해서 뿐만 아니라 시를 시적으로 만들어 주기 때문에도 중요하다는 것을 이해해야 한다. 평행법은 의미적 그리고 어휘적 등가들을 활성화 하는 것과 같이 문법적 등가들도 활성화 시킨다. 따라서 학자가 문법적인 불일치를 수정하거나 또는 시적인 파격이라고 간단히 결론을 내리기 전에 그것의 시적인 기능과의 상관성을 먼저 고려해야 한다. 무엇보다도 그는 문법적 평행법이 의도적이건 아니면 우연이건 간에 그것은 잠재적으로 시의 구조와 궁극적으로 그 의미에 있어서 중요하다는 점을 깨달아야 한다.

제4장

어휘적 그리고 의미적 측면들

IV. 어휘적 그리고 의미적 측면들

만약 문법적 측면이 평행법의 뼈대를 이루고 있다면 어휘적 그리고 의미적 측면들은 그것의 살과 피이다. 결국 절 또는 구에 의미를 부여하는 것은 단어들과 그 단어들이 의미하는 것이다. 이러한 측면들이 평행법에서 아주 분명하기 때문에 역사적으로 가장 많은 주목을 받아 왔다는 것은 놀랄만한 일이 아니다. 처음에는 의미론적 측면만 묘사되었다. 다시 말하면 한 행의 의미와 그와 평행하는 행의 의미와의 관계성이다. 개념적으로 그리고 용어적으로 이 분야에서 로쓰의 공헌을 능가하는 것은 쉽지 않았다. 평행법에 관한 대부분의 논의들은 아직도 동의적, 반어적, 그리고 종합적 평행법을 말하고 있다. 분명히 로쓰는 그의 안목에 있어서 칭찬을 받을 만한 가치가 있다. 그러나 어떤 면에서 평행하는 행들 사이의 의미적 관계만을 묘사하는 그의 모델은 오랜 세월 동안 이 주제에 관한 발전을 더디게 하였다. 비록 오랜 세월에 걸쳐 많은 학자들이 그의 모델에 대해 불만족을 표시하여 그것에 추가하고 또는 수정하여왔지만 최근에 와서야 성경학계는 로쓰의 삼중적인 의미 구분의 모델로부터 평행법을 자유케 하였다.

평행법에 대해 반로쓰적인 설명을 가장 길게 제공한 쿠겔에게 그 대부분의 공적은 돌아간다(참조. Idea, 12-15). 쿠겔은 모든 평행하는 행들 사이의 의미적인 관계를 항상 기본적으로 "A, 더욱이, B" - 즉, 두 번째 행은(여러 가지 방식들 가운데 어떤 한가지로) 첫 번째 행의 의미를 넘어 선다(참조. *Idea*, 51-54). "성경 평행법은 'A, 그리고 더욱이, B,'의 한 종류이거나 또는 백 가지의 종류가 있지만 그러나 (로쓰의) 세 가지는 아니다"(*Idea*, 58). 따라서 쿠겔은 작은 수의 불연속적인 의미적 범주들의 개념(로쓰의 세 분류)을 파괴하고 가장 피상적인 묘사를 제외한 여러 다른 방법들 안에서 실현될 수도 있는 포괄적인 의미적 개념으로 대체한다. 나는 나중에 행들 사이의 의미적 관계를 다시 고찰할 것이지만 평행법의 어휘적 측면을 먼저 논의하겠다.

어휘적 측면은 평행하는 행들 안에서 쌍을 이루는 특정한 단어들 또는 단어 그룹들과 관련 있다. 물론 이는 의미적 측면과 완전히 분리될 수 없다. 왜냐하면 단어들은 의미에 영향을 미치기 때문이다(비록 내가 나중에 이 둘 사이는 어느 정도는 분리될 수 있고 또 되어야 한다고 제안할 것이지만). 그러나 이 전 장에서 그랬던 것처럼 설명을 위해 내가 어휘적 차원이라고 일컬을 단어-수준의 현상을 의미적 차원이라고 일컬을 행 수준의 현상과 구분할 것이다. 이것은 특별히 본 장에서 적절할 것이다. 왜냐하면 역사적으로 성경 평행법 연구도 역시 이러한 구분을 했기 때문이다. 다시 말하면 "평행하는 행들"을 "평행하는 용어들"로부터 구분한 모델을 제공한 사람은 로쓰다: "한 진술이 전달 되어졌을 때 두 번째 것은 처음 것에 종속, 등가, 또는 그와 대조된다. 의미적으로 필자는 이들을 평행하는 행들이라고 부른다. 그리고 상응하는 행들 안에서 서로 서로에게 대응하는 단어들 또는 구들을 평행하는 용어들이라고 한다."(*Isaiah*, viii). 로쓰 자신은 평행하는 용어들을 고찰하지는 않았다. 그러나 이러한 측면의 평행법은 단지 의미적 측면보다 후에 결실 있는 연구를 통해 더 많은 유익을 얻게 되었다.

어휘적 측면: 단어 쌍들

1929년부터 라스 샤므라(Ras Shamra)에서 발견된 우가릿 시들은 성경 시에 관한 연구에 지대한 영향을 미쳤다. 우가릿어와 히브리어는 서로 가까운 관계에 있는 언어일뿐만 아니라 그들의 두 시적인 전통들은 서로 상당히 공통된 점들을 공유하고 있기에 몇몇 학자들은 가나안의 한 전통의 일부분으로 그들을 간주했다. 가장 분명한 유사성은 우가릿과 히브리 시는 광범위하게 평행법을 사용했다는 점이며 좀 더 자세하게 살펴보면 심지어 이 둘은 대부분의 경우에 동일한 평행하는 용어들을 사용했다는 점을 발견하게 된다. 이 같은 관찰은 고정된 단어 쌍 – 성경과 우가릿 본문에서 자주 등장하는 평행하는 용어들 – 으로 알려진 것을 수집하는데 기념비적인 역할을 하였다. 반 세기 전에 시작했고 아직도 진행이 되고 있으며 이는 현대 성경 연구의 가장 중요한 업적 가운데 하나가 되고 있다.[1)]

그러나 자료를 수집하는 것과 그것을 해석하는 것은 별개의 것이다. 수 많은 평행하는 쌍들이 발생했다라는 사실을 가능케 한 생각은 무엇인가? 도달한 결론은 이스라엘과 가나안의 문학적 전통에 속하는 축적되어온 고정된 단어 쌍들이 존재한다는 것이며 특별히 기교적인 것에 훈련을 받은 시인들은 평행하는 행들의 구전 작품을 구성하기 위해 이러한 관련어에 관심을 가졌다는 것이다. 예를 들면 만약 시인이 *ksp*, "은"이라는 단어를 포함한 행을 지었다면 그의 다음 행은 그것의 고정된 쌍, *hrs*, "금"을 중심으로 형성된다.

사실 이것과 관련된 두 개의 서로 분리된 이슈들이 있다. 하나는 성경 시에 대한 가설로 남아 있는 구술 편집에 관한 이슈이고, 다른 하나는 비고정된 쌍과 반대되는 고정된 쌍의 존재 여부에 관한 이슈이다. 구술편집의 이론들과 단어 쌍들 사이에 있는 관계성은 지적 역사의 한 우연한 사건이다. 우가릿 단어 쌍들의 발견과 그들과 히브리 단어 쌍들과의 유사성의 발견은 패리-로드(Parry-Lord) 이론이 부상할 때 거의 동시에 나오게 되었다. 학자들은 새로 발견된 증거들과 새로 부각되는 이론들을 단순히 연결시켰다. 왜냐하면 학자들은 헬라 시에서 발견되는 동일한 종류의 운율적 공식을 히브리 시에서 발견하는 것은 불가능하다고 증명했기 때문이다. 따라서 성경학자들은 그들이 충분히 가지고 있는 평행하는 단어 쌍들로 대신하였고 그것들이 표현의 기능적 등가들이라고 선언하였다.[2)] 이러한 계통의 생각을 따른다면 단어 쌍들은 시인이 구술로 시를 작성하도록 하기 위해 존재했었다.

그러나 이같은 설명은 시에 관한 다른 많은 부분을 설명할 수 없게 한다. 하나는 단어 쌍들 이외에 행의 나머지 부분이 어떻게 구성되었는지를 설명해 주지 못한다. 다른 하나는 동일한 단어 쌍들은 분명히 구술로 작성되지 않은 시에서도 나타난다.[3] 이러한 이유들로 인하여, 게다가 최근 페리-로드 이론에 대한 의구심 때문에, 다른 사람들이 이미 제시했듯이 이제는 단어 쌍에 대한 논의에서 구전 작품에 대한 이슈를 제거해야 할 때가 되었다.

하지만 이는 소위 시인의 사전으로 불리는 고정된 쌍들에 대한 개념을 우리에 남겨 두고 있다. 이는 추측하건데 성경 히브리어와 우가릿어의 시적인 기층(基層) 언어, 즉 훈련된 시인들만의 특별한 지식이었을 것이다. 그러나 이러한 관련어 쌍들은 한 때는 수 십 가지 정도였으나 이제는 천 가지를 넘어서고 있으며 아직도 점점 많아지고 있다.[4] 게다가 시적인 평행법에 나타나는 동일한 쌍이 또한 산문체에서도 병치, 연어, 그리고 심지어 서로 연계형의 모습으로 나타난다.[5] 만약 이러한 쌍들이 참으로 시인들만을 위해 존재했다면 일반 화자들은 한 단어도 쓸 수 없도록 위협했을 것이다. 우리가 그것들을 전체 히브리 어휘 사전과 분리할 수 없다는 것은 분명한 것처럼 보인다. 지금까지 살펴본 바와 같이 이제 소위 고정된 쌍들과 아직 분류되지 않은 쌍들 사이에 질적인 차이가 없다는 점이 분명해 진다. 유일한 차이는 고정된 쌍들은 비고정된 쌍들보다 더 자주 증명된다.[6] 구체적인 쌍들과 일반적인 고대 이스라엘 언어 행동에 관련하여 약간의 관심을 가질 수 있는 것은 양적인 구분이다. 그러나 이는 단어들이 쌍을 이루는 과정은 모든 경우에 있어서 동일하다는 사실을 바꾸지 못한다.

만약 단어 쌍들의 현상이 문학적인 기층언어의 일부 또는 구술 작품에 필수적인 것이라고 설명될 수 없다면 과연 어떤 다른 방법으로 설명할 수 있을까? 이 문제에 대해 언어학자들은 다시 한번 광범위한 측면에서 단어 쌍들을 이해하는 방법과 평행법에서 그들의 기능을 이해하는 방법에 대한 해결점을 제공한다. 그러나 이번에는 좋은 안목을 제공하는 자들이 구조 언어학이 아니고 언어심리학이다 - 상세하게 말하면 단어 연관성의 과정에 관심을 기울이는 언어심리학의 분야이다. 필자가 간략하게 제시하려고 하는 단어 쌍은 모든 유능한 화자들에 의해 만들어지는 전형적인 단어 결합의 산물이다.[7] 성경 학계는 서서히 이 관점으로 나아가고 있었으나 대부분의 성경학자들이 단어 연관성들의 언어학적 이론 지식이 부족했기에 이 같은 관련성을 만들어 낼 수는 없었다. 필자가 이론을 제시하고 그것을 히브리어 단어 쌍들과 관련시키기 이전에 오스트레일리아를 발견하지도 못하고 단지 그 주변을 배로 배회한 타스만(Tasman)처럼, 여러 학자들이 얼마나 가깝게 그곳에까지 이르렀는지 살펴보자. 그들은 가까이 갔지만 그들의 지평선 바로 아래 무엇이 놓여 있는지는 이해할 수 없었다.

비록 그의 책에는 약간의 결점이 있지만 고정된 단어 쌍들에 관한 여러 가정들을 성공적으로 비판한 와터스(W. Watters)는 "여러 반복하는 쌍들은 아마도 차용, 우연의 일치, 또는 관용적 표현에 기인할지도 모른다고 설명한다."(73) 그리고 "현대 학자들에게는 '드문 연관성들'이라고 간주된 쌍들은 시인과 그 당시 사회에서는 일반적인 연관성이었다."(75) 비록 더 이상 전개되지는 않았지만, 여기에서 함축적인 가정은 일반적이거나 또한 드문 쌍들(즉, 고정된 그리고 고정되지 않은)이 단어 사이에 공통적으로 가지는 연관성으로부터 나왔다는 것이다.[8] 쿠겔은 이것을 다음과 같이 다시 언급한다. "대부분의 언어에서와 같이 히브리어와 우가릿어는 전형적으로 관련된 용어들, 즉 동의어들과 유사동의어들, 그리고 반의어와 유사 반의어들의 어계(語系, stock)가 있다"(*Idea*, 33). 또한 쿠겔은 히브리 단어 쌍도 단지 전형적으로 관련된 용어들이지 특별히 다른 것이 없다고 느끼는 것 같다(그러나 쿠겔 자신의 몇몇 용어들은 좀 유감스럽다. "어계"는 고정된 쌍들의 옛 개념을 생각나게 하거나 또 쌍을 이루는데 사용될 수 있었던 주어진 단어 자체를 상기시킨다. 이제 우리가 살펴볼 것이지만 "유의어들" 그리고 "반의어들"은 부정확하다.)

크레이기(P.C. Craigie)는 단어 쌍에 관한 문제를 다른 방향에서 접근하고 있다. 그가 가나안 주제를 다루는 히브리(가나안이 아닌) 시편으로 생각하고 있는 시편 29편의 우가릿 기원에 대해 의문을 제기하고 있는 상황에서 그는 몇몇의 동일한 단어 쌍들은 많은 다른 언어, 심지어 상관없는 언어들에서도 나타난다는 점을 지적하고 있다.[9] 그의 결론은 "기본적으로 평행하는 단어 쌍은 우가릿과 히브리 시 사이의 문학적 상호 관련성에 관하여 특별한 중요성을 가지지 않는다"는 것이다(*UF* 11, 137). 다른 말로 하면 히브리어와 우가릿어 쌍 사이의 유사성은 두 개의 시적인 전통이 상호 관련이 있다는 관점을 지지하는데 사용될 수 없다고 주장한다. 사실 비록 그의 관찰이 "단어 쌍들의 사용은 우가릿-히브리어 시적 장치의 독특한 것인가?" 라는 더욱 근본적인 질문을 제기하지만 크레이기는 부정적으로 답한다. "평행법이 사용되었다고 간주되는 그 어떠한 시도 불가피하게 비슷하거나 또는 공통적인 단어 쌍들을 사용할 것이다."[10] 그러나 크레이기는 그 문제를 추적하지는 않는다. 그는 무슨 언어 쌍들인지 또는 그것들이 어디에서부터 왔는지에 대한 그 어떤 생각도 제시하지 않는다.

이 주제에 대해 할 말이 가장 많은 오코너(O'Connor)는 다음과 같은 사실을 언급하면서 한 걸음 더 나아가고 있다. "자유로운 연관성의 심리치료적 관찰은, 비록 분명한 것은 아닐지라도, 한 언어 안에서 어떤 한 단어는 다른 어떤 단어와 쌍을 이룰 수 있다는 점을 드러낸다"(*HVS*, 96). 다른 말로 하면, 모든 단어는 모든 유능한 화자에 의해 만들어질 수 있는 잠재적인 단어 쌍을 가지고 있다는 것이다. 진정으로 자주 발생하는 그런 쌍들 – 즉 더 자주 실현되는 그러한 연관성들을 제외하고는 단어 쌍들의 어계가 없다. 비록 오코너는 여기에서 중요한 점을 지적하지만 그는 단어 연관성의 일반적인 과정을 조사하지는 않고 자신의 연구를 어떤 특정한 종류의 연관성과 연관된 용어들이 정렬되는 언어학적 규칙(즉, 왜 A 단어들이 B 단어들에 선행하는지)에만 국한시키고 있다. 하지만 나는 연관성의 과정 그 자체로 돌아가길 원한다. 나는 처음에 어떻게 그 용어들이 발생했는지를 설명하는 규칙들만큼이나 용어들의 순서를 규정하는 규칙에는 많은 관심은 없다. 나는 단어 쌍들은 어디에서부터 발생하는가? 라는 질문에 답하길 원한다. 이를 위해 필자는 단어 연관 게임을 통하여 단어 연관성의 과정을 연구하는 심리언어학 분야의 도움을 받을 것이다. 그 가운데 필자가 인용할 구체적인 연구들은 클락(H. Clark)의 "*Word Associations and Linguistic Theory*"과 디스

(J.E. Deese)의 *The Structure of Associations in Language and Thought*이다. 이러한 연구들은 영어 단어 연관성에 기반을 두고 있으나 우리가 이들의 연구와 그 결과들을 히브리 단어 쌍들의 목록에 적용할 때 우리는 놀라운 유사성들을 발견하게 될 것이다. 영어 단어 연관성들에 적용되는 일반적인 규칙들은 또한 히브리 단어 쌍들에도 관련이 있다. 따라서 이 둘은 동일한 과정의 결과들처럼 보이기 시작한다. 이러한 방식으로 히브리 단어 쌍들은 – 모든 히브리 단어 쌍들 – 일반적인 언어학적 연관성의 산물로 이해될 수 있다.[11]

단어 연관성들이 발생하는 특정한 규칙들을 요약하기 전에 성경 연구에 있어서 항상 혼란을 자아내었던 점들을 명확하게 해 줄 몇몇의 일반적인 견해들을 소개한다.

언어심리학자들은 그들의 언어 연관성 실험에서 반응을 위한 시간 제한에 변화를 주었고 이 실험은 세 개의 그룹으로 분류되어 왔던 서로 다른 결과들을 도출했다. 단어 연관성 게임에 참여한 선수에게 상당한 시간이 주어졌을 경우 그는 풍부한 이미지들과 개인적이거나 또는 특유한 선택들을 드러내는 특이한 연관성들로 반응한다. 좀 더 빨리 반응하라고 요구되었을 때 선수는 더 "피상적인" 그리고 더 보편적인 연관성들을 만들어 낸다. 이러한 결과들은 대부분의 다른 선수들에 의해 산출되는 것들과 동일한 경향이 있고 따라서 대부분 예측될 수 있다. 마지막으로 더 빠르게 반응하라고 압박을 받으면 선수는 자극적인 비슷한 소리 또는 리듬의 단어들, 즉 "쨍그랑거리는 소리의 반응들"을 나타낸다(*Clark*, 272-73). 대부분의 참여 선수들에 의해 아주 자주 도출되는 것들은 연관성의 두 번째 그룹이며 이는 성경 연구가들이 일컫는 소위 "고정된 단어 쌍들"과 동일한 그룹이다. 이것들은 단지 가장 일반적이며 쉽게 만들어지는 단어 연관성들이다. 물론 성경에는 덜 일반적인 쌍들이 있고 이들은 첫 번째 그룹의 일원(좀 더 사려 깊은 생각의 산출물들)으로 간주될 수 있다. 물론 의미가 필수적인 상황 안에서 "쨍그랑거리는 소리의 반응들"을 기대할 수 없다.

언어심리학적 접근으로부터 얻은 두 번째 관찰은 한 단어는 한 연관성으로써 그 자체를 유도해 낼 수도 있다. 이는 자유-연관성 실험에서 거의 드물게 나타난다. 왜냐하면 그것은 자극한 것과 동일하게 반응하는 것을 억제하기 위한 이러한 실험들의 지침의 본질이기 때문이다. 그럼에도 불구하고 이것은 "자유 연관성 안에서 자극으로 기능하는 한 단어는 명백하게 주어진 연관성을 산출할 뿐만 아니라 그 자체가 반응으로서 나타난다"는 언어심리학적 가정이 되어버렸다(*Deese*, 47). 이제 이 원리는 평행하는 행들 안에 동일한 단어의 반복과 관련성이 있고 이는 자주 나타나기에 다후드가 그의 단어 쌍 목록들에 그 예들을 열거하기 시작했다. 비록 그는 이러한 형태의 쌍을 어떻게 설명해야 할지 잘 몰랐지만 그는 어떤 면에서 단어 쌍들의 사용과 연관성이 있다는 점을 알았다. 참으로 그가 옳았다. 평행하는 행들 안에서 반복되는 단어의 사용은 연관된 단어 사용이란 점에서 동일한 현상의 한 부분이다.(이것은 다후드에 의해 열거된 단지 특정한 것들에만 적용되는 것이 아니라 그 어떤 단어에도 적용된다.) 반복된 단어와 평행하는 단어들이 동일한 현상의 부분이라는 좀 더 극적인 증거는 우리가 동일한 평행법의 두 개의 변형들을 충분히 가지고 있을 정도로 운이 좋을 때 발견될 수 있다. 예를 들면 삼하 22과 시편 18편이 약간 다른 형태의 동일한 시편이라는 것은 잘 알려져 있다. 이는 무엇이 옳은 것인가에 대한 문제가 아니라 둘 다 고대 시인에게 동일하게 수용된 변형된 형태들의 비교의 문제이다.[12)]

단어 쌍들의 경우 다음 소개되는 구절들의 하나는 한 단어를 반복하고 있는 반면에 다른 하나는 평행하는 단어를 대체한다.

사무엘하 22:1 מכף כל־איביו ומכף שאול

모든 그의 원수들의 손(*palm*)에서 그리고 사울의 손(*palm*)에서

시편 18:1 מכף כל־איביו ומיד שאול

모든 그의 원수들의 손(*palm*)에서 그리고 사울의 손(*hand*)에서

사무엘하 22:7 **בצר לי אקרא יהוה**
ואל־אלהי אקרא

내가 환란 중에서 여호와께 *아뢰며*(*call*)
나의 하나님께 *아뢰었더니*(*call*)

시편 18:7 **בצר־לי אקרא יהוה**
ואל־אלהי אשׁוע

내가 환란 중에서 여호와께 *아뢰며*(*call*)
나의 하나님께 *부르짖었더니*(*cry out*)

사무엘하 22:32 **כי מי־אל מבלעדי יהוה**
ומי צור מבלעדי אלהינו

여호와 외에(*except*) 누가 하나님이냐?
그리고 우리 하나님 외에(*except*) 누가 반석이냐?

시편 18:32 **כי מי אלוה מבלעדי יהוה**
ומי צור זולתי אלהינו

여호와 외에(*except*) 누가 하나님이냐?
그리고 우리 하나님 외에(*besides*) 누가 반석이냐?

선지서에도 같은 종류의 대체가 반복되는 구들 안에서 나타난다.

이사야 16:7 **לכן ייליל מואב למואב**
למואב כלה ייליל

그러므로 모압이 통곡하게(*howl*) 하라
모든 모압에 대해, 다 통곡하게(*howl*) 하라.

예레미야 48:31 על־כן על־מואב איליל
ולמואב כלה אזעק

그러므로 내가 모압을 위해 *통곡하며(howl)*
모든 모압을 위해 *부르짖으리니(cry out)*

예레미야 23:19 הנה סערת יהוה חמה יצאה וסער מתחולל
על ראש רשעים יחול

보라 여호와의 폭풍이 진노, *회오리(whirling)* 바람 가운데 일어나
악인의 머리 위에 *소용돌이칠(whirl)* 것이라.

예레미야 30:23 הנה סערת יהוה חמה יצאה סער מתגורר
על ראש רשעים יחול

보라 여호와의 폭풍이 진노, *성난(raging)* 폭풍 가운데 일어나
악인의 머리 위에 *소용돌이칠(whirl)* 것이라.

이러한 구절들은 한 단어는 그 단어 자체나 또는 평행하는 단어, 즉 어느 면에서 등가인 단어에 의해 평행할 수도 있다는 사실을 확증해준다. 이는 또한 평행법 안에서 절대적인 동일성은 문법적인 차원에서 허용되는 것처럼(두 행의 문법이 동일할 때) 또한 어휘적인 차원에서도 허용될 수 있다는 점을 보여준다.

평행하는 행들 안에서 단어의 동일한 반복과 밀접하게 관련되어 있는 또다른 경우는 다른 형태를 가진 동일한 어근의 반복이다. 제3장은 약간의 문법적인 수정을 가한 동일한 어근의 많은 예들을 소개하고 있다. 남성 // 여성, 단수 // 복수, *qtl* // *yqtl*, 등등이다. 또한 이와 관련된 현상은 한 단어가 그 단어를 포함하고 있는 구와 평행하는 경우이다. 아비슈르(Y. Avishur)는 아가서 1:10-11에서 **תורים**, "화관들"은 **תורי זהב**, "금 화관들"과 평행하는 것과 같이(참조. 또한 아가서 1:3, **תורק שמך** // **שמניך**), 이를 x // x + y로 표기하고 있다(Beth Mikra

59, 520-21). 필자는 또한 욥기 6:15 **אפיק נחלים // נחל**과 사사기 5:28 **פעמי מרכבותיו // רכבו** 과 같이 엄격히 x // x + y과 같은 형식을 이루지는 않은 다른 조합들도 포함시키고자 한다. 이와 같은 쌍들은 영어의 연계어들과 유사성들이 있다: affirm-confirm, amongst-among, berry-strawberry. 이러한 모든 경우들을 볼 때 쌍을 이루는 단어들은 동일한 어휘적 기반을 공유하나 그들의 형태는 다른 언어학적 특징들의 추가에 의해 서로 구분되고 있다.

세 번째 관찰은 한 단어는 여러 가지 서로 다른 연관성들을 도출할 수 있다는 점이다.[13] 언어학자들은 가장 일반적인 것으로부터 그렇지 않은 것을 통계에 의해 그들의 등급을 부여한다. 예를 들면, *남자*는 주로 *여자*를 이끌어 낸다. 그러나 소년을 이끌어내는 경우는 아주 드물다(*Clark*, 276). 다후드(Dahood)의 목록이 보여주는 것과 같이 우리의 의도로 볼 때 한 단어가 여러 다른 것들과 쌍을 이룰 수 있다는 것을 깨닫기에 충분하다. 예를 들면, *'rṣ*는 그 자신과 *ym*(*RSP* I, #64), *'pr*(*RSP* I, # 67), *šmm*(*RSP* I, # 71) 등등과 쌍을 이룰 수 있다. 성경의 한 구절 안에서 어느 특정한 연관성을 결정하는 것은 과연 무엇인가? 그것은 아마 어느 정도는 연관성의 힘일 것이다. 즉 많은 사람들의 *'rṣ*에 대한 가장 일반적인 반응이 무엇이었는지에 대한 것이다. 다른 요인은 결정을 내리는 사람의 마음에 생각나게 하는 특정한 함축적인 의미이다. 이는 심지어 자유-연상 게임에서 관련어를 선택하는 것에 영향을 미치는데 하물며 한 단어가 한 행 또는 시 안에서와 같이 좀 더 넓은 의미적 문맥의 한 부분일 경우에는 더 그러할 것이다. 만약 *'rṣ*가 "국가"를 의미하는 것으로 이해될 때 "땅" 또는 "마른 땅"으로 이해될 때 보다 더 다른 용어들을(관련어로) 도출해낼 것이다. 따라서 어느 특정한 쌍 안에서 작용을 하는 것은 일반적인 힘과 특정한 연관성의 빈도 – 어떻게 관습적이거나 또는 전형적인 것이 되었는가? – 그리고 특정한 문맥의 의미론적 요구 또는 특정한 시인의 유희적 기교에 달려 있다.

마지막 관찰은 관련된 단어들의 상호관계성과 관련이 있다. 몇몇의 경우에 X는 Y를 유도해내고 Y는 X를 유도해낼 것이다. 예를 들면, 영어에서 부드러운

(soft)은 딱딱한(hard)을 유도해내고 반대로 딱딱한(hard)은 부드러운(soft)을 유도해 낸다. 이는 쌍을 이루는 단어들의 순서가 뒤바뀔 때의 상황과 같다. 예를 들면 *'rṣ*는 *šmm*을 유도해 내고 *šmm*은 *'rṣ*을 유도해 낸다. *'rṣ*는 A 또는 B 단어로 사용될 수 있다.[14] (예를 들면 사 45:12 과 시 96:11을 비교하라.) 그러나 다른 경우에는 X는 Y를 유도해 내나 Y는 X를 유도해 내지 못한다. 영어에서 frigid(극한의 추운)는 cold(쌀쌀한)을 유도해 내나 cold는 frigid를 유도해 내지 못한다(Deese, 53). (cold는 주로 hot을 유도해 낸다. 그 이유는 아래에서 설명한다.) 히브리어에서 *'kl*은 *šth*을 유도해 내나 *šth*은 거의 *'kl*을 유도해 내지 못한다(그러나 참조 민 6:3과 암 9:4). 이는 단어 쌍에는 항상 고정된 순서가 있다는 사실을 설명해준다. 항상 A 그리고 나서 B; 결코 B 그리고 나서 A가 아니다.

단어 연관성 형성을 주관하는 일반적인 규칙들은 계열적 규칙들(paradigmatic rules, 系列的 規則)과 통합적 규칙들(syntagmatic rules, 統合的 規則)로 나뉠 수 가 있다(Clark). 주어진 문맥에서 서로 교체될 수 있는 일련의 요소들을 계열적 규칙들이라 한다. 영어에서 이는 주로 언어의 동일한 부분의 단어들과 관련이 있다. 예를 들면, 나무 - 꽃(tree-flower), 추운 - 더운(cold-hot), 달리다 - 뛰다(run-jump)와 같은 것들이다. 통합적인 요소들은 더 큰 단위를 형성하기 위해 결합되는 것이다. 예를 들면, 파란 – 풀(green-grass), 앉다 – 아래로(sit-down). 한 단어는 계열적이며 통합적인 연관성을 산출할 수도 있다. 예를 들면, stop은 go 그리고 sign을 산출해낸다. 그러나 반응은 어느 정도 자극 언어의 일부와 관련이 있다. 비록 단어 연관성이 순전히 어휘적인 진행 과정인 것처럼 보이지만 문법도 또한 기능을 한다. 영어의 경우에는 다음과 같은 관찰 결과가 나온다. 명사는 계열적인 경향이 있고, 부사들은 통합적인 경향, 그리고 동사들과 형용사들은 그 각각 연관성들의 대략 50% 정도가 통합적인 규칙을 이루면서 그 둘 사이에 속한다(Deese, 105). 흥미로운 것은 아이들은 어른들보다 더 통합적인 반응들을 하는 것으로 나타났다. 예를 들면, good이란 단어가 제시될 때 대부분의 어른들은 *bad*란 단어를 떠올릴 것이나 어린이들은 *boy*란 단어를 제시할 것이다(Deese, 53, Clark, 275).

A. 계열적 규칙들

1. 최소 대조 규칙

만약 한 단어가 일반적인 “반대어”를 가지고 있으면, 그 단어는 어떤 것보다 그 반대어를 더 유도해낼 것이다. 이는 형용사 *good-bad*, *long-short*에서 거의 명백하며 전치사 *up-down*, *above-below* 또한 동사 *give-take*, *go-come*에서 많은 *man-woman*과 같은 명사들도 또한 이러한 방법으로 작용한다. 성경적인 예들은 אב־אֵם, תחת־ל[(*RSP* I, #589), and ירד־לה[(*RSP* I, # 421)]가 있다. 이것은 많은 단어 쌍들이 반대어라는 인상을 자아낸다. 다른 단일-특징 대조들은 3장에서 논의된 형태의 문법적인 대조들과 관련이 있다. 동사들 안에서 우리는 ±복수(*is-are*, *has-have*), ±과거 시제(*are-were, take-took*)를 발견할 수 있다. 이는 동일한 어근의 쌍을 이루는 *qtl-yqtl*을 설명할 수 있다.(다른 어근의 *qtl-yqtl* 형태의 쌍은 이중-특징 대조와 관련이 있다.) 대명사들 안에서는 ±주격의 대조, *he-him*(참조. 시 2:7 אתה // ךָ-), 그리고 지시적인 단어들에서는 ±인접의 대조, *here-there, this-that*가 있을 수 있다.

최소 대조를 위한 규칙들은 실제로 이보다 더 복잡하다. 그들은 계층적이다. 대조를 위해 어떤 특징이 선택되었고, 어떤 순서로 특징들이 선택되는 경향이 있는지 그에 대한 규칙이 있다. 예를 들면 이것은 왜 *남자*(man)가 소년(boy)보다 *여자*(woman)를 더 자주 잘 유도하는지를 설명한다. 그러나 우리는 이러한 규칙들이 어느 주어진 시간에 특정한 단어의 연관성을 예측하는 것을 의미하지는 않는다는 점을 반드시 기억해야만 한다. 그들은 단지 상당히 많은 단어 연관성을 많은 그룹의 사람들에 의해 설명하고 범주화한다.

2. 표기 규칙

이는 최소 대조 규칙의 상세화(particularization)이다. 이는 한 특징이 표기된 가치로(to) 변화되기보다는 표기된 가치로부터(from) 변화되는 경향이 더 많다는 것을 말한다. 명사에서 표기의 한 예를 찾아보면 표기된 형태는 dogs로 그리고 표기되지 않은 형태는 *dog*로 제시할 수 있다. 표기 규칙은 *개*(*dog*)가 *개들*(*dogs*)을 유도하는 것보다 *개들*(dogs)이 *개*(*dog*)를 더 많이 유도한다는 것을 의미한다. 동일한 경우가 *brought-bring*, *better-good*, *useless-useful*과 같은 쌍들에서도 나타난다. 반드시 그렇다라는 확신은 없지만 만약 이것이 히브리어에서도 사실이라면 *yqtl* // *qtl*의 경우가 그 반대의 경우들(*qtl* // *yqtl*)보다 더 많이 기대할 것이며, 동일한 단어의 복수 // 단수, 동일한 단어의 *여성* // *남성*도 그러하다. 실제로 단어 쌍들에서 이러한 경우들이 발생하는지에 대해서는 아직 확신은 없다.

그러나 클락(Clark)은 표기 규칙에 역행하는 것처럼 보이는 많은 경우들이 있다는 것에 주목한다. 예를 들면, *여성*(woman)이 *남성*(man)을 유도하기 보다는 표기되지 않은 형태인 *남성*(man)이 *여성*(woman)을 유도해낸다. 또한 주로 표기되지 않은 형태인 *그*(he)는 *그를*(him) 유도해낸다. 따라서 클락은 일반적인 규칙으로써 표기 규칙을 사용하는 것에 대해 상당히 조심스러워한다(287). 성경 평행법에서 의미적인 문맥의 존재는 표기 규칙을 사용하는 것을 더 엄격히 제한할지도 모른다. 그러나 동일한 어근의 단수와 복수가 쌍을 이루고, 동일한 어근의 남성과 여성이 쌍을 이룰 때 등과 같은 경우는 몇몇 표기의 형태가 작용하는 것으로 보인다(3장을 보라. p. 83).

3. 특징 삭제와 추가의 규칙

언어학자들에 의해 단어의 특징들은 계층적으로 목록화가 되었다. 예를 들면 아버지(father) = 명사, 단수, 생물체, 인간, 남성, 부모 같은 경우다. 만약 한 특징이 삭제되었다면 – 주로 목록의 제일 마지막부터 행해진다 – 이는 주로 아버지 - 사람, 사과 - 과일 등과 같이 상위어를 산출해낸다. 이를 다른 말로 하면 부분과 전부, 또는 단어의 특정한 등급과 전체 등급이다. (이러한 종류의 단어 연관성에서 한 등급에 속한 단어들이 확장하는 경향은 또한 대부분의 경우에 이 두 번째 용어에 כל이 첨가됨으로 기능한다. 참조. Kugel, *Idea*, 47-48.) 히브리어에서 한 예를 들면 ירושלם // עריי יהודה(사 44:26 – 참조. ציון // ערי יהודה[애 5:11]). 렘 34:7에서는 כל이 추가되어 ירושלם과 כל ערי יהודה이 평행을 이루고 있다. 이사야 40:9은 ציון와 ירושלם이 쌍을 이루고 그곳에 ערי יהודה을 추가했다.

한 특징의 추가(삭제 대신에)는 과일-사과, 동물-개와 같이 종속어를 산출한다. 동일한 히브리어 쌍인 יהודה // ירושלם도 이러한 순서로 렘 4:3-5에 나타난다. 다른 예는 עץ // ארז(이 경우는 그 반대로 사용되었다, 참조 *RSP* I, # 442). 히브리어와 다른 고대근동 평행법에서 일반적인 상세화로 알려진 기법은 특징 추가의 형태로 간주될 수 있다.[15]

단어 연관성 실험에서 수많은 동의어들과 근접 동의어들을 여러 복잡한 방법들로 설명하는 것이 이 바로 특징 삭제와 추가 규칙이다. 일반적으로 이는 동일하거나 또는 비슷한 특징들의 목록과 함께 다른 단어의 선택과 관련이 있다. 예를 들면, 개와 고양이는 다음과 같은 특징들 – 생물체, 명사, 단수, 포유류, 작은, 애완동물 – 을 서로 공유한다. 개-고양이, 사과-오렌지와 같은 조합들은 동등어구다. 히브리어에서 우리는 *마음(heart)* // *간(liver)*(*RSP* I, #323), *물(water)* // *기름(oil)*(*RSP* I, #354)과 같은 동등어구를 발견한다. 많은 관련어들은 동일한 특성들을 공유하거나 또는 동일한 문맥에서 나타난다. 그들은 주로 한 두 가지의 특징들의 삭제 또는 추가에 의해 설명될 수 있다. 동사들에서 우리는 *죽이다(kill)* = *죽다(die)*, *가르치다(teach)* = *배우다(learn)*을 산출하는 ±원인을 발견한다. 이에 상응하는 히브리어는 칼과 히필 동사의 쌍일 것이다.[16] 명사에서 변경된 특징들은 추상에 관한 것일 것이다. *지식* - *학교*, 생물체: *알약* - *의사*가 있을 것이다. ים // תנינים(시 74:13)와 같은 히브리어 쌍들 *왕들* // *보좌*(잠 16:12), *추상* // *구체*와 같이 Dahood, *Psalms* III, 411에 열거된 것들, 그리고 수 많은 다른 것들은 특징 삭제와 추가 규칙으로 설명될 수 있다.

4. 범주 보존의 규칙

이 규칙은 특징이 높은 범주에 속한 목록일수록 덜 변경된다는 것이다. 무엇보다 이는 계열적 반응들을 향한 경향을 설명한다. 왜냐하면 언어의 일부분이 목록에서 높은 범주에 있기 때문이다. 이는 또한 어느 특정한 대조들 또는 삭제들(예. 단수-복수)이 왜 다른 것들보다 덜 발생하는지를 설명한다. 일반적으로 계열적 반응에 대한 규칙은 "결과는 반드시 영어 단어와 상관성이 있어야 한다는 제한과 함께 가장 낮은 특징에서 가장 적은 변화를 일으키다"는 것이다(Clark, 280). 가장 적은 변화는 최소 대조를 산출하는 플러스 또는 마이너스 특징의 표시를 변화시키는 것이다. 특징의 삭제는 특징의 추가보다 더 선호되며, 단일 삭제 또는 추가는 여러가지 삭제 추가들보다 더 선호된다.

일반적으로 관련성의 계열적 규칙들은 상당 수의 히브리어 단어 쌍들과 특별히 그들 가운데 더 빈번히 발생하는 단어 쌍들을 설명해준다. 그들은 또한 왜 많은 단어들이 유의어 또는 반의어로 불리는지와 동시에 왜 다른 수 많은 것들은 이 수준에 들어가지 않은지를 설명해준다.

B. 통합적인 규칙들

클락에 의하면 통합적인 규칙들은 계열적 규칙들보다 특성화 시키기가 더 어렵다. 그는 대부분의 통합적인 반응을 설명하는 두 개의 원리가 있는 점을 발견하였다.

1. 특징 선택 실현 규칙

한 단어는 종종 그 단어가 발생할 문맥을 제한하는 선택적인 특성들을 포함하고 있다. 예를 들면, *젊은(young)*이란 단어를 생각해 보자. 이 단어는 자신이 수식할 수 있는 단어들의 선택적인 제한을 가지고 있다. *젊은 소년(young boy)*이라고 말할 수 있으나 *젊은 책(young book)*이라고 할 수는 없다. 다른 말로 하면 *젊은*이란 단어는 생물 명사를 수식할 수 있으나 비생물 명사는 수식할 수 없다. *젊은*이란 단어에 대한 통합적인 반응은 *젊은*이 수식할 수 있는 가능한 명사들의 하나의 실현이다. – 예 소년, 여성, 등. 그 과정을 좀 더 단순화시킨다면 반응자는 다음과 같이 생각한다. 반응자는 이 질문을 생각한다. "이 단어가 무엇과 함께 사용될 수 있는가?" 그리고 그 함께 사용될 수 있는 단어를 반응으로 준다.[17] 통합적인 반응들의 다른 예들은 *구부리다 - 위에(bend-over)*, *연필 - 쓰다(pencil-write)*, *피클 - 시큼한(pickle-sour)* 들이 있다.

2. 관용구 완성 규칙

이것은 특징 선택 실현 규칙과 관련이 있다. 관용구 완성 규칙은 단지 하나의 실현을 가지고 있는 선택적인 특징들을 찾는다. 클락은 이 규칙에 대해 다음과 같이 언급하고 있다. "자극이 한 부분을 이루는 관용구를 찾고 다음 중심 단어를 산출한다."(282) 예를 들면, *코티지 - 치즈(cottage-cheese)*, *애플 - 파이(apple-pie)*, *옥스포드 - 대학(Oxford-University)*이다. 클락은 생각하기를 오히려 관용구 완성으로 더욱 간주될 수 있는 분명히 다수의 계열적 반응을 하는 단어들이 있다. 그는 *햄 - 계란*, *빵 - 버터*, 그리고 *바늘 - 실*과 같은 목록을 제시한다. 이와 같은 조합들의 애매모호함의 중요성은 히브리어에서 통합적인 쌍에 관한 필자의 논의에서 좀더 분명해질 것이다. 클락은 또한 통합적인 반응들은 "단지 언어의 연속적인 조각들이 아니라, 오히려 일반적인 언어의 추상적 관계를 드러내는 반응들이다."*(283)* 한 예를 든다면 그들은 *그리고(and)*, *그(the)*와 같은 기능적인 단어들을 포함하지 않고 오히려 어휘적 요소들만 포함한다.

C. 히브리어에서 통합적인 쌍

히브리어에는 몇 가지 다른 형태의 통합적인 쌍들이 있다. 필자는 그것들을 다음과 같은 제목으로 분류할 것이다. 1) 관례화된 등위 어구들, 2) 이중 지명, 그리고 3) 정상적인 통합적 조합들.[18)]

1. 관례화된 등위 어구들

관용어 완성 규칙은 관용구나 관례적인 표현에 속하는 두 개 또는 그 이상의 용어들의 관련성을 설명한다. 예를 들면, 자유로운(free)은 쉬운(easy)을 유도해 낸다. 왜냐하면 이 둘은 "자유롭고 쉬운"이란 일반적인 표현의 일부분이기 때문이다. 멜라메드(E.Z. Melamed)는 이같은 관련어들의 히브리어 상응구를 상투적인 구(句)들의 분리라고 부른다.[19)] 이것들은 대부분의 경우에 סוס־רכב("말-말타는 자") 그리고 חסד־אמת("충성-진리")와 같은 관용어구 상태를 이루어온 표현들에서 파생한 등위어구로 된 단어 쌍들로 구성되어 있다. 이와 같은 구 또는 관용구의 해체는 우리가 *빵-버터* 그리고 *햄-계란*과 같은 조합에 대한 클락의 논의에서 살펴본 것처럼 비록 그 쌍 자체가 계열적으로 보인다 할지라도 통합적인 쌍을 구성한다. 와이틀리(C. Whitley)에 의해 제기된 멜라메드의 논지에 대한 반대는 רכב // סוס와 같은 쌍이 정말 관용어구에서 파생되었는지 아니면 단지 계열적 관련성 때문인지에 대한 문제에 초점이 맞추어진다. 관용어구 상태를 증명할 수 있는 범위에서 우리는 관용어구의 분리에 대해 말할 수 있다. 그리고 이는 연속적인 구의 발생 빈도의 기반 위에(즉, 평행하는 행들에서가 아닌 병치 배열에서) 행해질 수도 있다. *커피-차*에서와 같이 영어의 등위 어구에서 이 어구의 분리를 확실히 결정하기가 결코 쉬운 것이 아닐 정도라면 히브리어 등위어구에서 우리는 더 많은 이견들을 예상할 수 있다. 관례화된 등위 어구들의 통합적인 쌍의 원리는 히브리어에서 확고히 세워진 것 같이 보인다. 이는 일반적으로 중언법(예,

אמת // חסד "충성//진리"), 환유법(ארץ // שמים, "하늘//땅")을 형성하는 단어들의 평행하는 단어 쌍으로 사용되는 것과 그리고 שור // חמור, "소//나귀" 그리고 יתום // אלמנה, "고아 //과부" 와 같은 관례화된 등위 어구들도 포함한다. 그러나 이러한 관용구의 기원은 별개의 질문이다. 그들은 아마도 계열적 관련어에서 나왔을지도 모른다.(이 같은 등위 어구들은 그들이 표현하는 의미가 얼마나 서로 가까운 것과는 무관하게 서로 유의어가 아니라는 것을 반복적으로 드러내고 있다.)[20]

2. 이중 지명

어떤 등위 어구들의 통합적인 구성 요소들의 상태에 관해 몇몇의 의문이 있을지는 몰라도 이중 지명의 요소에 대해서는 의심할 여지가 없다. 이는 하나의 개인적 또는 지형적 이름의 구성 요소들의 분리를 목적으로 오코너(O'Connor)에 의해 사용된 용어이다(*HVS*, 112-13, 371-77). 이 두 요소들은 분명히 하나의 개인을 가리키고(등위어구들은 둘을 언급하는 반면에) 한 사람의 두 이름을 형성한다.[21] 예들은 다음과 같다.

사사기 5:12 ברק // בן אבינעם [참고. HVS, 374-75]
민수기 23:7 בלק // אמלך מואב [참고. HVS, 374-75]
룻기 4:11 אפרתה // אבית לחם [참고. Melamed, *Scripta* VIII, 122-23][22]

3. 일반적인 통합적 조합들

이전의 두 범주들은 클락의 관용어 완성 규칙의 범주에 들어간다. 보다 낳은 용어가 없기에 필자는 일반적인 통합적 조합들이라 부르는 이 마지막 범주는 선택적 특징 실현 규칙의 한 현상이다. 평행하는 행들에서 단어들이 반드시 관용어가 아니더라도 쌍을 이루지만 그 단어들은 일반적으로 평범한 담화 안에서 조합이 된다. 영어에서와 같이 여기에도 가장 분명한 예들은 쌍을 이루는 단어들의 언어의 일부가 그 안에서 서로 다른 것들이다. 예를 들면, 우리는 사 16:5과 렘 5:19에서, **ישׁב** "앉다"와 쌍을 이룬 **כסא**, "의자, 보좌"을 발견한다.

이사야 16:5 **והוכן בחסד כסא**

וישׁב עליו באמת באהל דוד…

그리고 인자함으로 왕위가 굳게 설 것이요
그리고 그는 그가 그 위에 충실함으로 앉을 것이다.

예레미야애가 5:19 **אתה יהוה לעולם תשׁב**

כסאך לדר ודור

여호와 당신은 영원히 앉을 것이며
당신의 보좌는 대대에 이르나이다.

다른 경우는 욥기 19:23에 **כתב**, "쓰다," 그리고 **ספר**, "책"의 쌍이다.

מי־יתן אפו ויכתבון מלי

מי־יתן בספר ויחקו

이 구절에는 이중 평행이 있다. 첫째, 구인 **ויכתבון בספר**가 나누어져 이 두 요소들은 평행하는 행들 안에서 통합적인 쌍을 이루고 있다. 둘째, 전체 구인 **ויכתבון בספר**는 **ויחקו**와 평행을 이룬다. 이 구절은 제각기 "오 나의 말들이 기록되고 책에 쓰여졌으며" 또는 "오 나의 말이 기록되었고, 오 그들이 책에 쓰여졌으며"로 각각 배분해서 번역되어서는 안 된다. 욥은 19:23-24에서 시적인 진행을 의도하였고 이 본문은 그가 기록하기 위해 어떤 종류의 필기 도구를 그의 마음에 생각하고 있었는지를 결정하려는 시도를 함으로 이 두 행을 동등하게 보지 말아야 한다. 그는 가장 부드러운 것과 가장 덜 영구적인 것에서부터 가장 견고하고 가장 영구적인 것으로 진행한다. 양피지에서 돌로, 그리고 그는 기록을 의미하는 세 개의 동사인 기록하다, 쓰다, 새기다 들을 사용하여 진행한다.

오 나의 말이 기록되었으면,
오 그들이 책에 분명히 씌어졌으면
철필과 납으로
영원히 돌에 새겨졌으면.

동사와 명사와 관련된 통합적인 쌍들을 인식하는 것은 쉽다(비록 이것들은 자주 발행하지는 않지만). 다소 문제가 되는 것은 명사와 명사-형용사-분사의 조합이 나뉘어지는 것이다. 왜냐하면 명사들, 형용사들, 그리고 분사들 사이의 차이를 *형태적*으로 구분할 수 있으나 *구문적*으로 그들은 모두 동일한 방법으로 기능하고 따라서 모두는 언어의 동일한 부분으로 간주될 수 있기에 문제가 발생할 수 있다. 만약 우리가 계열적 단어들은 서로 대체할 수 있고 통합적인 단어들이 좀 더 큰 단위를 형성하기 위해 서로 조합을 이룬다는 정의를 상기한다면 우리는 명사들, 형용사들, 그리고 분사들의 쌍들이 모호하다는 것을 알게 된다. 간단한 실례를 살펴보기로 한다. 신 22:22은 **האיש השכב**, "누운 그 남자"를 말한다. 레 14:47은 **והשכב בבית**, "집에 누운 사람"으로 읽는다. 히브리어에서 분사(이 경우 **שכב**) 또는 형용사는 명사를 대체할 수 있거나 또는 그것과 함께 사용될 수 있다. 따라서 형용사 또는 분사가 평행하는 행들 안에서 명사와 쌍을 이루는 것은 계열적이며 또한 통합적이다. 이러한 것이 발생하는 경우에 우리가 어떻게 인식하느냐는 판단의 문제가 된다.[23] 연계형에서 명사도 마찬가지이며 그 둘은 독립적으로 사용될 수 있다. 문제에 더 깊이 들어갈 필요없이 필자는 가능성이 있는 통합적인 쌍으로 다음을 제공한다. 그들은 평행하는 용어들로 발생한다. 그러나 필자는 그들의 통합적인 성질을 드러내기 위해 연속적인 표현들로 번역했다.

시편 3:2	צרי // קמים עלי "나를 공격하는 원수들"
시편 19:13	שׂגיאות // נסתרות "숨겨진 실수들"
욥기 3:20	עמל // מרי נפשׂ "몹시 고생하는 사람"24)

내가 알기로는 이것들은 관용어들 또는 관례화된 표현들이 아니라 조합 안에서 일반적으로 나타나는 구들의 요소들로 보인다.

지금까지 제시한 이런 저런 여러 규칙으로 성경의 모든 단어 쌍을 설명하는 것이 나의 목적이 아니다. 단어 연관성의 기초가 되는 언어학적 규칙들이 또한 단어 쌍에 적용되는 것도 적절한 것처럼 보인다는 사실을 아는 것만으로 충분하다. 그리고 많은 경우에 지금까지 가능했던 설명들보다 어느 특정한 쌍들에 대해서는 더 나은 설명을 제공해준다. 게다가 단어 연광성의 이론은 "단일화된 이론"이다. 여러 다양한 관련된 현상들을 위해 하나의 설명을 제공한다. 이 이론은 *yqtl-qtl* 형태들의 쌍과 관용어구의 분리는 명백한 유의어와 반의어의 쌍과 동일한 특성을 가지고 있다는 사실을 보여준다. 평행하는 행들 안에서 쌍을 이루는 단어들은 병치배열, 연어, 그리고 연계형 안에서의 쌍과 다르지 않다는 것을 보여준다.25) 그리고 시적인 쌍들은 산문에서의 쌍들과 동일하다는 것도 보여준다. 이 모든 관련어들은 동일한 언어학적 현상에 속한다. 대부분의 이와 같은 내용들은 이미 성경학자들에 의해 감지가 되었으나 함께 논의를 할만한 특정한 모델이 없었다. 하지만 단어쌍에 대한 언어학적 이론이 그 모델을 제공한다.

단어 쌍들에 대한 이러한 접근은 그들이 평행하는 행들의 구성을 가능하게 하기 위해 특별히 고안되지 않았다라는 결론을 내리게 한다. 단어쌍들은 그들이 평행법을 사용하든지 그렇지 않든지 간에 모든 언어에서 적어도 잠재적으로는 존재한다.[26] 평행법을 사용하는 단어 쌍들은 평행하는 행들에만 제한되지 않고 비평행적인 본문 안에서도 또한 발생할 수 있다. *평행법을 만들어내는 것은 단어 쌍이 아니다. 단어쌍들을 활성화시키는 것이 평행법이다.* 평행법은 근본적으로 등가들을 투사하는 한 형태이기 때문에 이는 모든 언어학적 차원에서 등가들을 산출해낸다. 어휘적 차원에서 이것들은 정상적으로(또는 가끔 그렇게 자주는 아니지만) 언어의 화자에 의해 연관되어 있는 두 개 또는 그 이상의 단어들의 실현이란 형태를 나타낸다. 학자들이 수집한 쌍들의 목록들은 시적 또는 심지어 문학적 전통의 한 부분이 아니다. 그것들은 그 이상이다. 즉 단어쌍들은 언어심리학자들이 소위 말하는 언어 행동, 그리고 궁극적으로 성서 히브리어와 우가릿의 화자들의 모든 개념적 세계에 대한 창문이다.[27] 그것들은 *소*와 *나귀*와 같은 일반적인 연결들과 *팔레스타인*과 *할례 받지 못한 족속*과 같은 민족적 편견을 일컫는 전형적 형태를 분명히 표명한다.[28] 우리가 그것들을 지속적으로 수집해야만 할 뿐 아니라 우리는 그들의 빈도수들과 패턴들을 본문에 나타난 증거들이 허락하는 범위 안에서 문서화해야 한다. 이것이 언어학의 과제이다. 문학적인 과제는 주어진 저자 또는 구절이 자신의 목적 – 자신의 강조점 또는 의미를 창출하기 위해 – 을 위해 어떻게 특정한 쌍을 사용하는지를 보는 것이다. 그는 독자들에게 충격을 가하기 위해 기대치 않은 또는 희귀한 관련어를 사용하는가? 직유 또는 은유에서 그가 했던 것처럼 단어들의 새로운 연관성을 산출하는가? 또는 공통의 연관성에 새로운 생명을 불어넣는가? 시인들은 그들의 청중들과 같이 결국 동일한 언어와 동일한 언어학적 규칙들을 사용한다. 그러나 그들은 자신들이 시인이 되도록 하는 방식으로 그것들을 사용한다.

어휘적 그리고 의미적 측면 사이의 관계

단어 연관성에 관한 이론은 의미론적인 용어보다는 언어심리학적 용어로 쌍을 이루는 단어들 사이의 관계성을 설명한다. 단어들은 특정한 의미적 원리에 근거하는 것이 아니고(즉, 의미의 동일성), 복잡한 언어심리적인 과정의 결과로써 쌍을 이루게 된다. 그렇다고 단어 쌍이 의미적인 요소를 가지고 있지 않다는 것을 말하는 것은 아니다. 우선 첫째로 쌍들은 "그들이 일반적인 '사고의 군집'이 서로 중첩하는 한도에 있어서" 의미적인 등가로 간주될 수 있다(Levin, *Linguistic Structure in Poetry*, 25) 다른 말로 하면 그들은 동일한 의미장(semantic field)의 한 부분이다. 다른 하나는 단어 쌍들 사이에 의미적인 관계성들을 범주화하는 것은 가능하다. 겔러(Geller)는 한 방식으로 그렇게 하였고[29] 심지어 내가 사용한 언어학적인 용어들 – 등위의, 종속의, 등 – 은 의미적 범주화의 함축적인 의미를 가지고 있다. 그리고 가장 중요한 것은 단어 쌍들의 선택은 평행법의 의미에 영향을 미친다는 점이다.

단어쌍이 어떻게 의미에 영향을 미치는지에 대해서는 예를 통하여 제시하는 것 이외에는 설명하기가 어렵다. 단어 쌍들이 짝을 이루는 과정이 거의 자동적이거나 또는 즉흥적으로 보일지라도 우리는 그들의 사용을 쉽게 간과해서는 안 된다. 우리가 지금까지 설명해온 것은 그것이 발생하는 문맥으로부터 이탈하여 그 자체 안에 그리고 그 자체의 쌍을 이루는 과정이다. 그러나 선택된 특정한 쌍들과 그들이 어떻게 순서대로 정돈되었는지는 그 문맥과 그것에 기여한 것에 의존하고 있다. 하나의 예가 이를 잘 보여줄 것이다.

애 5:11 נשים בציון ענו
בתלת בערי יהודה

부녀들을 시온에서 그들이 욕보였다;
처녀들을 유다 각 성읍에서.

이 구절은 전체적으로 단어 쌍과 두 번째 행에서는 생략된 동사의 결합으로 구성되었다. *부녀*들과 *처녀*들 사이의 관계는 상위어 // 종속어(모든 성인 여성이란 의미에서의 부녀들) 또는 두 개의 등위 어구들(처녀들과 반대되는 결혼한 부녀들)이다. 이 둘의 경우에 두 번째 용어는 처음 용어보다 더 제한적이거나 또는 구체적이다. 왜냐하면 비록 그 용어들이 등위 어구들이지만 결혼한 여성들은 더 수가 많고 따라서 더 보편적인 요소이지만 반면에 처녀들은 사회에서 특별한 범주를 대표한다. 따라서 이 단어 쌍이 배열되는 순서는 평행법의 의미를 제한하는 효과를 가지고 있다. 그러나 다른 단어 쌍인, *시온 // 유다의 성읍*들은 그 반대로 기능한다. 여기에는 분명히 종속적 // 상위적 개념이 있다. 시온은 유다의 성읍들 가운데 하나의 도시를 가리킨다. 두 번째 단어 쌍의 효과는 평행법의 의미를 확장하는데 있다. 두 개의 단어 쌍들이 서로 상치(相馳)되는 목적으로 기능하는 것처럼 보일지도 모르지만 그렇지 않다. 그 반대로 그들의 효과는 구절의 의미를 더 강렬하고 극적으로 만드는데 있다. 묘사된 행동은 더 흉악하고 더 광범위하다. 처녀를 강간하는 것은 결혼한 여자를 강간하는 것보다 더 악하며,[30] 이러한 악한 행동은 단지 수도에만 제한된 것이 아니고 국가 전역에서 발생했다. 따라서 우리는 어휘적이며 의미적 차원들이 서로 연결되었다는 점을 알게 된다.

그러나 다른 의미에서 어휘적인 차원은 의미적 차원과 구분될 수 있다.[31] 분명히 어휘적인 쌍들은 종종 의미적인 쌍들(그리고 또한 문법적인 쌍들)이나 어휘적인 쌍들이 다른 차원들과 독립적으로 기능하는 여러 구절들이 있다. 다음 구절들은 단어 쌍들이 그들 자신만의 생명을 가지고 있다는 것과[32] 또한 어휘적인 차원은 성경 평행법의 독특한 차원이라는 점을 보여주기 위해 제시된다.

시편 15:1 מי־יגור באהלך
מי־ישכן בהר קדשך

누가 당신의 *장막*에 살고 있는가?
누가 당신의 거룩한 산에 *거하겠는가?*

어휘적 쌍 *ʾhl* //(*m*)*škn*(*RSP* I, # 15)은 의미적인 쌍으로 기능하지 않는다. 의미적 그리고 문법적 등가들은 *ygwr* // *yškn* 그리고 *ʾhl* // *hr qdšk*이다.

시편 111:6 כח מעשׂיו הגיד לעמו
לתת להם נחלת גוים

그의 행동의 능력을 그가 그의 백성들에게 말했다
열국들의 기업을 그들에게 주사

이러한 행들은 구문적으로 평행하지 않고 알려진 쌍인 *'m*과 *gwy*은(예를 들면 사 1:4과 비교하라)은 여기에서 의미적인 등가들은 아니다.

시편 11:6 ימטר על־רשׁעים פחים אשׁ וגפרית
ורוח זלעפות מנת כוסם

그가 악인에게 타오르는 불과 유황을 내릴 것이며
태우는 바람이 그들의 몫이 되리라

의미적으로 **רוח זלעפות**은 **פחים אשׁ וגפרית**와 평행하나 이 구절은 또한 어휘적인 쌍인 **מטר** // **רוח**을 포함하고 있다(*RSP* I, # 520).

욥기 31:18 כי מנעורי גדלני כאב
ומבטן אמי אנחנה

내가 젊었을 때부터 그[고아]를 *아버지*와 같이 길렀고
내 어머니의 태에서부터 내가 그녀[과부]를 인도했다.

의미적 쌍은 **מנעורי**와 **מבטן אמי**이나 공통적인 어휘쌍인 **אב** // **אמ**도 또한 나타난다.

잠언 4:1 שׁמעו בנים מוסר אב
והקשׁיבו לדעת בינה

들으라, 아들들아, 아버지의 훈계를
그리고 *명철*을 얻기에 주의하라.

הקשיבו과 **שמעו**은 둘 다 어휘적이며 의미적 쌍이나 추가적인 어휘적 쌍도 있다. **שמע // בין**(*RSP* I, # 567). 잠언 4:1은 어휘적인 관련어들 가운데 세가지 방식의 언어 게임이 있다. 이것은 사 54:2에서는 다른 방식으로 일어난다.

이사야 54:2

הרחיבי מקום אהלך
ויריעות משכנותיך יטו. . .

네 장막터를 넓히라.
네 *처소*의 *휘장*을 널리 펴라. . .

אהל // משכן와 **משכנ // יריעה**은 평행하는 단어 쌍으로 나타난다. 여기에서 하나를 선택하는 대신에 선지자는 둘 다를 사용했다. 이사야 54:2은 하나의 구성 요소를 가진 용어가 하나 이상의 구성 요소를 가진 용어와 평행하는 예이다. *장막*은 *처소의 휘장*과 평행을 이룬다. 이중 구성요소의 용어들은 둘 다 첫 번째 용어의 어휘적 관련어들이다. 이중 구성요소가 반복적인 용어와 관련어로 구성된 것을 제외하고는 비슷한 현상이 다음의 예들에서도 발견된다.

욥기 6:15

אחי בגדו כמו־נחל
כאפיק נחלים יעברו

내 형제들은 *개울*과 같이 변덕스럽고
개울의 물살 같이 지나가누나

사사기 5:28

מדוע בשש רכבו לבוא
מדוע אחרו פעמי מרכבותיו

그의 병거가 어찌하여 더디 오는가
그의 병거들의 걸음이 어찌하여 늦어지는가

마지막으로 단어 쌍에 기반을 둔 허위 관계를 구성하는 구절 – 단어 쌍의 게임을 소개한다(3장의 마지막에서 필자가 논의했던 문법의 게임과 다르지 않다).

욥기 5:14 יומם יפגשו־חשך
וכלילה ימששו בצהרים

그들은 낮에도 어두움을 만나고
정오에도 더듬기를 밤과 같이 한다.

친숙한 관련어 *낮*과 그리고 *밤*은 어휘적인 쌍이다. 그들은 또한 처음에는 의미적 쌍처럼 보일 수 있다. 왜냐하면 그들은 종종 그와 같이 나타나고 여기에서 각각은 자신의 행 안에서 동일한 위치를 차지하기 때문이다.[33] 그러나 실제로 의미적인 쌍들은 *낮에* // *정오*에 그리고 *어두움* // *밤*이다.

이 부분에서 인용된 모든 구절들은 그들이 단어 쌍 또는 동일한 어근의 변화를 포함할지라도 어휘적인 평행법이 의미적 그리고 문법적 평행법과 구분이 되어야 한다는 점을 보여주고 있다. 단어들은 아마도 어휘적으로 관련이 있으나 의미적 또는 문법적 등가들로 사용될 필요는 없다. 또는 문법적 또는 의미적 등가들이 없을 때 평행법 인식을 촉구하는 것과 그들이 현존할 때 그것을 강조하는 것이 어휘적인 관련어들이라고 말할 수도 있다.

어휘적, 문법적, 그리고 의미적 패턴화

이 세 가지의 측면들이 별도로 분석될 수 있다는 것에 대한 추가적인 증거는 한 패턴 안에서 발생하는 두 개의(또는 그 이상의) 어휘적, 문법적, 또한 의미적 요소들이 있는 구절들이 제시해 준다. 만약 우리가 두 개의 쌍에 우리 자신들을 제한한다면 거기에는 세 개의 가능한 *aabb*, *abab*, *abba*. 패턴이 있다. 성경학자들은 *abba* 형태(교차대구적[34])의 어휘적 패턴화에 대부분 친숙해 있다. 그러나 모든 세 개의 차원들은 모든 세 개의 패턴 안에서 발견될 수 있다. 그리고 나아가 그들은 동일한 평행법의 범위 내의 서로 다른 패턴 안에서 발견될 수 있다.

A. 어휘적 패턴화

1. *aabb*

창 37:8

המלך תמלך עלינו
אם־משול תמשל בנו

네가 참으로 우리의 왕이 되겠느냐 [*mlk* –*mlk*]
네가 참으로 우리를 다스리게 되겠느냐. [*mšl* –*mšl*]

사 66:23

והיה מדי־חדש בחדשו
ומדי שבת בשבתו

하나의 *새달*에서 다른 *새달*에서
한 *안식일*에서부터 다른 *안식일*

아마도 궁극적으로 이러한 형태의 패턴화은 다음과 같을 것이다.

이사야 28:10, 13

כי צו לצו צו לצו
קו לקו קו לקו
זעיר שם זעיר שם

중얼거림 위에 중얼거림, 중얼거림 위에 중얼거림
속삭임 위에 속삭임, 속삭임 위에 속삭임
여기서도 조금, 저기서도 조금

2. *abab*[35)]

시편 33:10-11

יהוה הפיר עצת־גוים
הניא מחשבות עמים
עצת יהוה לעולם תעמד
מחשבות לבו לדר ודר

여호와께서 나라들의 *계획*을 폐하시며
민족들의 *생각*들을 무효케 하신다.
여호와의 *계획*은 영원히 서고
그의 *생각*들은 대대에 이르리로다.

구문적 패턴과 같이 의미적 패턴도 *aabb*이란 것에 주목하라. 그러나 형태적으로 어휘적 패턴과 잘 맞는 단수와 복수 사이의 *abab* 변환이 있다. 또한 이사야 51:6과 비교해 보아라

출애굽기 29:27

… את חזה התנופה ואת שוק התרומה
אשר הונף ואשר הורם …

… 흔든가슴과 올려진 넓적다리
흔들어진 것과 올려진 것…[36)]

이사야 54:7-8

ברגע קטן עזבתיך
וברחמים גדלים אקבצך
בשצף קצף הסתרתי פני רגע ממך
ובחסד עולם רחמתיך אמר גאלך…

잠시 내가 너를 버렸다
그러나 큰 *긍휼*로 너를 모을 것이다.
내가 넘치는 진노로 내 얼굴을 네게서 *잠시* 가렸으나
영원한 자비로 너를 *긍휼히* 여기리라

시편 126:5-6

הזרעים בדמעה
ברנה יקצרו
הלוך ילך ובכה נשׂא משך־הזרע
בא־יבוא ברנה נשׂא אלמתיו

눈물을 흘리며 *씨를 뿌리*는 자는
기쁨으로 거두리로다
울며 *씨를 뿌리러* 나가는 자는
반드시 *기쁨으로* 그 곡식 단을 가지고 돌아오리로다
[*zr' –rnh –zr' –rnh*]

3. *abba*[37]

예레미야 17:7

ברוך הגבר אשר יבטח ביהוה
והיה יהוה מבטחו

여호와를 *의지*하는 사람은 복을 받을 것이다.
여호와는 그의 *의뢰*가 될 것이다.

시편 132:13-14

כי־בחר יהוה בציון
אוה למושב לו
זאת־מנוחתי עדי־עד
פה־אשב כי אותיה

여호와께서 시온을 택하시고
그가 원하였다 자기 거처로

이는 내가 영원히 쉴 곳이라
여기에 내가 거할 것이다. 왜냐하면 내가 *원했기* 때문이다.

여기에는 네 행들 가운데 오직 두 행만이 *abba* 패턴화와 관련이 있다. 그러나 모든 네 행들은 *aabb* 의미적 패턴과 관련이 있다. 여기에는 오직 부분적인 문법적 상응성이 있다.

B. 문법적 패턴화

1. *aabb*

시편 126:5-6은 단수와 복수를 이 패턴으로 배열하였다. 시편 33:10-11은 *aabb*구문적 패턴을 가지고 있다.

시편 33:10-11

יהוה הפיר עצת־גוים
הניא מחשבות עמים
עצת יהוה לעולם תעמד
מחשבות לבו לדר ודר

여호와께서 나라들의 계획을 폐하시며
민족들의 생각들을 무효케 하신다.
여호와의 계획은 영원히 서고
그의 생각들은 대대에 이르리로다.

2. *abab*

예레미야 31:16b-17

יהוה הפיר עצת־גוים
הניא מחשבות עמים

עצת יהוה לעולם תעמד
מחשבות לבו לדר ודר

너의 수고에 보상이 있을 것이라, 여호와께서 말씀하셨다.
그들은 대적의 땅에서 돌아오리라
너의 장래에 소망이 있을 것이라, 여호와께서 말씀하셨다.
자녀가 그들의 지경으로 돌아오리라.

구문적, 어휘적, 그리고 의미적 패턴화가 이곳에서 조화를 이루고 있다.

3. *abba*

시편 137:5-6a

אם־אשכחך ירושלם
תשכח ימיני
תדבק־לשוני לחכי
אם־לא אזכרכי

만약 내가 너를 잊을진대, 예루살렘아,
내 오른손이 쇠퇴하리로다
내 혀가 내 입천장에 붙을지로다
만약 내가 너를 기억하지 않을진대.

C. 구문적 패턴화

많은 경우에 구문적 그리고 의미적 패턴들은 동일하다. 그러나 심지어 문법적 패턴이 부족하더라도 명백한 의미적 패턴이 있다.

1. *aabb*

요엘 1:2

שמעו־זאת הזקנים

והאזינו כל יושבי הארץ
ההיתה זאת בימיכם
ואם בימי אבתיכם

이것을 들을지어다, 늙은 자들아
땅의 모든 주민들아 너희는 귀를 기울일지어다.
너희의 날에 이런 일이 있었느냐
또는 너희 조상들의 날에.

참조. 시 132:13-14; 사 51:6.

2. *abab*

시편 33:20-21

נפשנו חכתה ליהוה
עזרנו ומגננו הוא
כי־בו ישמח לבנו
כי בשם קדשו בטחנו

우리의 영혼이 여호와를 소망함이여,
우리의 도움과 우리의 방패는 그분이시다
그 안에서 우리의 마음이 즐거워하기에,
그의 거룩한 이름을 우리가 의지하기에.[38)]

참조. 사 54:7-8 그리고 렘 31:16b-17

3. *abba*

잠언 23:15-16

בני אם־חכם לבך
ישמח לבי גם־אני
ותעלזנה כליותי
בדבר שפתיך מישרים

내 아들아, 만일 내 마음이 지혜로우면,
내 자신의 마음이 즐겁겠고
내 신장들이 즐거워할 것이다,
네 입술이 정직하게 말하면.

나는 가장 간단하고 가장 분명한 패턴화의 예들을 선택하였다. 두 개 이상의 용어들을 포함하는 것과 덜 대칭적으로 구조된(예, *abac*, 등) 좀 더 복잡한 것들도 있다. 네 개의 행들이 나타나는 한 단위 안에서 마지막 행이 처음 세 행에서 제시된 패턴을 깨는 것은 이상한 일이 아니다. 이는 종종 다른 부분들과의 연결고리로서 또는 종결의 한 형태로 기능한다.[39)]

이러한 패턴들을 제시하는 본인의 목적은 어휘적, 문법적, 그리고 의미적 차원들을 다시 한번 좀 더 분명하게 하기 위함이다. 이 모든 차원들은 평행법 안에서 역할이 있다. 그들의 패턴들은 상응하기도 하고 또는 다를 수도 있지만, 그들 모두는 평행법의 효과에 추가된다. 비록 내가 학습을 돕는 목적으로 그것들을 고생스럽게 나누었지만, 그들은 여러 방식으로 서로 상호 작용하고 있다. 팽행법은 그 많은 차원들의 효과의 결과이다.

의미적 측면

어휘적 차원의 평행법은 우리가 앞에서 살펴본 것처럼 의미적 등가들과 혼돈되지 말아야 하는 어휘적 등가들로 구성되어 있다. 이제 우리는 의미적 차원- 평행하는 행의 의미들 사이의 관계- 으로 관심을 돌려야 한다. 그러나 먼저 어휘적 차원을 설명하기 위해 사용된 방법론과 평행법의 다른 차원들을 설명하기 위해 적용된 방법론 사이의 관계를 설정하기로 한다.

이 장의 첫 부분은 어휘적 등가들이 – 즉, 단어 쌍들을 구성하는 등가 – 단어 연관성들에 존재하는 것과 동일한 등가로 가장 잘 설명될 수 있다고 보여주었다. 그 결과로 단어 연관성들이 산출되는 과정은 단어 쌍들을 산출하는 것을 설명하는데 사용될 수 있다. 이렇게 함에 있어서 우리는 전혀 생소한 언어의 영역을 여행하기 위해 우리가 평행법에 대한 묘사를 처음 찾은 곳인 구조주의 언어학의 영역을 떠난 것처럼 보인다. 현실적으로 비록 우리가 멀리 여행을 하지는 않았지만 잠시 동안은 구조주의 언어학자들과 언어 심리학자들은 다른 메타언어(meta-language)들을 말하고 다른 방법론들을 채용하고 있지만 좀 더 깊은 차원에서 보면 그들은 동일한 것을 말하고 있다. 언어 심리학자인 디스(Deese)는 그의 작품이 비록 시와 평행법에서 멀리 동떨어져 있는 것처럼 보이지만 연관성에 대한 그의 연구를 다음과 같이 요약하고 있다. "두 개의 관련성이 있는 법칙들은 다음과 같이 진술될 수 있다. (1) 요소들이 약간 독특하고 분명한 방식으로 대조될 때 그들은 연합적으로 관련되어 있다. 그리고 (2) 요소들은 두 개 또는 그 이상의 공통적인 특징들에 의해 묘사되고 이를 통하여 그들이 그룹화가 될 때 연합적으로 연관되어 있다."(165). 이와 같은 "대조적인 관계들과 그룹화되는 관계들"은(참조. *Deese*, 160, 164) "등가"와 "대조"의 언어심리학적인 등가들이다. 관련성은 전체적으로 평행법을 설명하는데 사용될 수 있는가? 디스의 다음 진술은(비록 그가 평행법에 대해 언급은 하지 않았으나) 이 같은 방향성에 대한 함의를 가지고 있는 것으로 간주될 수 있다.

> 그러나 더 어려운 질문은 이러한 동일한 연관성들이 문장의 산출에 영향을 미치고 있는가에 대한 것이다. 문장들은 단지 관련성들의 연속이 아니라는 점은 분명하다. 비록 구문적 구조들이 어떤 수준에서 산출되는지에 대해서는 분명하지 않지만 문장들은 그것들로 구성되어 있다. 그러나 다른 구문적 가치를 가진 단어들의 배열을 가능하게 하는 등급의 맴버쉽은 명백한 관련성들 사이에 패턴들을 결정하는 동일한 기능적 속성들, 즉 대조와 그룹화에 의해 결정될 수 있다. *그 문장 안에서 구조적인 속성들은 구문적이지만 그 문장을 위한 다양한 위치들에 잘 맞는 특정한 요소들의 선택은 관련성의 과정에 의해 결정되는 그러한 문장들을 우리는 상상할 수 있다.* 물론 그와 같은 문장들은 사물을 그와 같

이 보이지 않도록 한다. 그와 같은 문장들이 시와 그리고 그와 비슷한 종류의 글에서 발생하지만 그들은 일반적은 문장은 아니다(167).

성경 평행법에 관한 위의 논의에서 내가 이텍체로 표현한 문구로 디스가 묘사한 그러한 문장들을 상상하는 것은 그렇게 어렵지 않다. 수많은 성경 구절들이 아마도 이와 같은 방식으로 구성이 되어 온 것처럼 보인다.

디스는 연관성에 의한 문장들의 생성에 관한 자료들을 인용한다. *넓은 도로는 공원을 망가지게 했다*에 대한 전형적인 반응은 *좁은 길은 아름다움을 숨겼다이다*. 두 번째 문장이 첫 번째 것의 구문을 산출할 뿐만 아니라 – 즉 문법적으로 평행하다[40] – 디스의 말은 “이러한 문장에서 특별한 단어들로 대체된 개별적인 단어들의 분포는 놀랍게도 자유 연관성의 분포와 같다”(169). 디스는 다음을 추가한다.” 의미적 구속에도 불구하고, 구어적 요소들의 분포는 단순히 연관하는 과정으로부터 기대할 수 있는 것과 아주 비슷하다. 따라서 보통의 문장에서 단어들에 의해 제공되는 구문적이며 의미적인 제한은 연관하는 과정을 제거하거나 또는 대체하지 않는다”(170).

만약 다른 특별한 것이 없다면 이러한 주장은 평행하는 단어 쌍들과 단어 연관성들은 하나이며 동시에 동일하다는 나의 주장을 지지해준다. 그러나 나는 무언가 다른 것이 있다고 생각한다. 즉, 평행하는 전 과정은 어느 면에서는 연관성의 과정과 관련이 있다. 마치 능숙한 화자가 단어 쌍을 산출하는 것과 같이 어떤 능숙한 화자라도 평행하는 행을 만들어 낼 수 있다. 아마도 이는 단어 연관성과 비슷한 관련성의 과정을 통해 이루어졌을 것이다. 그러나 이것이 단순히 문장의 문법적 형태를 복사한 결과이며 어휘적인 관련어들을 대체한 결과인가? 또는 어휘적 수준의 연관성의 과정과 비교될 수 있는 의미적 수준에서의 과정인가? 이것은 단지 암시적이다. 그러나 본인은 이 문제를 더 밝혀주는 그 어떤 언어심리학적인 실험 또는 이론을 알지 못한다. 따라서 본인은 의미적인 차원을 인식론적인 관점으로 다루지 않을 것이지만 다른 언어학적인 방법으로는 탐구할 것이다.

평행법의 의미적인 차원은 한 행의 의미 또는 심지어 전체 평행법의 의미를 언급하지 않는다는 점을 분명히 하고자 한다. *의미적 차원은 한 행의 의미와 그와 평행하는 행의 의미 사이의 관계이다.* 이 관계는 로쓰(Lowth)가 동의적, 반의적, 또는 종합적 평행법으로 범주화한 관계이며 쿠겔은 이를 "A, 더욱이(게다가), B."로 설명한다. 내 논지는 평행하는 행들은 어느 면에서는 언어학적으로 동등하다. 한 형태의 등가는 의미적인 등가이다. 그러면 의미적 등가가 어떻게 정의될 수 있는가? 로쓰의 체계는 기본적으로 등가를 동의어 또는 반대로 제한하면서 너무 융통성이 없다. 그리고 쿠겔의 것은 정의에 의해 등가를 배제하는 것같이 보인다. 내가 사용하는 등가의 개념은 동일함 또는 비슷함을 의미하는 것이 아니다. 두 개의 행은 의미적으로 등가를 이루기 위해 동일한 것을 의미할 필요는 없다. 의미적인 등가는 어휘적인 등가가 그러는 것 이상으로 의미의 동일성을 의미하는 것은 아니다. 심지어 등가의 한 형태인 패러프레이즈(paraphrase)도 그 원래의 것과는 동일하지 않다.[41)]

평행하는 행들 사이의 의미적인 등가는 계열적 또는 통합적으로 인식될 수 있다. 단어 쌍들(어휘적 등가들)을 분류하는데 사용된 동일한 범주들이 있고 그들은 사실상 구조주의 언어학에서 주된 이항(二項)대립(binary opposition)이다. 엄밀한 의미에서 적어도 이론적으로 그들은 평행법의 그 어떤 언어학적 측면을 묘사하는데 사용된다.[42)] 우리는 일반적으로 의미적 평행법은 단지 계열적- 한 생각은 다른 것을 대체할 수 있는- 이라고 생각한다. 그러나 우리는 두 행들이 의미적 연속성, 생각의 진행을 포함하는 통합적 의미적 관계의 가능성을 배제해서는 안 된다.[43)] 이것은 아마도 행들의 문법적인 관계와 단어 쌍들 사이의 관계로부터는 독립적일 것이다. 의미적 신태그마는 계열적 또는 통합적인 단어 쌍들을 사용하여 문법적으로 계열적 또는 통합적 행들 안에서 표현될 수 있다.

이사야 40:9 על הר־גבה עלי־לך מבשרת ציון
הרימי בכח קולך מבשרת ירושלם

높은 산에 오르라, 시온의 전령이여
너의 목소리를 크게 하라, 예루살렘의 전령이여.

전령의 행동들은 그들이 자연스럽게 발생하는 순서에 따라 제시된다. 따라서 나는 이러한 두 행들은 비록 단어 쌍인 *시온의 전령*과 *예루살렘의 전령*이 계열적이라 할지라도 의미적 차원에서는 통합적으로 관련되어 있다고 말할 수 있다. 다른 통합적 의미적 쌍은 다음의 예에서 찾아볼 수 있다.

이사야 16:5 **והוכן בחסד כסא**
וישב עליו באמת באהל דוד…

인자함으로 왕위가 굳게 설 것이요
그리고 그는 그 위에 앉아서 충실함으로 …

이 구절에서 전체적으로 행들은 통합적이다 – 의자가 먼저 준비되고 그 후에 앉는다. 그리고 단어 쌍 **אמת** // **חסד** 그리고 **ישב** // **כסא**은 또한 통합적인 쌍들이다.

계열적 또는 통합적으로 약간 어렵게 분류되는 구절들은 다음과 같다.

하박국 3:3 **כסה שמים הודו**
ותהלתו מלאה הארץ

그의 영광은 하늘을 덮는다
그리고 땅은 그의 찬양으로 가득하다.
[또는; 그리고 그의 찬양은 땅을 채운다.]

이는 양단법(merismus) 같이 보이며 따라서 계열적이다. 그러나 이것은 또한 그 관계를 통합적으로 만드는 인과 관계를 표현하는 것으로 해석할 수 있다. 로쓰는 이것을 유사적, 쿠겔은 'B는 A를 넘어선다'고 말한다. 우리는 이 애매모호함 – 계열적 그리고 통합적인 것 사이의 긴장 관계 – 이 평행법의 한 중심에 있다는 것

을 곧 보게 될 것이며 이것은 결국 연속성에 유사성을 부과한 것이다.[44)]

우리가 만약 패러프레이즈 이상의 등가들을 감안한다면 가능성들은 더 증가하고 구체적인 형태에 특별한 구절을 할당하는 것은 주관적이 된다(하박국 3:3의 경우에서와 같이). 또한 그렇게 될 수 밖에 없다. 왜냐하면 평행법 자체가 그 행들 사이의 관계를 항상 명확하게 만드는 것은 아니기 때문이다. 평행법은 주로 행들을 병렬로 나란히 배열하거나 또는 다중적인 *waw*로 결합한다. 따라서 *waw*가 "그리고," "그러나," "게다가," 등등을 의미하는지를 결정하는 것은 독자에게 달려있다. 이것은 평행법의 의미적인 차원의 핵심이다.

평행하는 행들 사이의 의미적 관계를 명확하게 해주는 일에 있어서 가장 많은 잠재력을 가지고 있는 언어학의 분야는 텍스트 언어학이다(또는 텍스트 문법). 문장을 최대 언어학적 단위로 보는 생성문법(generative grammar)과 형식 의미론과는 달리 텍스트 언어학은 좀 더 큰 단위를 바라보며 텍스트나 담화 안에서 인접 문장들 사이의 관계를 묘사하는데 관심이 있고 또한 담화 전체에 걸친 총체적인 관계에 관심이 있다. 비록 반 네이크(Teun van Dijk)는 평행법을 언어학적인 기능이 아니라 순전히 수사학적 또는 형태적 기능을 가지는 것으로 간주했기에 의도적으로 그것을 그의 연구에서 제외하긴했으나 텍스트 언어학 분야에서 필자가 발견한 가장 적절한 작품은 반 데이크의 것이다(참조. *Text and Context*, 4). 그럼에도 불구하고 특별히 통합적인 등가의 개념을 정당화함에 있어서는 반 데이크의 몇 가지 관점은 평행법의 의미적 차원과 관련이 있으며, 따라서 나는 그것들을 이 논의에서 다룰 것이다.

반 데이크(Van Dijk)는 복문(複文)과 문장의 연속 안에서 문장의 전후 관계와 연결사를 연구하였다. 비록 그가 이 둘 사이를 구분 하는 것이 옳긴하지만 이 둘은 즉각적으로 평행법 안에 포함이 되어야 한다는 것은 명백하다. 이것이 과연 평행법 안에서 어떤 차이를 만들어 내는지를 살피는 것은 앞으로의 과제이다. 그러나 더 놀라운 것은 "결합관계는 문장의 쌍들(PAIRS OF SENTENCES)에 부여된 조건처럼 보인다"라고 한 반 데이크의 진술이다(*Text and Context*, 45). 이 진술은 일반적인 담화에 관해 말한 것이지 시적인 본문에 관한 것이 아니다. 하지만 이것은 성경 시의 행들에 더 적용된다. 다른 말로 하면 일반적 담화의 정상적인 결합관계는 시에서 평행법에 의해 고조되거나 또는 최고 절정에 이른다.

반 데이크는 연결사들의 다른 형태들(접속사, 부사, 불변화사 등) 뿐만 아니라 그들 사이의 특별한 관계가 없는 문장들도 연구하였다. 그는 "연결성은 연결사들의 존재 여부에 달린 것이 아니다" 그리고 역으로, "연결사들의 존재는 문장들을 연결되게 하지 못한다"라고 결론을 내린다(*Text and Context*, 46). 다른 말로 하면, 일관성 있는 담화 안에서 인식된 고유의 의미적인 결합 관계가 있다. 하지만 일관성이 없는 담화에서 (*우리는 해변에 갔고 피터는 맨체스터에서 태어났다*와 같은 독립된 문장의 예에서와 같이) 접속사 또는 다른 연결사의 사용은 절들 사이의 의미적인 관계를 산출하는데 충분하지 않다. 특별한 연결사들 외에도 두 개의 문장을 연결하는데 도움이 되는 특정한 것들이 있다. 이는 주로 원인과 이유를 제공하거나 또는 시간적 또는 장소적 연관성을 제공하면서 "대화의 주제(담화의 주제, 강조된 것)"와 연결하는 문제들이다(본인은 여기에서 지나치게 간소화한다.) 반 데이크는 다시 다음과 같은 내용을 강조한다. "문장을 이루는 특별히 연속적인 연결성은 명백한 연결사들에 의해 표현될 필요는 없다. 문장들 안의 명제들과 연속성들 사이의 연결은 그야 말로 그것들을 표현하는 문장들이 함께 발생하는 것으로도 표현될 수 있다"(*Text and Context*, 87).

평행법은 이러한 논의와 쉽게 연결될 수 있다. 왜냐하면 한 담화 안에서 문장들 사이의 연결사들의 형태와 결합관계는 또한 평행하는 행들 사이와 관련이 있기 때문이다(단순히 그것은 또한 담화 안에서 문장들이기 때문이다). 몇몇의 평행하는 행들은 כי("왜나하면")와 같은 특정한 언어학적 연결사, 또 몇몇의 것들은 애매모호한 *바브*(또한 반 데이크는 "그리고"가 종종 애매모호하다는 점을 언급했다) 그리고 몇몇의 것들은 전혀 연결사가 없다. 게다가 평행법 그 자체는 일관성 있는 담화의 의미적 연결관계 이외에도 수사학적 연결사로도 기능한다. 따라서 평행하는 행들은 이중으로 연결되어 있다. 하나는 일관성 있는 본문 안에서(연결사와 함께 또는 연결사 없이) 그들의 역할을 통해서이며, 또 하나는 평행법을 이루는 언어학적인 등가들에 의해서이다. 평행법의 의미적 측면 안에서 문장들 사이의 일반적인 의미적 결합 관계는 의미적 등가가 촉진 되기 위해 다른 언어학적 등가들에 의해 한층 고조된다. 본인이 의미적 등가라고 불렀던 것은 또한 반 데이크가 말한 의미적 결합관계로 간주될 수 있다.

정의에 따르면 이 논의는 모든 평행하는 행들은 의미적으로 등가라고 주장하는 것처럼 보일 수 있다. 어떤 의미에서는 이것은 사실이다. 왜냐하면 2장에서 언급했던 것처럼 심지어 명백한 의미적 관계가 없는 행들조차도 그들이 문법적으로 등가일 때 의미적으로 연결되었다라고 간주되는 경향이 있기 때문이다. 그렇다면 질문은 다음과 같다. 반 데이크의 설명과 또는 다른 언어학적 측면 안에서 투사된 등가와는 별개로 과연 평행하는 행들은 고유한 의미적 등가를 드러내는가?

실제로 반 데이크가 의미적 결합관계로 묘사한 대부분의 것은 본인이 언급한 통합적 의미적 결합 관계와 동일하다. 이 결합관계는 단순히 연속의 결과, 일관성 있는 담화의 논리적인 전개이다. 가장 명백한 형태의 의미적 평행법이며 앞 단락에서 논의된 "고유의 의미적 등가"를 구성하는 계열적 의미적 등가에 관한 질문이 아직 우리에게 남아 있다. 이를 위해 생성적 의미론에 관한 개념이 도움이 될 것이다. 생성 문법의 모델이 된 생성 의미론은 여러 다른 표층 구조들을 통하여 실현될 수도 있는 심층 의미 구조를 가정한다. 가장 일반적인 예를 든다면, 질문 *How are you?*, *How are things?*, *How do you feel?*은 동일한 근원을 가진 의미적 실체의 다른 실현이라고 말해질 수 있다. 패러프레이즈의 개념 – 동일한 생각이 다른 단어들과 형태들로 표현이 될 수 있다 – 은 의미적 심층 구조에 기반을 두고 있다(참조. van Dijk, *Some Aspects of Text Grammars*, 14). 왜냐하면 대부분 의미적으로 평행하다고 간주되는 것은 일종의 패러 프레이즈와 관련이 되어 있기 때문이다. 이에 대해서는 우리가 좀 더 자세히 살펴보는 것이 적절하다고 생각한다. 여기에서 강조되어야 할 것은, 구문적 등가의 경우에서도 그런 것과 같이, 동일한 심층 구조는 다른 표층 구조들에서도 반영이 될 수 있다는 것이다. 이런 경우에는 동일한 의미적 등가는 다른 문법적 그리고 어휘적 선택들을 통하여 표현될 수 있다는 것을 의미한다. 궁극적으로 패러 프레이즈의 흥미로운 점은 – 계열적 의미적 등가 – 여러 많은 다른 형태들을 취할 수 있다는 점이다.

이것을 가능한 잘 정리하여 제시하기 위해 우리는 첫 번째 행들은 동일하고 (또는 거의 동일한) 두 번째 행들은 의미적으로 등가인 그러나 다르게 표현된 평행법들을 제시할 것이다. 이는 동일한 평행법 안에서 형태적인 변형의 문제가 아니고 공통적으로 한 행을 가진 두 개의 전혀 다른 평행법들에 관한 것이다.

시편 39:13 שמעה־תפלתי יהוה
ושועתי האזינה
내 기도를 들으소서, 여호와여
그리고 내 부르짖음에 귀를 기울이소서.

시편 102:2 יהוה שמעה תפלתי
ושועתי אליך תבוא
여호와여, 내 기도를 들으소서
그리고 내 부르짖음이 당신에게 달하게 하소서.

시 39:13이 문법적으로 동일하고 시편 102:2은 문법적으로 등가일지라도(주어-목적어 평행법), 의미적으로도 두 구절들은 동일한 것처럼 보인다.

시편 55:2 האזינה אלהים תפלתי
ואל־תתעלם מתחנתי
귀를 기울이소서, 하나님, 내 기도에
그리고 내 간구에 당신 자신을 숨기지 마소서.

시편 86:6 האזינה יהוה תפלתי
והקשיבה בקול תחנונותי

귀를 기울이소서, 하나님, 내 기도에
그리고 내 탄식들의 소리에 귀를 기울이소서.

이 예는 앞의 예와 비슷하다. 구절들의 차이는 문법적이지 의미적인 것은 아니다. 시편 55:2의 문법적 등가는 긍정적-부정적 평행법과 관련이 있다. 시편 86:6에서는 단수에서 복수로의 형태적 변환이 나타난다(기도//탄식들).

잠언 10:15 הון עשיר קרית עזו
מחתת דלים רישם

부자의 재물은 그의 견고한 성이요
가난한 자의 멸망은 그들의 궁핍이다.

잠언 18:11 הון עשיר קרית עזו
וכחומה נשגבה במשכיתו

부자의 재물은 그의 견고한 성이요
그의 환상 안의 높은 성벽 같다.

의미적 등가는 이 두 구절 사이에 약간 다르게 나타난다. 잠언 18:11은 *성벽*의 의미적 확장이 있으나 반면에 잠언 10:15에서는 두 행들 사이에 대조가 있다. 이는 아마도 옛 구분들 – 로쓰의 동의적 반의적 평행법 – 의 새로운 이름과 같이 수상하게 들릴 수 있으나 그렇지 않다. 이 책 전체에서 본인이 사용한 "등가"와 "대조"라는 용어들은 동일하며 이들은 문법적 차원뿐만 아니라 의미적 차원에서도 적용될 수 있다. 의미적 등가는 로쓰의 동의적 반의적 평행법보다 더 넓은 용어이며 그가 "종합적 평행법"이라고 생각했을지도 모르는 대부분의 것을 포함하고 있다. "대조"는 또한 "반의적 평행법"보다 더 넓은 의미이며 의미적 반대를 포함할 뿐만 아니라 "물을 그가 요구했다; 우유를 그녀가 주었다"(삿 5:25)와 같은(로쓰가 아마도 동의적이라고 생각했었을) 다른 형태의 대조도 포함한다.

또한 이러한 구절들 안에 있는 의미적으로 평행하는 것들은 동등하게 수용될 수 있을 뿐만 아니라, 다른 것보다 "더 평행하다"는 아니지만, 각 경우에서 평행하는 것의 선택은 그 구절이 위치한 더 넓은 문맥에 잘 들어 맞는다는 점을 주목해야 한다. 잠언 10장은 의로운과 악한, 지혜로운과 미련한 사이의 여러 다른 대조들을 포함하고 있고 따라서 부한 자와 가난한 자의 대조는 아주 자연스럽다. 반면에 잠언 18장은 아주 다르게 구성되어 있다. 이 장은 즉각적인 대조의 기반위에 세워진 것이 아니고 좀 더 오래 지속되는 여운이 있는 이미지들 위에 세워졌다. 그리고 11절은 이것들 가운데 하나에 잘 맞는다.

예레미야 애가 5:19

אתה יהוה לעולם תשׁב
כסאך לדר ודור

당신, 여호와께서는 영원히 계실 것입니다;
당신의 보좌는 영원합니다.

시편 102:13

ואתה יהוה לעולם תשׁב
וזכרך לדר ודר

당신, 여호와께서는 영원히 앉아 계실 것입니다
당신의 명예는 영원합니다.

이 구절들 안에 있는 평행법들은 거의 동일하다. 단지 한 단어만이 다르다. 그러나 그것은 의미의 상당한 차이를 가져온다 – 전혀 다른 생각이 강조되었다. 그리고 잠언 10:15과 18:11절과 같이 각각의 생각은 그 문맥에 적합한 것이다. 애가 5:19은 *앉다*와 *보좌*의 쌍을 이룸으로써 하나님께서 통치하는 군주로 영원히 보좌에 좌정하신다는 생각을 강조한다. 이는 시온 산, 하나님의 능력의 보좌(참조. 애가 5:18)의 파괴라는 문맥에 잘 들어맞는 해독제이다. 그러나 시편 102:13의 두 번째 행은 우리의 관심을 앉는다라는 것으로 이끌지 않고 오히려 "존재, 임재"로 이끈다.[45] 이 구절은 시편 기자의 일시성과 대조되는 하나님의 영원성에 관하여 말한다(시 102:12). 여기에서 의미론은 화용론으로 대체되었다. 시의 넓은 문맥이 평행법 안에서 의미적 등가의 형태를 결정한다.[46)]

우리는 이러한 예들로부터 의미적으로 평행하는 것을 산출하는 것은 자동적이지 않고 있는 그대로의 공식적인 반영을 한다는 점을 배워야 한다. 평행하는 것은 반드시 의미적이며 구조적 문맥에 맞아야만 하고 실제로 그렇게 되도록 구성되었다. 대부분의 평행법에서 이것은 어느 요소들은 반복하게 하거나 또는 평행하게 하고 또는 어느 요소들은 평행하게 하지 않도록 두는지를 선택함으로써 이루어진다. 애가 5:19과 시편 102:13절에서 영원(forever)과 영원(eternity)이란 생각은 이 구절들에서 중요하기 때문에 쌍을 이룬다. 애가 5:19은 앉다와 보좌의 쌍을 이루며 이를 통하여 보좌에 앉는다는 생각을 확증하고 있고 반면에 시편 102:13은 앉는다라는 측면을 무시하고 "존재" 또는 "당신의 속성"의 측면을 강조면서 당신과 당신의 명예의 쌍을 이룬다. 모든 첫 행이 반드시 두 번째 행과 평행을 이룰 필요는 없고 사실 그러한 경우는 드물다. 이와 같은 평행법을 "불완전" 하다거나 또는 결함이 있는 것으로 생각해서는 안된다. 생략되었거나 평행하지 않는 단어들은 그 절에서 강조하길 원치 않는 것이며 강조는 반복되거나 또는 평행하는 단어들에게서 강조가 나타난다.

A. 명확화와 모호성

이는 평행법의 주된 의미적 기능들 가운데 하나인 명확화와 애매성으로 우리를 인도한다. 평행법의 두 번째 행의 기능들 가운데 하나는 첫 행을 명확화하는 것이며 특별히 첫 행이 대화의 주제가 무엇인지를 명확하게 해 주지 않을 때이다. 이는 비평행적인 담화에서도 마찬가지로 발생한다. 반 데이크는 한 예를 제공하고 있다. *제발 가게에 가서 나에게 맥주 좀 사주세요.* 이 경우 첫 행은 충분한 정보를 포함하고 있지 않고 두 번째 행은 이 없는 정보를 채우기 위해 사용되었다. 청자는 두 번째 절을 해석하고 난 후에야 어떤 종류의 상점을 의미하는지를 알 수 있다(참조. *Text and Context*, 60). 시 행의 간결함은 항상 오해의 여지를 가지게 한다. 왜냐하면 정보가 생략되거나 또는 독자/청자가 주요한 부분(대화의 주제)에 초점을 맞출 수 없기 때문이다. 이 문제는 부분적으로 평행법에 의해 극복될 수 있다. 왜냐하면 두 번째 행은 첫 번째 행의 해석을 지도하기 때문이다. 첫 번째 행은 두 번째 행에 의해 이해되게 된다. 반면에 두 번째 행은 첫 번째 행에게 애매함의 요소를 소개할 수도 있다. 첫 번째 행을 두 번째 행의 관점으로 읽을 때 의미의 새로운 뉘앙스를 가진다. 명확화와 애매성은 평행법에 공존한다. 쿠겔(*Idea*, 9)이 이미 어느 정도 설명하였고 내가 또한 다룰 이사야서 본문에서 그것들이 실제로 존재하는지는 함께 살펴 보자.

이사야 1:3

ידע שור קנהו
וחמור אבוס בעליו
ישׂראל לא ידע
עמי לא התבונן

소는 그 임자를 알고
나귀는 그 주인의 구유를.
이스라엘은 알지 못한다
내 백성은 자신을 깨닫지 못한다.

첫 행은 비교적 직설적인 진술이나 이것의 정확한 의미의 뉘앙스 – 즉 이사야가 이를 통해서 말하고자 하는 점 – 는 후에 이르러서야 분명해 진다. 이사야는 나귀를 제시함으로 소에 대한 그의 관점을 분명하게 한다. 그는 하나의 내용을 말하기 위해 두 가지의 예들을 사용한다. 비교적 고등하지만 그럼에도 불구하고 동물인 소는 그의 주인이 누구인지를 인식할 수 있다. 그보다는 열등한 나귀는 적어도 그 구유가 어디에 있는지는 알고 있다. 이 두 동물들은 원초적인 동물 지식 – 각각 지적인 수준의 상태에 적절한 정도 – 를 가지고 있고 이를 통해 그들은 그 주인에 의해 통제를 당하고 음식을 공급받는다는 점을 이해한다.

이제 이 행들을 자세히 살펴볼 필요가 있다. 동사 *yd'*가 생략이 되었고 따라서 우리의 관심은 그로부터 멀어진다. 그 어떤 종류의 지식을 소가 가졌을 지라도 나귀도 동일한 것을 가지고 있다. 그러나 지식의 대상은 다르다. 소유주 vs. 주인의 구유이며 이는 지식의 정도가 동등하지 않다는 것을 의미한다. 등가 안에서 이 대조는 소와 *나귀*의 등가 안에서 대조와 필적한다. 한 편으로 이 둘은 비슷하나, 다른 한편으로는 그들은 서로 다르다.

물론 이러한 행들은 단지 다음 두 행들 안에서 결정적인 요인을 위한 길을 마련한다. 소에서 나귀 그리고 이스라엘로의 진행은 지속된다. 만약 그 용어들이 모두 아주 부정적이며 나쁜 상응들(등가들)이라면 이스라엘은 동물들 가운데 처해진다. 만약 진행이 의도되었다면 문제는 더 심각하다. 왜냐하면 이스라엘은 가장 미련하기 때문이다. 그리고 여기에서 평행법은 심리학 책에서 착시 현상을 일으키는 사진과 같이 시각적 환영이 된다. 1행과 2행이 패러 프레이즈인 것처럼 보이기 전에 그들은 갑자기 진행이 되어가고 있다. 이스라엘은 나귀보다 더 미련하다 왜냐하면 그들은 아무것도 알지 못하기 때문이다. 두 번째 행에서 생략된 동사 ידע는 세 번째 행에서 다시 나타난다. 그러나 알려진 목적어를 가지는 대신에 그 목적어는 아무것도 아니라는 것을 암시하며 목적어가 없이 나타난다 . "이스라엘은(아무것도) 알지 못한다." 심지어 짐승이 가지고 있는 지식조차도 이스라엘은 가지고 있지 않다. 이스라엘은 짐승이 가지고 있는 원초적인 지식조차도 없다. 이 짐승의 지식은 무엇인가? 그의 주인이 누구인지에 대한 지식이다. 이것이 바로 이스라엘이 부족한 것이다. 이러한 생각은 네 번째 행에서 그 절정을 이룬다. 쿠겔은 히트파엘 형태는 약간 모호한 방법으로 강조시킨다라는 것을 주장하고 또한 "전혀 알지 못한다"라는 의미를 산출하는 동사 형태 התבונן에 대한 많은 강조를 하였다. 쿠겔이 주목한 것처럼 בון이 ידע와 쌍을 이룰 때 이는 주로 히필(הבון)에서 일어나고, 히트파엘(התבונן)에서가 아니다라는 것은 사실이다. 그러나 התבונן란 단어 "고려하다, 주위를 기울이다"는 일반적이지 않다. 이 용어는 여러 차례에 걸쳐 שמע, "듣다"(사 52:15; 욥 26:14), ראה "보다"(렘 2:10; 욥11:11), זכר "기억하다, 관심을 두다"(사 43:18), 그리고 ידע, "알다"(욥 11:11; 38:18)와 같은 단어들과 함께 발견된다. 만약 히트파엘 형태 선택에서 약간의 추가적인 의미의 뉘앙스를 찾아야 한다면 그것은 아마도 일반적인 재귀적 의미로 번역을 하는 것이 가장 좋은 것이다["그 자신(itself)을 이해하지 못한다"라고]. 나는 이것이 이행의 의미라고 생각하고 이 의미는 עמי, "내 백성"이라는 단어로 잘 드러난다. 이스라엘이 이해하지 못하는 것이 무엇인가? "[이스라엘]은 그 자신이 나의 백성[임]을 이해하지 못한다."이 의미는 첫 세 개의 행들이 이 의미를 위해 만들어진 것이다. 이스라엘은 그의 주인이 누구인지도 모르며 또한 누구에게서부터 그의 생계를 위한 것들을 공급받고 있는지도 모르고 있다.

본인이 명확화라고 부른 것은 이 같은 성격의 설명, 재정의(redefinition), 생각의 전개이다. 내가 생각하기에 이는 쿠겔이 그의 "A, 더욱이, B."에서 종종 의미했던 것이다. 그러나 이는 B는 A와 등가가 아니다라는 것을 의미하는 것은 아니다. A와 B는 독립적인 행들이 아니다. 우리는 한 행을 다른 행의 관점으로 읽는다. 물론 그들은 반드시 유사어일 필요는 없으나 그들은 분명히 등가이며 그들은 여러 방식들 가운데 적어도 하나는 의미적으로 상응한다.

동전의 다른 한 면은 모호함 또는 다중의미이며 이는 명확화와 함께 현존한다. 우리는 소와 나귀와 관련된 행 안에서 이 둘 사이의 긴장 관계를 보아왔다. 그들은 동일하나 다르다. 그들은 하나 그리고 두 개를 동시에 의미한다. 양단법

(merismus) 또는 전개(progression)로 볼 수 있는 하박국 3:3에서 또한 우리는 계열적 그리고 통합적 읽기 사이에서 망설인다. 평행법 후에 평행법 안에서 행들의 유사성과 동시에 그들의 비유사성 사이에서 우리는 망설인다. 평행법은 늘 중복성(redundancy)과 다의성(polysemy) 사이에 자리를 잡고 있다.

이러한 현상은 숫자들의 평행 안에서 보다 더 잘 드러난다. 하나 // 둘, 셋 // 넷, 여섯 // 일곱, 등등. 이는 현대의 과학적인 마음을 끝없이 자극한다. 셋이 어떻게 넷이 되는가? 두 숫자가 동일한 양을 나타내는가 아니면 다른 양을 나타내는가? 우리는 로쓰와 쿠겔 사이에서도 그런 것처럼 여기에서도 "동의어적" (synonymous)과 "넘어선다"(goes beyond) 사이를 선택하도록 강요되는 것을 느낀다. 그러나 둘 다 맞다. 평행법에서 두 측면은 모두 공존한다. 이것은 언어학적 담화에서 주요 이분법들 가운데 하나인 중복성 대 모호성이라고 워(Waugh)가 언급한 표현이다(참조 1 장, 16). 중복적 표시들은 독립적인 정보를 제공하지 않고 본문에서 다른 표시들에 관한 정보를 제공한다. "그들은 주어진 정보가 제공되었다라는 점을 확인하려는 차원에서 사용되었다."(73) 이것은 명확화이다. 모호한 표시들은 "심지어 다른 표시들의 정황 안에 있을 때에도" 하나 이상의 해석을 제공하다. 한 평행하는 행은 이 둘의 요소를 모두 가지고 있다. 첫 행에서 정보의 전달을 확인해주고 심지어 그 첫 번째 행의 문맥 안에서, 그것은 사물의 두 번째 관점, 다른 해석을 고무시킨다. 중복성과 모호성(비모호성과 다의성)은 평행법의 영원한 갈등 관계 안에서 서로 얽혔다. 하나를 선택하는 것은 다른 하나를 잃는 것이며 따라서 평행법의 주된 변증법적 긴장관계를 잃어버리는 것이다. 이같은 내용의 요약을 위해 다음의 구절을 인용하는 것보다 더 좋은 방법은 없다.

시편 62:12

אחת דבר אלהים
שתים־זו שמעתי

하나님께서 말씀하신 한가지
내가 들은 두 가지.

이 구절은 해석학적인 논의를 위해 적합할 뿐만 아니라 – 여러 해석을 가지고 있는 하나의 진술 – 또한 평행법의 진수를 보여준다. 평행법은 중복성과 다의성, 명확화와 모호성, 등가 안에서의 대조로 구성되어 있다. 평행법은 메시지 그 자체에 초점을 맞추고 있으나 그 시야는 두 눈으로 보는 것과 같다. 인간의 시야과 같이 동일한 물체의 두 개의 약간 서로 다른 관점들을 겹쳐 보이게 하고 그들의 초점으로부터 깊이 있는 의미를 산출해낸다.

B. 은유로서의 평행법

의미적 등가의 마지막 측면은 평행법의 은유적인 기능이다. 구문적 등가는 의미적 등가의 개념을 촉진시킨다고 이미 논의한 바가 있다. 동일한 구문적 구조를 가지고 있는 두 개의 인접한 행들은 의미에 있어서 약간의 상관성을 가지고 있는 것으로 간주되는 경향이 있고, 비록 그들 사이에 분명한 의미적 관계가 없을지라도 우리는 해석을 통하여 상관관계를 찾으려고 한다(참조. 2장, p. 65). 이러한 방식으로 평행법의 한 측면은 다른 측면들에 영향을 미친다. 한 측면에 있어서의 등가는 다른 측면으로 투사된다. 그 결과 동일한 의미적 심층 구조를 가지고 있지 않은 행들은 등가로 간주된다. 이것은 평행법이 그 힘과 효과를 얻는 방법들 가운데 하나이다. 즉 부분적 등가로부터 전체적인 등가의 환영을 창조한다. 등가는 한 측면에서 다른 측면으로 그리고 한 행에서 다른 행으로 전환되었다. 이러한 점에서 평행법은 은유적이다.

로만 제이콥슨은 이 은유적 기능을 평행법의 원리라고 격상시켰다. "연속하는 그 어떤 것은 직유이다" 그리고 "환유는 약간 은유적이고 어떤 은유는 환유적인 색채를 가지고 있다"(*LP*, 370). 제이콥슨은 이러한 용어들을 유사성과 연속성의 상호 효과를 설명하기 위해 사용하였고 이를 통해 그는 "은유"를 모든 평행법을 포함하는 개념으로 확장시킨다. 프렌시스 랜디(Francis Landy)는 "한 절의 두 반은 각각 병치 배열이며 서로 비슷하다고 생각될 수 있다. 평행법의 기본적인 형태는 은유이다"라고 언급함으로 제이콥슨의 관점을 따르고 있다("Poetics and Parallelism," 80). 비록 나는 어떤 B행을 어떤 A행의 관점으로 읽는다는 것의 은유적 효과의 가치를 인정하나 본인은 그렇게 광대한 범위로 평행법의 개념을 은유로 보는 것을 추구하고 싶지는 않다. 오히려 본인은 평행하는 구조는 비유적 언어를 위한 한 형태인 비교의 매개체가 될 수 있다는 점을 보이고 싶다.[47] 평행하는 행들은 항상 은유적으로 이해될 수 있는 가능성을 가지고 있다 – 이것은 제이콥슨이 제안한 대로 평행법의 성질이다. 그러나 단지 특별한 경우에서 이 잠재적인 것이 현실화된다. 여기에서 평행법, 오직 평행법만이 직유 또는 은유적 의미를 전달한다.

이것은 잠언에서 가장 분명하게 제시된다.

잠언 26:9

חוח עלה ביד־שׁכור
ומשׁל בפי כסילים

술취한 자의 손에 든 가시나무
미련한 자의 입에 있는 잠언.

두 개의 병치하는 행들은 문법적으로는 등가이나 적어도 표면적으로 보면 의미적으로 등가가 아니다. 그럼에도 불구하고 분명한 것은 의미적 관계가 의도되었다. 우리는 이것을 유비적으로 이해할 수 있다. "꼭 가시나무 처럼 … 따라서 잠언도 …"이와 같이 읽는 것은 본문 자체로부터 상당한 지지를 얻고 있다. 왜냐하면 이 구절과 그리고 비슷하게 구성된 다른 구절들은 불변화사인 כ … כן, "꼭 ... 처럼 … 따라서"을 포함하면서 잠언 26장 전체 본문 안에서 교대로 나타나기 때문이다(참조. McKane, *Proverbs*, 593-94). "꼭 ...처럼"이 있는지 없는지 형태는 동일하게 효과를 나타낸다. 직유는 특별히 표시를 사용하여 나타낼 필요는 없다. 그것은 평행법을 통하여 전달될 수 있다.

시편 125:2 ירושלם הרים סביב לה
ויהוה סביב לעמו...

예루살렘 – 산들이 그것을 두르고 있고
여호와는 그의 백성들을 두르고 있다...

예루살렘의 자연적이며 물리적인 보호는 하나님께서 자신의 백성을 보호하시는 것과 비교되는 기능을 한다. 이 구절에는 "같이, 처럼"과 같이 이것이 직유라는 것을 표시하는 불변화사가 없다. 그러나 우리는 행들의 구조로부터 곧 바로 그와 같이 이해할 수 있다. 전통적인 의미의 관점에서 이것은 결코 은유는 아니다. 왜냐하면 하나님은 산과 동일시되지 않았기 때문이다. 그리고 비록 예루살렘은 백성을 상징화할지는 몰라도 그것을 가리키는 은유가 아니다. 산들이 예루살렘 성을 보호하듯이 하나님께서는 자신의 백성들을 보호하신다는 의미이다.

이것은 단지 직유에서 은유로 나아가는 작은 걸음이다.[48] 전도서 7:1은 이점에서 흥미로운 경우이다.

전도서 7:1 טוב שם משמן טוב
ויום המות מיום הולדו

좋은 기름이 이름보다 낳고
죽는 날이 출생하는 날보다 나으며.

이 구절은 전체적으로 잠언 26:5과 같이 유비로 읽혀진다. 잠언 26:5 – "이름이 좋은 기름보다 나은 것과 같이, 죽음이 삶보다 낫다." 그러나 이 구절은 잠언 26:5 보다 더 복잡하다. 왜냐하면 각행이 그 자신의 내적인 비교를 포함하고 있기 때문이다. 첫 행 **טוב שם משמן טוב**은 그 형태와 음성유희("Better red than dead"와 비교하라)로 볼 때 인기있는 잠언의 모든 전형적인 특징들을 가지고 있다. 고디스(Gordis)가 제시한 것처럼 전도자(Koheleth)가 아주 잘 알려진 격언을 인용하고 그 자신의 해석 또는 적용에 연결시켰다는 점은 아주 가능성이 있다. 아마도 청중은 그 구절을 이해했고 따라서 그는 삶과 죽음에 대한 그의 유비의 기반으로 그것을 사용했을 것이다. 만약 한 사람이 첫 전제를 받아들인다면 두 번째 전제도 받아들일 것이다. 유비가 기능을 하기 위해서는 알려진 것에서부터 알려지지 않은 것으로 진행되어야만 한다. 두 번째 행은 첫 번째 행의 관점 안에서 읽을 때 이해가 된다.

현대 독자가 이 구절을 접할 때는 이제 정반대의 일이 발생한다. 그 또한 두 행들 사이에 만들어진 유비가 있다는 사실을 이해한다. 그러나 전도자의 청중들과는 달리 그는 첫 행 안에 있는 비교에 익숙하지 못하다. 어떻게 이름이 기름과 대조가 될 수 있을까?[49] 이 행 안에는 고유의 비교가 있기 때문에 현대 독자는 어떻게 두 가지가 함께 연결되어있는지를 이해하고자 한다. 독자는 그들 사이를 물질적인 것과 비물질적인 것, 일시적인 것과 오래 지속되는 것, 또는 미용을 위한 외모와 한 개인의 진정한 본질 사이의 대조로 볼 수도 있다. 그러나 이들 가운데 과연 어느 것이 맞는지 그에게 말해주는 것은 없다. 그러나 전도서7:1에서 무언가가 그림 속으로 들어간다: 구절의 두 번째 행–첫 번째 행의 수수께기를 풀기 위해 즉각적으로 사용된 행. 현대의 독자는 *두 번째 행의 관점으로 첫 번째 행을 읽는다.* 그는 유비를 뒤에서 앞으로 읽어 내려간다. 그렇게 함으로써 그는 두 번째 행을 위해 첫 번째 행을 은유(좀 더 자세히 말하면 환유)로 삼는다. 기름은 출생(기름은 신생아 몸에 바른다)과 동격화 되었고 이름은(삶이 마쳐도 남는 모든 것) 죽음과 동일시 되었다.[50] 나는 아직 이것이 "좋은 기름이 이름보다 낫고"에 대한 바른 해석인지는 확실하지 않다. 독립적인 잠언으로서 이는 삶과 죽음과 아무런 관련이 없을 수 있다. 그러나 나는 행들의 평행하는 구조와 그들의 조합을 이해하는 원리에 이 해석의 근거를 가지고 있다는 점에 대해서는 분명하다. 전도서 7:1의 현대적 읽기 안에서 사실 평행법은 은유적이 된다.

나는 평행법의 의미적인 측면을 패러 프레이즈에서부터 의미의 전개, 그리고 은유에 이르기까지 의미적 등가의 관점으로 설명하려고 시도했다. 본문 안에서 형식적인 구성에 의존적이나 또한 그와 분리된 의미적 차원에 관하여 등가인 것과 그렇지 않은 것 사이의 경계를 구분하기는 힘들다. 왜냐하면 주로 두 행들 사이의 의미에 있어서 모종의 관계를 찾는 것이 가능하기 때문이다. 그 관계는 시에서 향상되고 억제된다. 우리는 시가 주제의 통일성을 가지고 있다는 것과 시의 각 부분들이 서로 관련이 있는 것을 기대한다. (그리고 평행법이 그 부분들의 통일성에 기여를 한다.) 그러나 동시에 시의 생략성과 평행하는 행들의 병렬 관계는 부분들 사이에서 통일성이 직접적으로 명확히 설명될 수 있을 것이라고는 허용하지 않는다. 따라서 의미적 관계에 관하여 아직 우리는 종종 모호성 또는 다의성을 가지고 있다. 그러나 이것도 결국 시적인 성격의 핵심이며 시적인 해석의 정수이다.

제5장

음성적 측면: 소리 쌍들

V. 음성적 측면: 소리 쌍들

평행법이 언어의 문법적, 어휘적, 그리고 의미적 측면에서 작용하는 것과 같이 또한 그것은 음성적 측면에서도 작용한다. 음성적 등가와 대조는 종종 평행하는 행들 사이에 존재하고 그들은 행들 사이의 상응성의 개념에 기여 한다.

문학과 언어 학자들은 언어, 특히 시에 나타나는 많은 형태의 음성적 등가에 대해 논의해 왔다. 영문학 전통에서 가장 보편적인 것은 두운(alliteration)과 압운(rhyme)이다. 성경학자들은 자신들의 입장에서 오래 전부터 성경의 언어유희와 동음 이의어의 경향을 인식했고 광범위하고 다양한 본문들 안에서 여러 종류의 음성적 반복에 주목해왔다. 이러한 현상들은 일반적으로 유음 어희(paronomasia)라는 용어 하에 포함되었다.[1] 나의 논의는 성경 안에서 여러 형태의 음성적 반복이나 또한 성경 시에서 소리의 중요성에 대해서는 다루지 않을 것이며 평행하는 행들 안에서 소리의 반복이나 대조에 국한할 것이다. 좀 더 구체적으로 본인은 소리 쌍들에 대해 다룰 것이다.

소리 쌍은 무엇인가?

언어학자들은 모음 유음법과 자음 유음법에 대해 말하고 있다. 전자는 종종 모든 형태의 소리 반복에 적용되고 있으나 좀 더 적절하게 표현하자면 이는 주로 비슷한 모음들 또는 이중 모음들의 반복에만 제한 된다. 자음 유음법은 중간에 끼어드는 모음들의 변화와 함께 동일하거나 또는 비슷한 자음들의 반복이다.

한 예는 "…and what says / My *conceal'd lady* to our *cancell'd love*"(*Romeo and Juliet*, act 3, scene 3). 그러나 섹스피어 작품에서 온 이 행은 평행하는 소리 쌍을 포함한다고 할 수는 없다. 왜냐하면 자음이 문법적으로 또는 의미적으로 평행하는 구들 또는 행들 위에 분포되어 있지 않기 때문이다.[2] 자음 소리 쌍의 예는 다음과 같다: "북반구에서는 화사한 가을이었고; 남반구에서는 싹이 자라는 봄이었다(In the northern hemisphere it was a *burnished* autumn; in the southern, a *burgeoning* spring)" (James Michener, Space[New York: Random House, 1982], 3). 그러나 만약 우리가 자세하게 살펴보면 비록 두 개의 소리 쌍이 동일하거나 또는 비슷한 자음(*š* 와 *ǰ*)을 가지고 있지만 그들은 정확하게 동일한 순서는 아니다: *b-r-n-š*; *b-r-ǰ-n*. 어떤 사람들은 과연 이것이 자음을 위한 기준을 충족하는지에 대해 논쟁을 할 수 있지만 이것은 정확하게 성경 평행법에서 발견되는 소리 쌍의 한 종류이다. 본인은 소리 쌍을 다음과 같이 정의한다: 평행하는 단어들 또는 행들 안에서 인접하는 위치에서 그 어떤 순서에 상관없이 동일하거나 비슷한 자음들의 반복이다. 예를 들면:

미가 5:9 **והכרתי סוסיך מקרבך**
והאבדתי מרכבתיך

내가 너의 말들을 너희 가운데[*mqrbk*] 끊어 버릴 것이다;
내가 너의 마차들을[*mrkbtyk*] 파괴할 것이다.

본인은 두 가지 이유로 소리 쌍의 정의를 오직 자음에만 제한 하였다: 1)성경 히브리어는 원래 오직 자음들로만 기록되었고 원래 모음의 발음에 대해서는 아직도 학자들 사이에 약간의 의구심들이 존재한다.[3] 2)히브리어는 종종 자음 언어라고 생각되었다. 즉 단어의 의미는 오직 자음으로만 구성되어 있는 어근 안에서만 전달된다. 본인은 성경 용어의 효과를 창출하는데 모음이 중요하지 않다는 것을 제시하는 것은 아니다. 모음 없이는 단어들을 발음할 수 없다. 그러나 사실 성경의 언어 유희에서 그 효과를 발휘하는 것은 자음들이며 모음의 역할은 있어도 아주 미미하다라는 사실은 아직도 여전하다. 모음들 보다 우위에 있는 자음의 역할은 고전적인 유음 어희(paronomasia) 연구에서 당연한 것으로 간주되어 왔고,[4] 할러데이(W. L. Holladay)에 의한 좀 더 최근의 연구에서 분명해 졌다: "우리가 지금까지 말할 수 있는 것은 히브리 시에서 그와 같은 언어 유희는 동일한 자음 아니면 비슷한 자음(예를 들면 마찰음들 또는 유성음-무성음의 상관어구들)이 동일한 순서로 아니면 다른 순서로 나타나든지 간에 논의가 되고 있는 단어들 또는 구들 사이의 자음들의 조합 안에서 나타나는 유사성의 문제이다"(*VT* 20, 157).

왜냐하면 오직 22개의 자음만 있기 때문에 심지어 두 행들의 공간 안에서 어느 정도의 반복은 불가피하고 따라서 언어학적으로나 형태적으로 별로 중요하지 않은 것처럼 보일 수 있다. 소리 상응성의 이해에 있어서 임의적인 반복의 효과를 줄이고 주관성의 수위를 어느 정도 조절하기 위해 본인은 위에서 소개된 정의를 다음과 같이 명시한다: 1) 적어도 두 세트 이상의 자음들이 관련되어야 한다, 2) 그 세트는 두 행 안에서 한 단어 또는 인접하는 단어들 안에서 아주 가깝게 근접해 있어야 한다, 3) "동일하거나 또는 비슷한 자음"은 동일한 음소(音素), 이음(異音, 예, כּ와 כ), 비슷하게 발음이 되는 두 개의 음소이다(예, 비음: m과 n 마찰음: *s*와 *š*).

소리 쌍들의 사용은 어휘적 쌍들의 사용으로부터 구분될 수 있고 또한 구분되어져야 한다는 사실을 처음부터 명확하게 해야 한다. 이전에 나는 어휘적인 쌍을 이루는 것은 의미적인 쌍을 이루는 것과 동일하지 않다는 점을 보여주었다; 이 둘은 함께 발생할 수 있거나(즉 어휘적 쌍은 또한 의미적 쌍이 될 수도 있다) 또는 서로 독립적일 수 있다(어휘적 쌍은 의미적 쌍은 아니다). 따라서 소리 쌍들인 경우 우리는 몇몇의 소리 쌍들은 또한 어휘적 또는 의미적 쌍들이란 사실을 우리는 발견하게 된다. 그러나 자주 소리 쌍들은 어휘적 또는 의미적 쌍들이 없을 경우나 또는 이것에 추가적으로 발생한다. 단어 쌍들로부터 독립적인 소리 쌍들과 단어 쌍을 대체하는 소리 쌍의 능력을 보여주는 놀라운 한 예가 있다.

사무엘하 22:32

כי מי־אל מבלעדי יהוה
ומי צור מבלעדי אלהינו

여호와 *외에*(*except*) 누가 하나님이신가?
우리 하나님 *외에*(*except*) 누가 반석이신가?

시편 18:32

כי מי אלוה מבלעדי יהוה
ומי צור זולתי אלהינו

여호와 *외에*(*except*) 누가 하나님이신가?
우리 하나님 *외에*(*besides*) 누가 반석이신가?

이사야 44:8b

היש אלוה מבלעדי
ואין צור בל ידעתי

나 외에[*bl'dy*] 신이 있겠는가?
과연 반석은 없나니, *내가 알지 못하노라*[*bl yd'ty*].

여기에서는 무엇이 "더 본래의" 또는 "더 나은" 평행법인지 아는 문제가 아니다. 사실은 세 개 모두가 다 가능하고 모든 것이 다 다른 형태의 쌍들을 나타낸다. 첫 구절에서는 **מבלעדי**이 평행하는 행 안에서 반복되었다; 두 번째에서는 **מבלעדי**가 어휘적이며 의미적 쌍인 **זולתי**와 평행이 되었다; 그리고 세 번째 구절에서는 **מבלעדי**가 의미적으로는 좀 거리가 있지만 음성적으로는 매우 가까운 **ידעתי בל**와 평행이 되었다. 이사야 44:8b는 단어 쌍 대신에 소리 쌍을 사용한다.[5)]

이와 같은 소리 쌍들은 종종 몇몇의 성경 주석가들에 의해 지나가는 말로 언급이 되곤 했었다. 그러나 내가 알기로는 이러한 쌍들을 독특한 현상으로서의 그 위치로 인정한 학자는 존 크젤만(John Kselman)이다. 그가 소위 "의미적-유성음 교차 대구법"6)이라고 부르는 13개의 예들을 수집하였다. 이 구절들은 교차 대구로 배열된 하나의 단어 쌍과 하나의 소리 쌍을 포함하고 있다.

창세기 27:36 את־בכרתי לקח
והנה עתה לקח ברכתי

나의 장자의 명분[*bkrty*]을 그가 빼앗았습니다.
그리고 이제는 내 복[*brkty*]을 빼앗았습니다.

크젤만이 발견한 것은 단지 빙산의 일각일 뿐이다. 성경에는 소리 쌍들의 많은 예들이 있다. 단어 쌍들과 함께 교차 대구적 조합 안에서뿐만 아니라 단어 쌍들과 함께 아니면 단어 쌍이 없이 그리고 서로 다른 패턴들의 다중적인 세트들 안에서도 소리 쌍들의 예들을 찾아 볼 수 있다. 이 장은 수 많은 예들을 인용할 것이며 이 음성적 측면의 활성화가 어떻게 평행법에 영향을 미치는지에 대해 논의할 것이다.

단어 쌍들로서의 소리 쌍들

4장에서 통상적인 언어학적 연관성의 산물로서 단어 쌍들을 설명했고 또한 특정한 쌍들의 기초가 되는 여러 개의 원리들을 인용하였다. 이미 언급된 위의 원리들 이외에도 소리는 특정한 어휘적 조합들 안에서 역할을 감당한다는 것은 가능하다. 분명히 음성적 등가는 다음과 같은 영어 관용구 *flip-flop*, *forgive and forget*에서 아주 중요한 기능을 하며 첫 번째로 관용어의 형성에 기여했을 것이다. 이와 같은 비슷한 관용구 이외에도 디스에 의해 소개된 여러 개의 어휘적 관련어들의 목록들이 있다. 비록 이 목록들이 다른 원리들에 의해 설명될 수 있을지라도 그들의 관련어들과 음성적 차원은 서로 연관성이 있는 것처럼 보인다:

daisy-pansy; depression-recession; rayon-nylon; auditorium-gymnasium. 이것들은 또한 소리 쌍으로 간주될 수 있는 단어 쌍들이다. 히브리어 또한 음성적 상응성을 보여주는 음성 쌍들이 있다: **עפר ואפר**, *'pr-'pr*, *먼지-재* (참조. 창 18:27; 욥 30:19; 42:6; 겔 27:30); **מדבר־ערבה**, *mdbr-'rbh*, *사막-광야*(참조. 렘 2:6; 50:12; 욥 24:5; 사35:6; 40:3); **תהו ובהו**, *thw-bhw*, 공허-혼돈(참조. 창 1:2; 사 34:11; 렘 4:23); **פחד-פחת-פח**, *pḥ-pḥ-pḥt*, *두려움 - 함정 - 올무* (참조. 사 24:17-18; 렘 48:43; 욥 22:10; 애가3:47). 단어 쌍들이라고 간주되기에 일반적으로 충분한 이러한 쌍들 이외에도 의미적으로 소리 쌍들과 관련 된 몇 개의 구절들이 있다. 필자는 이러한 것들이 또한 단어 쌍들이면서 소리 쌍들인지 또는 어휘적 관련어들이 아닌 오직 소리에만 기반을 둔 쌍들인지는 분명하지 않다. 이러한 쌍들은 보기 드물고 대부분의 경우에 오직 한 번만 나타난다는 점으로 인하여 이 같은 불확실성이 발생한다. **באר** // **בור**, *bwr* // *b'r*, *우물* // *샘*(잠언 5:15)[7] 그리고 **שלוה** // **שלום**, *šlwm* // *šlwh*, *평안* // *형통*(시편 122:7)와 같은 조합들 안에서 어휘적 관련성이 관계하는 좋은 기회가 있는 것처럼 보인다. 그러나 다음과 같은 쌍들에서는 덜 분명하다. **כף נחת** // **חפנים**, *kp nḥt* // *ḥpnym*, *한 손에 가득하고* // *두 손에 가득하고*(전 4:6).

다음의 구절들은 또한 문법적 그리고 의미적 등가를 나타내는 소리 쌍들이다.

창세기 7:11b

נבקעו כל־מעינת תהום רבה
וארבת השמים נפתחו

큰 깊음의 샘들이 터지며[*nbq'w*];
하늘의 창문들이 열려[*npthw*].[8]

이사야 31:9

אשר־אור לו בציון
ותנור לו בירושלם

불을 가진 자 [*'wr lw*] 는 시온에 있고;
풀무[*Tnwr lw*]를 가진 자는 예루살렘에 있다.

시편 122:7 יהי־שלום בחילך
שלוה בארמנותיך

네 성안에는 평안[*šlwm*]이 있고;
네 궁중에는 평온[*šlwh*]함이 있을지어다[참조. 시 122:6]

잠언 5:15 שתה־מים מבורך
ונזלים מתוך בארך

네 우물에서 물을 마시며[*bwrk*];
네 샘에서 흐르는 물을 마시라[*b'rk*].

잠언 6:15 על כן פתאם יבוא אידו
פתע ישבר ואין מרפא

그러므로 재앙이 갑자기 [*pt'm*] 그 위에 내릴 것이다;
순간에 [*pt'*]그는 멸망하여 회복 되지 못할 것이다.[9)]

시편 32:1 אשרי נשוי־פשע
כסוי חטאה

그의 죄가 사함을 받은 자는 복이 있다[*nśwy*];
자신의 죄가 가려진 자도 그러하다[*kswy*].[10)]

잠언 26:3 שוט לסוס מתג לחמור
ושבט לגו כסילים

말에게는 채찍[*šwt*]이요 나귀에게는 재갈이요;
미련한 자의 등에는 막대기니라[*šbt*].

전도서 4:6 טוב מלא כף נחת
ממלא חפנים עמל ורעות רוח

한 손에만 가득하여 만족하는 것이 더 낫다[*kp nht*];
두 손에 가득하여 수고하고 바람을 잡는 것이 더 낫다[*hpnym*].

두 개의 소리 쌍이 다음 구절에 나타난다.

욥기 8:11 היגאה גמא בלא בצה
ישגה אחו בלי מים

파피루스가 진펄 [*hyg'h*] 아닌 데서[*bl'*] 크게 자라겠으며?
갈대가 물 없는[*bly*] 데서 크게 자라겠느냐[*yśgh*]?

의미적으로는 덜 비슷하나 아직 그 의미의 범위 안에 있는 쌍들은 다음과 같다.

시편 37:6 והוציא כאור צדקך
ומשפטך כצהרים

내 의를 빛과 같이 비추게 하실 것이며 [*whwṣy' k'wr*];
네 공의를 정오의 빛[*kṣhrym*] 같이 하실것이다.

이사야 40:12a מי־מדד בשעלו מים
ושמים בזרת תכן

내 의를 빛과 같이 비추게 하실 것이며[*whwcy' k'wr*];
네 공의를 정오의 빛[*kchrym*] 같이 하실것이다.[11]

그러나 동일한 쌍인 *mym // šmym*은 사사기 5:4b에서 나타난다. 그러나 여기에서는 문법적 또는 의미적으로 등가는 아니다.

사사기 5:4b ארץ רעשה
גם־שמים נטפו
גם־עבים נטפו מים

땅이 진동하고;
또한 하늘이 내리고;
구름도 물을 내렸나이다.[12]

단어 쌍들이 아닌 소리 쌍들

사사기 5:4에서와 같이 소리 쌍이 어휘적-의미적으로는 등가가 아니나 단어 쌍에 추가로 또는 대신하여 나타나는 수 많은 경우들이 있다. (이것은 의미적 쌍들이 아닌 어휘적 쌍들의 예들과 유사하다 - 참조. 4장, p. 150ff.)

출애굽기 34:3 . . . וגם־איש אל ירא בכל ההר
גם־הצאן והבקר אל־ירעו אל־מול ההר ההוא

…온 산에 아무도 보이지[*yr'*] 않게 하고; 양과 소도 산 앞에서
먹지 못하게 하라[*yr'w*].

이사야 58:8 אז יבקע כשחר אורך
וארכתך מהרה תצמח

그러면 네 빛[*'wrk*]이 새벽 같이 밝아 올 것이며;
그리고 너의 치료[*'rktk*]가 급속히 일어날 것이다.

시편 69:13 ישיחו בי ישבי שער
ונגינות שותי שכר

성문에 앉은 자들이[*š'r*] 나에 대해 논의하며;
[나는] 독주[*škr*]에 취한 자들의 조롱 거리다.

시편 104:19 עשה ירח למועדים
שמש ידע מבואו

그는 달로 절기를 정하셨다[*mw'dym*]
해는 그 지는 때를 안다[*yd' mbw'w*].[13)]

욥기 3:8 יקבהו אררי־יום
העתידים ערר לויתן

날/바다를 저주하는 자들[*'rry*]이 그것을 저주하였더라면;
리워야단을 격동시키기[*'rr*] 위해 준비하는 자들이.[14)]

욥기 26:2

מה עזרת ללא־כח
הושעת זרוע לא עז

어떻게 힘이 없는 자를 도와줄 수[*'zrt*] 있는가;
기력이 없는 팔[*zrw'*]을 구원해줄 수 있는가[*'z*].

욥기 28:20

והחכמה מאין תבוא
ואי זה מקום בינה

그리고 지혜는, 어디에서부터 오며[*m'yn tbw'*];
명철의 장소는 어디인가 [*-wm bynh*].[15)]

욥기 31:37

מספר צעדי אגידנו
כמו־נגיד אקרבנו

내 걸음의 수효들을 나는 그에게 알리고[*'gydnw*];
왕자[*ngyd*]처럼 내가 그에게 다가갔을 것이다.

욥기 36:15

יחלץ עני בעניו
ויגל בלחץ אזנם

그는 곤고한 자들을 그들의 곤고에서 건지시며[*yhlṣ*];
그리고 압제 가운데 그들의 귀를 여신다[*blhṣ*].

욥기 37:24

לכן יראוהו אנשים
לא־יראה כל־חכמי־לב

그러므로 사람들은 그를 경외하고[*yr'whw*];
스스로 지혜롭다 하는 모든 자를 돌아보지 아니하신다[*yr'h*].[16)]

욥기 38:27 לְהַשְׂבִּיעַ שֹׁאָה וּמְשֹׁאָה
וּלְהַצְמִיחַ מֹצָא דֶשֶׁא

황무하고 황폐한 토지를 흡족하게[*lhśby*ʻ] 하기 위해;
풀의 곡물이 돋아나게[*lhṣmyḥ*] 하기 위해.[17)]

아가서 4:2b שֶׁכֻּלָּם מַתְאִימוֹת
וְשַׁכֻּלָה אֵין בָּהֶם

그 모든 것들은[*śklm*] 완벽하게 조화를 이루고;
그들 가운데 빠진 것은[*śklh*] 하나도 없다.

예레미야 애가 3:4 בִּלָּה בְשָׂרִי וְעוֹרִי
שִׁבַּר עַצְמוֹתָי

그는 나의 살과 나의 가죽을 쇠하게 하셨고[*bśry wʻwry*];
그는 내 뼈를 꺾으셨다[*šbr* ʻ-].

크젤만에 의해 언급된 소리 쌍을 포함하는 몇몇의 다른 구절들을 여기에서 소개하고자 한다.

시편 72:7 יִפְרַח־בְּיָמָיו צַדִּיק
וְרֹב שָׁלוֹם עַד־בְּלִי יָרֵחַ

그의 날에 의인이 흥왕하며[*yprḥ*];
평강의 풍성함이 달이 다할 때까지 이를 것이다[*yrḥ*].[18)]

시편 78:33 וַיְכַל־בַּהֶבֶל יְמֵיהֶם
וּשְׁנוֹתָם בַּבֶּהָלָה

그가 그들의 날들을 헛되이 끝나게 하셨고[*bhbl*];
그들의 년 수들을 고난으로 보내게 하셨다[*bbhlh*].

시편 147:13 כי־חזק בריחי שעריך
ברך בניך בקרבך

그가 너의 문빗장을 견고히 하시고[*bryḥy*];
네 가운데에[*brk*] 있는 너의 자녀들에게 복을 주셨으며[*bqrbk*].

이와 같은 많은 구절들은 소리 쌍은 단지 우연의 일치가 아니라는 사실을 제시하기에 이미 충분하다. 그리고 다음 부분에서 소개될 더 많은 예들도 있다. 비록 몇몇의 소리 쌍은 또한 단어 쌍이지만 대부분은 어휘적으로나 또는 의미적으로 서로 연결되어 있지 않고 오직 한번만 나타난다. 단어 쌍들과는 달리 그들은 자극에 자동적으로 반응하는 것들은 아니나 소리와 의미 사이에 한번만의 연결 결합체이다. 정확하게 말하면 그것들의 효과를 만들어 내는 이러한 조합들의 기대치 않은 것들이다. 그들이 평행법의 문법적 그리고 의미적 측면과 등가가 아니기에 언어학적 측면에서 예술적인 긴장 관계가 만들어 진다. 카사노빅즈(I. M. Casanowicz)는 다음과 같이 언급한다: "유음 어희의 매력과 효과는 소리의 유사성과 의미의 비유사성과의 연합에 있다"(26).

평행법에서 소리 쌍들의 효과

> 유사성이 인접성에 추가된 연속성 가운데 서로 가까운 두 개의 비슷한 음소적 연속성들은 유음 어희적 기능을 가지는 것으로 생각되는 경향이 있다. 소리가 유사한 단어들은 의미에서 서로 함께 이끌린다. [*LP*, 371]

제이콥슨은 이 진술을 본인이 소리 쌍이라고 지명한 것에 적용하는 것을 의도하지는 않았다. 그러나 이것은 본인이 논의하고 있는 음성적 상응성의 형태와 분명한 관련성이 있다. 우리는 몇몇의 소리 쌍들은 "자연적으로" 의미 쌍들이라는 점을 살펴보았다. 그러면 어떤 의미에서 "소리에서 비슷한 단어들이 의미에서 서로 연결되는가? "나는 연결된 것은 (카사노빅즈가 진술한 것처럼 그들의 의미는 매력적이게도 서로 다르다) 개별적인 단어들이 아니고 또한 이 단어들이 한 부분을 이루고 있는 행들에서 조차도 아니다라고 주장한다. 소리 쌍은 행들 사이의 상응성의 개념을 향상시킨다. 소리 쌍이 또한 어휘적-의미적 쌍일 때 그들 사이의 결합은 다시 한번 강화된다. 소리 쌍이 어휘적 쌍이 아닐 때 그러한 쌍을 대체했다고 말할 수 있다. 평행법 안에서 다른 단어 쌍들이 있을 때 소리 쌍은 행들 사이에 결합을 강화시키는데 결정적인 역할을 한다. 이러한 방법으로 소리 쌍은 행들의 인접성 위에 유사성을 부과하는데 도움을 준다. 다음 구절은 이에 대한 좋은 예이다.

시편 104:19

עשה ירח למועדים
שמש ידע מבואו

그는 달로 절기를 정하셨고 [*mw'dym*];
태양은 그 지는 곳을 안다 [*yd' mBw'w*].

단어 쌍인 *달 // 해* (일반적인 순서가 역으로 바뀐)와 평행법의 기대(왜냐하면 이것은 시편 전체에 널리 퍼져있기 때문에)에도 불구하고, 행들 사이의 의미적 관계와 그것들의 의미는 적어도 현대의 독자들에게는 즉각적으로 분명하지는 않다. 그러나 **מועדים**과 **ידע מבואו**의 음성적 등가는 행들을 서로 이끌어 당기고 소리의 등가는 의미의 등가의 전조가 된다는 점을 제시한다. 이 시편은 여기에서 밤의 세계에 관해 언급하고 이 구절에서 해가 지는 것과 마찬가지로 달은 밤의 시작을 알리는 것으로 사용되었다.[19] 본인은 앞서서(제 2장에서) 구문적 구조 안에서 유사성은 의미의 유사성의 개념으로 인도한다고 언급하였다. 음성적 구조에서도 마찬가지이다; 음성적 유사성 또는 등가는 의미적 등가의 개념을 더욱 진척시킨다.

그 반대도 또한 사실이다: 구문적 또는 의미적 구조 안에서의 유사성은 음성적 유사성의 밑바탕이 된다.[20] 이것은 다음의 구절에서 볼 수 있다.

이사야 54:7 ברגע קטן עזבתיך
וברחמים גדלים אקבצך
잠시 내가 너를 버렸으나[*rgʿ*];
큰 긍휼[*rhmym*]로 너를 모을 것이요.

이 구절에는 세 가지의 쌍이 있다. 두 개는 어휘적-의미적 쌍들이다: קטן // **גדלים**, "*작은 // 큰*" 그리고 **עזבתיך // אקבצך**, "*내가 너를 버렸다 // 내가 너를 모을 것이다.*" 세 번째 **רחמים // רגע**, "*순간 // 긍휼*" 은 의미적 관계성은 없지만 강한 음성적 상응성이 있다. 게다가 소리 쌍을 구성하는 이 두 단어는 단어 순서의 관점에서 볼 때 동일한 곳에 위치해 있고 이들은 동일한 전치사가 앞에 놓인다는 점에서도 문법적으로도 유사하다. 이 경우에 두 행들 안에서 광범위한 문법적 그리고 어휘적 등가가 **רגע**과 **רחמים** 사이의 음성적 등가의 개념을 고조시키기 위해 작용한다. 더 많은 등가들이 모든 인어학직 측면 안에서 나타날수록 더 강한 그 어떤 하나의 등가가 나타나는 경향이 있다. 평행법의 음성적 측면은 이러한 등가들의 개념에 포함되고 그것들로 인하여 그 자체가 인식된다.

소리 쌍들의 패턴화

지금까지 나는 대부분의 경우에 단지 하나의 소리 쌍만을 포함하는 구절들을 인용하였다. 그러나 두 개 또는 그 이상을 포함하는 구절들도 많이 있고 소리 쌍들은 단어 쌍들에서 사용된 동일한 패턴들로 배열되어 있다: *aabb*; *abab*; *abba*. 본인은 이 부분에서 두 개 또는 그 이상의 소리 쌍들 또는 하나의 소리 쌍과 하나의 반복되는 어근 포함하는 구절들 소개한다. 동일한 단어 또는 어근의 반복은 언어심리학적 단어 연관성(참조. 4장) 안에서 하나의 반응으로 보여지기도 하나 내가 소개한 소리 쌍의 정의 안에도 잘 들어맞는다. 사실 이는 특히 두드러지는 소리의 등가이다.

A. aabb

이사야 5:1

אשירה נא לידידי
שירת דודי לכרמו
כרם היה לידידי
בקרן בן־שמן

나의 사랑하는 자를 위하여 노래하리라	*ydydy*
내가 사랑하는 자의 포도원을 위한 노래.	*dwdy*
내가 사랑하는 자에게 포도원이 있다	*krm*
기름진 언덕에 [?].	*qrn*

이 구절은 단어 패턴 뿐만 아니라 소리의 패턴까지도 채용하고 있다. 물론 이 둘 사이에 중첩되는 것도 있지만 그들이 일치하는 것은 아니다. 반복된 단어들은 **ידידי**(1, 3행), **שיר**(1, 2행), 그리고 **כרם**(2, 3행)이다. 이것들 가운데 두 개는 소리 패턴과 관련이 있고 그것들을 유사한 음소들과 함께 두 개의 서로 다른 단어들과 연결시킨다.21)

이사야 34:10

לילה ויומם לא תכבה
לעולם יעלה עשנה
מדור לדור תחרב
לנצח נצחים אין עבר בה

낮에나 밤에나 꺼지지 아니하고;	*lylh wywm*
영원히 그 연기가 떠오를 것이며;	*l'wlm y'lh*
세세로 그것은 황무하여	*ḥrb*
영원히 그리로 다니는 자가 없을 것이다.	*'br*

좀 더 일반적인 순서인 낮과 밤은 음성적 효과를 위해 서로 바뀌었다. 다시 말하면 이 구절은 단어, 문법, 그리고 소리 사이의 복잡한 상호 작용을 포함하고

있다. 부정-긍정-긍정-부정의 문법적 패턴과 주어-목적어-주어-목적어 패턴뿐만 아니라 여성-남성-여성-남성 패턴에도 주의하라.

이사야 35:6

אז ידלג כאיל פסח
ותרן לשון אלם
כי־נבקעו במדבר מים
ונחלים בערבה

그때 저는 자는 사슴같이 뛸것이며; *'yl*
말 못하는 자의 혀는 소리를 치리니. *'lm*
이는 물이 광야에서 솟겠고 *bmdbr*
사막에서 시내가 흐를 것임이라. *b'rbh*

처음 쌍, *'yl*(*사슴*)과 *'lm*(*말 못하는 자*)은 소리 쌍이지 의미적인 쌍은 아니다; 두 번째 쌍, *mdbr*(*광야*)와 *'rbh*(*사막*)은 의미적-음성적 쌍이다.

스바냐 1:13

והיה חילם למשסה
ובתיהם לשממה
ובנו בתים ולא ישבו
ונטעו כרמים ולא ישתו את־יינם

그들의 재물이 노략물이 될 것이며; *lmšsh*
그들의 집이 황폐할 것이라. *lšmmh*
그들이 집을 건축하나 그 안에 살지 못할것이고; *wl' yšbw*
포도원을 가꾸나 그 포도주를 마시지 못하리라. *wl' yštw*

"건축하는 것" 그리고 "심는 것," 즉, 거주지를 세우는 것은, 함께 나타난다 (즉, 사 65:21; 렘 1:10 그리고 여러 곳; 전 2:4), 그러나 여기에서 그것들은 *wl' yšbw*과 *wl' yštw*의 추가를 통하여 음성적 등가로 나타난다. 또한 암 5:11과 9:14을 비교해 보라.

B. abab

이 부분과 다음 부분에서 나는 먼저 하나의 소리 쌍과 하나의 반복되는 어근을 포함하는 구절들을 소개할 것이며 그 후 두 개의 소리 쌍들을 포함하는 구절들을 소개할 것이다.

이사야 54:4

אל תיראי כי לא תבושי
ואל־תכלמי כי לא תחפירי
כי בשת עלומיך תשכחי
וחרפת אלמנותיך לא תזכרי־עוד

두려워 하지 말라 네가 수치를 당하지 아니할 것이다; *tbwšy*
놀라지 말라 네가 부끄러움을 당하지 아니하리니. *thpyry*
이는 네 젊었을 때의 수치를 잊겠고; *-y bšt*
네 과부 때의 치욕을 다시 기억하지 아니하리라. *whrpt*

이 구절의 구문과 의미는 *aabb* 패턴 위에 구성된 반면에 소리 쌍들은 *abab* 배열로 나타난다.[22]

시편 35:22

ראיתה יהוה אל־תחרש
אדני אל־תרחק ממני

주께서 보셨나이다, 여호와여, 잠잠하지 마소서; *'l thrš*
주님, 나를 멀리 하지 마소서. *'l trhq*

만약 **יהוה**와 **אדני**가 동일하게 발음이 된다면 추가적인 쌍이 있다. 주변의 구절들은 *thrš-trhq*의 소리 유희를 **ירחיבו**, **ראתה**(21절), 그리고 **העירה**(23절)과 함께 지속한다.

에스겔 36:34

וְהָאָרֶץ הַנְּשַׁמָּה תֵּעָבֵד
תַּחַת אֲשֶׁר הָיְתָה שְׁמָמָה לְעֵינֵי כָּל־עוֹבֵר

그 황폐한 땅이 경작지가 될 것이다,	*hnš mh t'bd*
황폐하게 보이던 대신에	*šmmh*
모든 지나가던 자의 눈에.	*'wbr*

욥기 5:2-3

כִּי לֶאֱוִיל יַהֲרָג־כָּעַשׂ
וּפֹתֶה תָּמִית קִנְאָה
אֲנִי רָאִיתִי אֱוִיל מַשְׁרִישׁ
וָאֶקּוֹב נָוֵהוּ פִתְאֹם

분노가 미련한 자를 죽이며;	*'wyl*
시기가 어리석은 자를 살해한다.	*wpth*
내 자신은 미련한 자가 뿌리를 내리는 것을 보았다;	*'wyl*
나는 그의 집을 갑자기 저주했다.[23)]	*pt'm*

시편 56:9

נֹדִי סָפַרְתָּה אָתָּה
שִׂימָה דִמְעָתִי בְנֹאדֶךָ
הֲלֹא בְּסִפְרָתֶךָ

나의 방황함을 당신은 계수하시고 계십니다;	*ndy sprth*
나의 눈물을 주의 병에 담으소서,	*n'dk*
이것들이 당신의 책에 있지 아니하나이까?	*sprtk*

시편 139:7

אָנָה אֵלֵךְ מֵרוּחֶךָ
וְאָנָה מִפָּנֶיךָ אֶבְרָח

내가 당신의 영을 떠나 어디로 갈수 있으며;	*'nh mrwḥk*
내가 당신 앞에서 어디로 떠날 수 있겠습니까?	*'nh -k 'brḥ*

이 구절은 시편 105:6과 시편 49:5이 단어 쌍들과 함께 그러는 것과 같이(참

조. 3장 122쪽) 소리 쌍과 동일한 종류의 잘못된 등식을 세우고 있다. 소리 쌍들은 각 행에서 단어의 순서에 있어서 동일한 위치를 차지하고 있으나 그들은 구문적-의미적 등가들과 함께 연결되어 있지 않다: *'lk //'brh*, "*나는 간다 // 나는 도망친다.*" 그리고 *mrwḥk // mpnyk*, "*당신의 영으로부터 // 당신 앞에서.*"

사사기 5:4a

יהוה בצאתך משׂעיר
בצעדך משׂדי אדום

여호와여, 주께서 세일에서부터 나오실 때; *bš 'tk ms-*
주께서 에돔의 들에서부터 진행하실 때에.[24] *bš ' dk ms-*

이사야 34:6b

כי זבח ליהוה בבצרה
וטבח גדול בארץ אדום

여호와를 위한 희생이 보스라에 있고; *zbḥ bbcrh*
큰 살륙이 에돔 땅에 있다. *tbḥ b'rs*

이사야 35:5

אז תפקחנה עיני עורים
ואזני חרשׁים תפתחנה

그때 맹인의 눈이 밝을 것이며; *'z tpqḥnh*
못 듣는 사람의 귀가 열릴 것이다. *'z- tptḥnh*

이사야 40:12b

וכל בשׁלשׁ עפר הארץ
ושׁקל בפלס הרים

그때 맹인의 눈이 밝을 것이며; *wkl bšlš*
못 듣는 사람의 귀가 열릴 것이다. *wškl bpls*

이 구절의 다른 부분들은 위에서 이미 논의하였다. 구절 전체는 단어들, 소리들, 그리고 의미들이 복잡하게 서로 얽혀있음을 나타낸다.

이사야 42:16

והולכתי עורים בדרך לא ידעו
בנתיבות לא־ידעו אדריכם
אשים מחשך לפניהם לאור
ומעקשים למישור

내가 맹인들을 그들이 알지 못했던 길로 걷게 할 것이며
내가 그들이 알지 못하는 지름길로 인도하며;
내가 그 앞에서 흑암이 광명이 되게하며;
굽은 장소를 평지가 되게 할 것이라.

구절의 처음 반절은 교차 대구의 순서로 두 개의 반복하는 어근을 포함하고 있다: *drk-yd'-yd'-drk*. 처음 반절은 *abab* 순서 안에서 두 개의 소리 상들을 포함하고 있다: *mḥš k-l' wr-m'qš -lmyšwr*.

시편 46:10

משבית מלחמות עד־קצה הארץ
קשת ישבר וקצץ חנית עגלות ישרף באש

그는 땅 끝까지 전쟁을 쉬게하신다,	*mšbyt qṣh*
활을 꺾고, 창을 끊으며, 수레를 불사르신다	*yšbr qṣṣ*

어근인 *šbt*와 *šbr*은 또한 소리의 이유로 병치 배열로 겔 6:6에 나타난다(참조. Saydon, *Biblica* 36, 292). 추가적인 자음은 קשת־קצץ와 ישבר־ישרף에 있다.

시편 147:15

השלח אמרתו ארץ
עד מהרה ירוץ דברו

그는 그의 명령을 땅에 보내시니;	*'mrth 'rṣ*
그의 말씀이 빨리 달린다	*mhrh yrwṣ*

잠언 23:9

באזני כסיל אל־תדבר
כי־יבוז לשׂכל מליך

미련한 자의 귀에 말하지 말지니, *b'zny ksyl*
그가 너의 지혜로운 말들을 업신여길 것이기 때문이다 *ybwz śkl*

잠언 24:22

כי־פתאם יקום אידם
ופיד שׁניהם מי יודע

대저 그들의 재앙은 속히 임할 것이다; *pt'm 'ydm*
그 둘의 멸망을 누가 알 수 있으랴.[25] *wpyd my ywd'*

욥기 4:11

ליש אבד מבלי־טרף
ובני לביא יתפרדו

사자는 먹이가 없어 죽어가고, *mbly trp*
사자 새끼들은 흩어지느니라. *lby' ytpdw*

욥기 6:6

היאכל תפל מבלי מלח
אם־יש־טעם בריר חלמות

맛이 없는 것이 소금 없이 먹히겠는가? *mbly mlḥ*
. . .이 맛이 있겠는가? *-m bryr ḥlm-*

욥기 8:11

היגאה־גמא בלא בצה
ישׂגה־אחו בלי־מים

파피루스가 진펄 아닌 데서 크게 자라겠으며? *hyg'h bl'*
갈대가 물 없는 데서 크게 자라겠느냐? *ysgh bly*

욥기 9:33

לא יש־בינינו מוכיח
ישת ידו על־שׁנינו

우리 사이에 중재자가 없다 *yš bynynw*
우리 둘 위에 손을 얹을 *yšt šnynw*

לא יש은 뭔가 기이한 것이다. 그리고 몇몇의 주석가들은 לְא יֵשׁ으로 읽기를 더 선호한다. “만약 거기에.”26) 만약 MT의 발음이 맞는다면 아마도 이 특별한 구조는 *yšt*와 음성적 평행법을 산출하기에 선택되었다.

C. abba

이사야 34:9

ונהפכו נחליה לזפת
ועפרה לגפרית
והיתה ארצה לזפת בערה

시내들은 변하여 역청이 되고	*lzp*t
그 티끌은 유황이 되고	*‘prh gpryt*
그 땅은 불 붙는 역청이 되며.	*lzpt b‘rh*

이것은 *abab*로 분석될 수 있다:

לזפת־עפרה־לזפת־בערה 또는 *abba*: לזפת־עפרה־גפרית־לזפת.

이사야 42:13

יהוה כגבור יצא
כאיש מלחמות יעיר קנאה
יריע אף־יצריח
על איביו יתגבר

여호와께서 용사 같이 나가시며	*lzpt*
전사 같이 [그의] 분을 발하여	*y‘yr*
그는 외쳐 크게 브르시며;	*yry‘*
그의 원수들 위에 지배하신다	*ytgbr*

시편 64:5

לירות במסתרים תם
פתאם ירהו ולא ייראו

숨은 곳에서 온전한 자를 쏘며, *lyrwt tm*
갑자기 그를 쏘고 두려워하지 아니한다. *pt' m yrḥw/yyr' w*

시편 107:36 ויושב שם רעבים
ויכוננו עיר מושב

그는 주린 자들로 거기에 거주하게 하시고; *ywšb r'bym*
그리고 그들은 성읍을 거주지로 마련한다. *'yr mšb*

시편 139:1b-2 יהוה חקרתני ותדע
אתה ידעת שבתי וקומי
בנתה לרעי מרחוק

여호와여, 주께서 나를 살펴보셨고 나를 아십니다, *ḥqrtny wtd'*
내가 앉고 일어섬을 아십니다, *yd't*
멀리서도 내 생각을 밝히 아십니다. *rḥwq*

욥기 4:14 פחד קראני ורעדה
ורב עצמותי הפחיד

두려움이 내게 왔고 떨림도, *pḥd r'-*
내 모든 뼈들을 두렵게 했다. *rb'- pḥyd*

욥기 37:16 התדע על־מפלשי־עב
מפלאות תמים דעים

그대는 떠있는[?] 구름들을 아는가? *td'mplšy*
완전한 지식의 경이로움을. *mpl'wtd'ym*

크젤만이 언급한 네 구절들이 이 범주에서 포함되어야 한다(*Biblica* 58).

창세기 27:36 בכרתי־לקח־לקח־ברכתי, *bkrty-lqḥ-lqḥ-brkty*

사무엘하 1:21b שמ־מגן־מגן־שמן, *šm-mgn-mgn-šm*

전도서 7:1a טוב־שם־שמן־טוב , *twb-šm-šmn-twb*[27)]

에스겔 22:2 אדם־התשפט־התשפט־דמים, *'dm-htšpt- htšpt-dmym*[28)]

교차 대구 단어 패턴들의 목록 안에 세레스코(A. Ceresko, *CBQ* 38)는 반복되는 어근들과 함께 조합을 이루는 소리 쌍들과 관계 있는 8개의 목록들을 포함시켰다.

이사야 29:17 שובו־כרמל־כרמל־יחשב, *wšb-krml-krml-yḥšb*

예레미야 25:5 שבו־הרעה־מרע־ושבו, *šwbw-hr'h-mr'-wšbw*

욥기 14:6-7 ויחדל־עד־עוד־תחדל, *wyḥdl-'d-'wd- tḥdl*

욥기 21:29-30 ויחדל־עד־עוד־תחדל, *wyhdl-'d-'wd-thdl*

욥기 31:9 נפתה־על־על־פתח, *npth-'l-'l-ptḥ*

욥기 32:13-14 תאמרו־אל־אל־אלי־ובאמריכם,
t'mrw-'l-l'-l'-'ly-b'mrykm

욥기 33:12-13 אענך־ירבה־ריבות־יענה
'ńk-yrbh-rybwt- y'nh[참조. Ceresko, *UF* 7, 86]

욥기 37:13-17 לארצו־נפלאות־התדע־התדע־מפלאות־ארץ
l'rṣw-npl'wt- htd' - htd '- mpl'wt-'rṣ

이제 *abba* 패턴으로 두 개의 소리 쌍들(반복되는 어근들이 아닌)을 포함하고 있는 구절들을 소개할 것이다.

이사야 24:12 נִשְׁאַר בָּעִיר שַׁמָּה
וּשְׁאִיָּה יֻכַּת שָׁעַר

성읍에 남은 것은 황무함이고; *nš'r šmh*
그리고 성문은 파괴되었다. *š'yh š'r*

이사야 31:8b וְנָס לוֹ מִפְּנֵי־חֶרֶב
וּבַחוּרָיו לָמַס יִהְיוּ

그는 칼 앞에서 도망할 것이요; *ns ḥrb*
그의 젊은이들은 복역하는 자가 될 것이다. *bḥwryw ms*

이사야 40:4b וְהָיָה הֶעָקֹב לְמִישׁוֹר
וְהָרְכָסִים לְבִקְעָה

고르지 않은 곳이 평탄하게 되며; *h'qb myšwr*
험한 곳이 평지가 될 것이다.[29] *hrksym nq'h*

시편 37:19 לֹא־יֵבֹשׁוּ בְּעֵת רָעָה
וּבִימֵי רְעָבוֹן יִשְׂבָּעוּ

그들은 환난 때에 부끄러움을 당하지 아니할 것이며, *ybšw r'h*
기근의 날에도 풍족할 것이라. *r'- ysb'w*

시편 46:2 אֱלֹהִים לָנוּ מַחֲסֶה וָעֹז
עֶזְרָה בְצָרוֹת נִמְצָא מְאֹד

하나님은 우리에게 피난처요 힘이시니, *mḥsh 'z*
환난 중에 만날 큰 도움이시라.[30] *'z- nmṣ'*

시편 60:5 הִרְאִיתָה עַמְּךָ קָשָׁה
הִשְׁקִיתָנוּ יַיִן תַּרְעֵלָה

당신은 당신의 백성들에게 어려움을 보이셨습니다; *hr' yth qšh*
당신은 우리에게 쓴 포도주를 마시게 하셨습니다. *hšqyt- trlh*

시편 60:10

מואב סיר רחצי
על־אדום אשליך נעלי
עלי פלשת התרעעי

모압은 나의 목욕통이라, *rḥṣy*
에돔에게 내 신발을 던지리라 *n'ly*
나를 인하여 외치라, 블레셋아. *'ly htr''y*

[참조. 시 108:10]

시편 109:29

ילבשו שוטני כלמה
ויעטו כמעיל בשתם

내 대적자들이 수치로 옷 입게 하시며; *ylbšw klmh*
그들이 자기 수치를 겉옷 같이 입게 하실 것이다.[31] *km'yl bštm*

잠언 14:4

באין אלפים אבוס בר
ורב תבואות בכח שור

소가 없으면 구유는 깨끗하거니와, *'bws br*
소의 힘으로 풍성한 추수를 할 수 있다. *rb tbw' wt*

욥기 3:9

יחשכו כוכבי נשפו
יקו־לאור ואין
ואין ואל־יראה בעפעפי־שחר

밤에 새벽 별들이 어두웠더라면; *-ḥš-*
빛을 바라나 얻지 못하며; *l 'wr*
동이 틈을 보지 못하였더라면. *'l yr' h šḥ-*

욥기 22:24

ושית־על־עפר בצר
ובצור נחלים אופיר

만약 네가 보화를 티끌로 여기고; *'pr bṣr*
오빌의 금을 계곡의 돌로 여기면. *bṣwr 'wpyr*

욥기 33:26a

יעתר אל־אלוה וירצהו
וירא פניו בתרועה

그는 하나님께 간구하고 그 분은 그를 받아 주신다; *y'tr wyrṣhw*
그는 하나님의 얼굴을 기쁨으로 본다. *wyr' trw'h*

D. 다중 소리 쌍들

몇몇의 경우에 평행법은 두 가지 이상의 소리 쌍들을 포함하고 있다(그리고/또는 반복되는 어근들). 이 같은 평행법은 그들의 패턴에 있어서 가능한 교환을 증가시킨다. 그러나 본인은 그것들을 범주화할 수 있는 충분한 예들을 발견하지 못했다. 본인은 아직도 이러한 구절들이 단어 수준에서 음성적 등가를 포함한다고 간주한다. 그러나 점점 더 많은 단어들이 연관됨에 따라 우리는 행 전체의 수준에서 음성적 등가에 더 다가간다(2장, 73페이지). 전체 행들의 진정한 음성적 등가는 아주 드물게 나타난다; 단지 한 행 또는 그 행의 많은 부분의 실제적인 반복의 경우에 나타난다(예. 시 115:9-11; 시 118:25). 또한 다음과 같은 구절에서도 나타난다.

시편 150:2

הללוהו בגבורתיו
הללוהו כרב גדלו

그의 능하신 행동을 인하여 찬양하라
그의 지극히 위대하심을 따라 찬양할지어다

hllwhw bgbwrtyw
hllwhw krb gdlw

상당수의 소리와 단어 반복을 가지고 있는 구절들은 다음과 같다.

사사기 5:30

הלא ימצאו יחלקו שלל
רחם רחמתים לראש גבר
שלל צבעים לסיסרא
שלל צבעים רקמה
צבע רקמתים לצוארי שלל

그들이 어찌 노략물을 발견하지 못하고 나누지 못하였으랴,
각 남자마다 한 두 처녀를 얻었을 것이다,
시스라를 위해서는 채색 옷의 노략물,
수놓은 채색 옷의 노략물,
양쪽에 수 놓은 채색 옷,
모든 자의 목을 꾸미기 위한 노략물.

šll (4회); *cb'* (3회)와 같은 반복되는 단어들, *rhm rhmtym* 그리고 *rqmh* … *rqmtym*와 같은 복사 이외에도, 가장 나중에 언급된 쌍들 사이뿐만 아니라 또한 *lr'š* // *lsysr'* // *lcw'ry* 사이에서도 소리의 상응성이 있다. 소리 반복들의 혼합은 명백한 시적인 효과를 창출한다: 노략하는 것은 유지되고(*šll*의 지속적인 반복) 그리고 노략물들은 소리에서뿐만 아니라 시각적으로도 결합된다; 남자들은 여자들의 머리 위에 소용돌이 장식(**לראש גבר**)을 그리고 그들의 목에는 채색된 옷을 준다. 이를 통하여 여성들과 그들의 채색 옷은 하나의 이미지가 된다.

사무엘하 1:24

המלבשכם שני עם־עדנים
המעלה עדי זהב על לבושכן

그가 붉은 옷으로 너희에게 화려하게 입혔고;
그가 금 보석으로 너희 옷을 장식했다.

두 행들은 모두 *hm-* 으로 시작하고 *mlbškm* // *lbwškn*과 *dnym* // *'dy*과 같은 쌍들을 포함한다.[32)]

예레미야 17:13

מקוה ישראל יהוה
כל־עזביך יבשו
יסורי בארץ יכתבו
כי עזבו מקור מים־חיים את־יהוה

이스라엘의 소망[또는 물웅덩이]은 여호와이시다,
주를 버리는 자는 다 수치[또는 마를 것이다]를 당할 것이다;
땅에서 그를 떠나는 자는 기록이 될 것이다[?]
이는 그들이 생수의 근원이신 여호와를 버렸기 때문이다.

이 구절은 물의 이미지와 본인이 번역에서 표기한 이중 의미의 유희를 가지고 있다. 소리 쌍들은 *mqwh* // *mqwr*, *ysr'l* // *'rc*, YHWH // YHWH, *'zbyk* // *zbw*이 있다.

예레미야 17:22

ולא־תוציאו משא מבתיכם ביום השבת
וכל־מלאכה לא תעשו
וקדשתם את־יום השבת כאשר צויתי את־אבותיכם

안식일에 너희 집에서 짐을 내지 말라,
너는 어떤 일이라도 하지 말라.
땅에서 그를 떠나는 자는 기록이 될 것이다[?]
내가 너희 조상들에게 명령한 것과 같이 안식일을 거룩히 지켜라.

오히려 산문체적인 소리가 나는 구절은 다음과 같은 소리 쌍들을 포함하고 있다: *twcy'w* // *cwyty*, *btykm* // *'bwtykm*, *ywm šbt* // *ywm hšbt*.

시편 51:19 זבחי אלהים רוח נשברה
לב־נשבר ונדכה אלהים לא תבזה

하나님께 대한 [참]제사는 회개하는 심령이다;
통회하고 자복하는 마음을, 하나님, 당신은 멸시치 않을 것입니다.

여기에서 쌍은 *zbḥy // tbzh*, *nšbrh // nšbr*, *'lhym // 'lhym* 이다.

E. 소리 쌍들의 다른 예들

평행하는 행들에서 언어의 음성적 측면을 활성화 시키는 다른 가능성들이 있다. 하나는 반복되는 쌍 대신에 소리 쌍들을 사용하는 것이다. 이미 소개한 몇몇의 쌍들은 그 증거를 보여줄 수 있다. 특히 이것은 행들의 구조가 단어 반복을 요구하는 것처럼 보이고 소리 반복이 첫 번째 행들의 쌍 안에서 대체되는 시편 103:11-13에서 분명히 나타난다: *kgbh // gbr*.

시편 103:11-13 כי כגבה שמים על־הארץ
גבר חסדו על־יראיו
כרחק מזרח ממערב
הרחיק ממנו את־פשעינו
כרחם אב על־בנים
רחם יהוה על־יראיו

이는 하늘이 땅에서 높음 같이,
그를 경외하는 자를 그의 신실한 사랑으로 대하실 것이다
동이 서에서 먼 것 같이,
그가 우리의 죄악을 우리에게서 멀리하실 것이다,
아버지가 자녀를 긍휼히 여김 같이,
양쪽에 수 놓은 채색 옷,
여호와께서 자기를 경외하는 자들을 긍휼히 여기실 것이다.

욥기 33:31-33에는 비록 잘 알아보기가 쉽지는 않지만 비슷한 용례가 나타난다.

욥기 33:31-33

הקשב איוב שמע־לי
החרש ואנכי אדבר
אם־יש־מלין השיבני
דבר כי־חפצתי צדקך
אם־אין אתה שמע־לי
החרש ואאלפך חכמה

욥이여 내 말을 들으라,
잠잠하라 내가 말하리라
만일 할말이 있거든 내게 대답하라,
말하라, 왜냐하면 내가 너의 의를 갈망하기 때문이다.
그렇지 않거든 내 말을 들으라,
잠잠하라 내가 지혜로 그대를 가르치리라.

엘리후는 31절에서 네 개의 동사들을 사용한다; 그 가운데 세 개 *šm'*, *hḥrš*, 그리고 *dbr*은 다음 구절에서 다시 나타난다. 그러나 *hqšb*도 쌍을 이루지 않는 것은 아니다. 이 단어의 짝은 자음 *hšybny* 안에서 발견된다. 또한 모든 경우에서 의미적 등가가 음성적 등가와 동일하지 않다는 점을 주의해야 한다. **אדבר**, "내가 말할 것이다"은 의미적으로 **אאלפך חכמה**, "내가 너에게 지혜를 가르치리라"에서 다시 반향 되어 나타난다.

반복된 구절이 한 단어를 반복하는 대신에 어휘 쌍으로 대체할 수 있는 것처럼 (참조. 4장, 134페이지), 또한 가끔 우리는 한 용어가 소리 쌍에 의해 대체된 반복되는 한 구절을 발견한다. 예를 들면 다음과 같다.

시편 49:13

ואדם ביקר בל־ילין
נמשל כבהמות נדמו

사람은 존귀에 *거하지 못한다*; *bl ylyn*
그는 멸망하는 짐승과 같다.

시편 49:21 **אדם ביקר ולא יבין**
נמשל כבהמות נדמו

사람은 존귀를 *깨닫지 못한다*; *l'ybyn*
그는 멸망하는 짐승과 같다.

수미 쌍괄식 구조 안에서 소리 유희의 요소가 있을 수 있다.

시편 90:1 **אדני מעון אתה היית לנו**···
주님, 당신은 우리의 피난처십니다···.
'dny m'wn ··· hyyt

시편 90:17 **ויהי נעם אדני אלהינו עלינו** ···
주 우리 하나님의 은총을 우리에게 내리게 하소서 ···
wwyhy n'm 'dny···

마지막으로 소리와 관련된 다른 종류의 대체는 다음과 같다. 단어 쌍 **בהו** // **תהו**, "*공허* // *혼돈*"은 그 자신이 음성적 차원을 가지고 있는 일반적인 관련어이다(참조. 창 1:2; 사 34:11; 렘 4:23). 그러나 본인은 사 24:10에서 선지자가 **תהו**가 **בהו**을 산출할 것이라는 기대를 무너트리고 그 위치에 **בהו**와 비슷하게 소리가 나는 **בוא**, "입장"을 놓는 것처럼 보인다. 즉 이 구절에서는 단지 한 소리 쌍인 **בהו** // **בוא**만 나타난다. 빠진 용어는 **תהו**와의 강력한 연계성 때문에 아직 독자의 마음 속에 남아 있다.

이사야 24:10 נשברה קרית־תהו
סגר כל־בית מבוא

성읍이 무너지고, 혼돈에 빠졌다; *thw*
모든 집은 그 입구가 닫혔다. *mbw'*

*thw*와 *mbw'*가 각각의 행의 어순에서 동일한 위치를 차지하고 있다는 사실은 그들 사이에 약간의 관계가 있다는 느낌을 더 강화시킨다. 그러나 그 관계는 직접적인 것은 아니다 - *thw*와 *mbw'* 사이에는 언어학적 상관성이 없다. 그러나 mbw'과 실현되지 않은 어휘적 관련어인 *thw* 사이에는 음성적 상관성이 있다.

소리 상응성을 식별하는 데에는 항상 주관성의 위험이 있다. 내 귀에 크게 들리는 것은 다른 사람들의 귀에는 침묵으로 들릴 수 있다. 내가 소개한 수 많은 예들 가운데 많은 것들이 소리도 또한 평행법의 측면으로 간주되어야 한다는 사실을 입증하는 증거가 될 것이라고 희망한다. 내가 소개한 몇몇의 예은 민감한 본문 주석가들과 유음 어희와 다른 수사학적 장치에 관한 연구자들에게도 관심의 대상이 되었다. 나의 목적은 평행법에서 소리 상응성의 기능을 강조하는 것이다. 3장에서 논의 했던 문법적 대조들의 일부가 우연의 일치였을 지도 모르는 것처럼 비록 소리 쌍들 가운데 몇몇의 상응성은 우연의 일치일 수도 있으나, 수 많은 소리 쌍의 예들은 그것이 다른 언어학적 등가의 형태와 동등하게 중요하다는 사실을 강력하게 제시한다. 어떤 경우에는 음성적 상관성에 대한 욕구가 아주 중요하여 그것이 문법 또는 일반적 표현보다 더 중요하게 간주되는 경우도 있다(참조. 시 32:1에서 נשׂוי의 형태는 *ywsk*에 의해 영향을 받았을지도 모른다; 사 34:10 - "밤과 낮의"에서 순서가 바뀌는 것; 욥 9:33 - 이례적인 표현인 לא ישׁ). 다른 언어학적 측면들과 같이 소리도 인접하는 행 안에서 유사한 것들을 위치시킴으로 평행법에 참여하고 또한 그 효과를 높이기도 한다. 인접하는 행들 안에서의 등가 또는 대조적인 소리들은 평행법의 음성적 측면이다.

부록: *한 여름 밤의 꿈*(*A MIDSUMMER NIGHT'S DREAM*) 안에서의 소리 쌍들

본인이 논의한 음성적 상관성의 형태는 성경에만 국한하는 것이 아니다. 본인은 1장의 초반 부에 영어에서 그 예를 인용하였고, 크젤만(Kselman, *Biblica* 58, 219)도 또한 허버트(George Herbert)의 소네트(sonnet)인 "The Sonne"에서 하나를 관찰하였다:

How neatly do we give one onely name
To parent's issue and the *sunne's* bright starre!
A *sonne* is light and fruit; a fruitful flame
Chasing the father's dimnesse….

우리는 의심의 여지 없이 수 많은 예들을 영어 문학 작품에서 발견할 수 있다. 비록 이들이 성경에서 찾아 볼 수 있는 그러한 평행법의 형태로 나타나지는 않지만 그럼에도 불구하고 한 여름 밤의 꿈(*A Midsummer Night's Dream*)[33]에 나타난 적당한 소리 쌍들을 주목하는 것은 흥미롭다. 비록 이들 가운데 몇몇의 쌍들은 압운(押韻, rhyme)을 사용하고자 하는 의도에서 나왔지만 다른 것들은 그렇지 않다. 성경에 나타난 쌍들처럼 그들은 반복된 단어들뿐만 아니라 자음 단어들도 사용하고 유사한 패턴으로 발생한다(참조. "*The Sonne*"에서 "fruit" 과 "fruitful").

bab

Chrul, upon thy eyes I *throw*
All the power this *charm doth owe*.
[2막, 2장, 78-79행]

The will of man is by his *reason sway'd*;
And *reason* says you are the worthier maid.
[2막, 2장, 115-16행]

And I in *fury* hither *followed* them,
Fair Helena in fancy *following* me.
[4막, 1장, 162-63행]

That *hatred* is so *far* from jealousy,
To sleep by *hate*, and *fear* no enmity?
[4막, 1장, 144-45행]

I *frown* upon him; yet he loves me *still.*
O that your *frowns* would teach my smiles such *skill!*
[1막, 1장, 194-95행]

abba

Farewell, sweet *play*fellow; pray thou for us;
[1막, 1장, 220행]
[또한 *farewell*과 *fellow*을 주목하라]

I *followed fast*, but faster he did *fly.*
[3막, 2장, 416행]
This is he, my master said,
De*spis*ed the Athenian *maid*;
And here the *maiden*, *sleeping* sound,
On the dank and dirty ground.
[2막, 2장, 72-75행]

제6장

평행법과 텍스트

VI. 평행법과 텍스트

평행법들의 다양성

언어의 네 가지 측면들인 문법적, 어휘적, 의미적, 그리고 음성적 측면이 평행법 안에서 어떻게 실현이 되는지 보여주기 위해 이 네 측면들을 따로 분리하여 소개하였다. 그러나 우리가 알아야 할 것은 이러한 측면들은 주로 조합을 통하여 나타난다는 점이다. 예를 들면, 평행법은 문법적 그리고 의미적 내용 안에서 등가들 과/또는 대조들을 포함할 수도 있다(이것은 아주 일반적이다). 어휘적 또는 음성적 등가들이 다른 패턴으로 배열이 된 반면에 문법적 등가들은 한 방식으로 패턴을 이루는 것과 같이 우리는 또한 여러 측면들 사이에서 서로 긴장관계를 보여주는 구절들을 인용하였다(참조. 150-160쪽들). 실현이 될 수 있는 언어의 수 많은 측면들(네 가지 이상이 있을 수 있다) 그리고 각각 안에서 등가 또는 대조의 형태들의 수 많은 가능성들과 더불어 주어진 행에서 가능한 평행법의 수는 상당히 많다. 아마도 무한대일 것이다. 이 진술을 뒷받침하기 위해 나는 시편 기자의 기도를 하나님께서 들으심에 대한 내용을 포함하는 시편으로부터 열한개의 평행법들을 열거할 것이다. 모든 구절들은 "듣다"를 의미하는 여러 동사들 가운데 적어도 하나의 동사와 그리고/또는 명사 "기도" 또는 그와 유사한 단어들 가운데 하나를 사용하고 있다. 이 같은 주제는 그것을 표현하는 것이 시편에서 표준화된 공식이 될 것이라고 기대할 수 있을 정도로 보편적인 것이라고 생각할 수도 있다. 그러나 놀랍게도 그렇지 않다. "하나님, 내 기도를 들으소서"란 단어들은 상당히 폭넓고 다양할 뿐만 아니라 내가 발견한 모든 스물 아홉 개의 평행법의 예들 가운데[1]) 그 어떤 평행법도 서로 동일한 것은 없다.

시편 54:4 אלהים שמע תפלתי
האזינה לאמרי־פי

하나님이여 내 기도를 들으소서;
내 입의 말에 귀를 기울이소서.

시편 61:2 שמעה אלהים רנתי
הקשיבה תפלתי

하나님이여 내 노래를 들으소서;
내 기도에 귀를 기울이소서.

시편 66:19 אכן שמע אלהים
הקשיב בקול תפלתי

실로 하나님께서 들으셨다;
내 기도 소리에 귀를 기울이셨다.

시편 84:9 יהוה אלהים צבאות שמעה תפלתי
האזינה אלהי יעקב סלה

만군의 하나님 여호와여, 내 기도를 들으소서;
야곱의 하나님이여, 귀를 기울이소서, 셀라.

위의 네 구절들 사이의 차이점은 주로 다양한 어휘 쌍들, 단어 순서, 생략으로부터 기인한다. 두 번째 행이 동사의 목적어를 직접 목적어 대신에 간접 목적어로 만드는 전치사구를 포함하고 있는 시편 54:4과 66:19에는 약간의 문법적 대조가 있다. (이것은 주로 동사에 달려있다. 몇몇의 동사는 직접 목적어를 취하나 몇몇의 동사는 그렇지 않다. 그러나 **הקשיב**은 둘 다 사용될 수 있다. 시편 61:2은 이 동사가 직접 목적어을 취한다.)

시편 102:2 יהוה שמעה תפלתי
ושועתי אליך תבוא

여호와여 내 기도를 들으소서;
나의 부르짖음이 주께 달하게 하소서.

시편 88:3 תבוא לפניך תפלתי
הטה־אזנך לרנתי

내 기도가 주 앞에 이르게 하소서;
내 노래에 당신의 귀를 기울이소서.

시편 88:14 ואני אליך יהוה שועתי
ובבקר תפלתי תקדמך

여호와여 오직 내가 주께 부르짖습니다;
아침에 나의 기도가 주 앞에 이르리이다.

이 구절들은 하나님께 상달되는 기도에 대해 말하고 있다. 시편 102:2과 88:3은 주어-목적어 변화를 포함하고 있다: "내 기도"는 한 행에서는 문법적 주어이고 평행하는 행에서는 목적어이다. 다시 말하면 단어 선택과 배열 때문에 그들은 서로 다르다. 시편 88:14은 동사구 "내가 부르짖는다"를 명사구인 "내 기도"로 변환시키는 것과 관련된 더 복잡한 형태이다.

시편 4:2 בקראי ענני אלהי צדקי
בצר הרחבת לי
חנני ושמע תפלתי

내가 부를 때에 응답하소서, 내 의의 하나님이여;
곤란 중에 주께서 나를 너그럽게 하셨습니다.
내게 은혜를 베푸사 나의 기도를 들으소서.

시편 71:2 בצדקתך תצילני ותפלטני
הטה אלי אזנך והושיעני

주의 의를 따라 나를 구원하시고 건지소서;
주의 귀를 내게 기울이사 나를 구원하소서.

시편 119:149 קולי שמעה כחסדך
יהוה כמשפטך חיני

주의 신실하심을 따라 내 목소리를 들으소서;
여호와여 주의 공의를 따라 나를 보존하소서.

시편 143:1 יהוה שמע תפלתי
האזינה אל־תחנוני באמנתך
ענני בצדקתך

여호와여 내 기도를 들으소서;
주의 진실로 내 간구에 귀를 기울이소서.
주의 의로 내게 응답하소서.

이 네 개의 구절들은 그들의 의미가 각각 더 크기 때문에 더 복잡하고 이것은 평행을 이루는 더 많은 가능성의 요소들을 제공한다. 나는 이 구절들 모두가 하나님의 공의 또는 신실하심에 대한 내용을 포함하기 때문에 서로 그룹화 하였다. 이전 예들 보다 더 통합적인 등가가 여기에 있다. 예를 들면, 시편 119:149: "내 기도를 들으소서" 그리고 그 결과 "나를 보존하소서."

더 많은 잠재적인 요소와 함께 여러 다양성을 지니고 있기 때문에 평행법을 한 두 가지의 형태로 정의하려는 시도가 실패하였다는 것은 그리 놀랄만한 것은 아니다. 앞서서 소개한 모든 예들은 평행법을 포함하고 있다. 그러나 단 하나의 공식으로 그 모든 평행법을 설명하는 것은 상당히 어렵다. 이 책의 목적은 평행법을 하나의 단순한 언어학적 공식으로 축소하려는 것이 아니고, 오히려 평행법의 엄청난 언어학적 복잡성을 보여주려는데 있다. 이것은 분명히 서로 다른 단어들로 단지 생각을 반복하는 문제가 아니고 또한 동일한 구문적 구조를 반복하는 것도 아니다. 그리고 "A, 게다가 B"은 정의라고 하기에는 애매하고 큰 가치는 없다. 팽행법은 오히려 여러 언어학적 등가들과 대조들을 서로 얽히게 하는 것의 문제이다.

마찬가지로 평행법들을 평가하는 것은 불가능하다. "더 낳은" 또는 "더 안 좋은" 평행법들은 없다. 그리고 "완전한" 또는 "불완전한" 평행법들은 없다. 말할 필요도 없이 "더 낳은" 평행법을 만들기 위해 본문을 수정하는 행위는 아무런 근거가 없다. 그리고 심지어 알려지지 않은 한 단어의 의미를 단어 쌍에서 도출하는 것은 위험스러운 일이다. 우리가 평행법을 구성하는 광범위한 언어학적 가능성들을 고려하면서 평행법에 대한 넓은 관점을 수용해야 한다. 나는 이 책에서 이러한 몇몇의 가능성들을 언급하고, 평행법이 어떻게 기능하는지를 언어학적인 관점으로 설명하기 위한 약간의 지침들을 제시하려고 시도하였다. 그러나 이 "평행법의 문법"은 아직 아주 초보적인 단계에 있다. 다른 생성문법들의 경우에서와 같이 우리는 아직 성경 히브리어에서 모든 그리고 오직 수용할 만한 평행법을 생성하는 완전한 일련의 규칙들로 가기에는 아직 가야할 길이 멀다.

감지력과 흥미성

평행법이 시적인 기능을 돕기 위해 – 그 자체의 목적을 위해 메시지에 초점을 맞추기 위해 – 서는 반드시 감지할 수 있어야 한다(참조. 1장, 45페이지). 그러나 감지력은 어느 정도는 주관적이기에 무엇이 감지될 수 있고 왜 또는 어떻게 그것이 감지되는지 결정하는 것은 결코 쉽지 않다. 이것은 제이콥슨의 주장의 여러 약점들 가운데 하나이다. 제이콥슨은 어떤 언어학적 등가도 잠재적으로는 감지할 수 있고 따라서 의미심장하다고 느낀 것처럼 보인다. 그러나 그에 대한 비평가들은 모든 등가들이 동등한 상태라는 점을 인정하길 주저하고 그것들을 해석하는데 있어서 자신의 선택을 주장하는 제이콥슨 비평한다. 제이콥슨의 문제는 첫째, 그 이전의 다른 사람들이 감지하지 않았던 등가들을 그가 감지했다는 것이다. 그리고 둘째는 그 등가들을 한 번 감지하면 그는 그것들을 시의 의미 해석에 적합하도록 무리하게 사용했다는 것이다. 이 두 문제들을 분리해 보자: 평행법의 감지력(내가 여기에서 논의할 문제), 그리고 평행법의 효과(다음에 논의할 문제).

제이콥슨과 그의 동료들이 분석했던 많은 예들과는 달리, 그리고 감지의 문제에 있어서 주관성의 요소가 있음에도 불구하고 성경은 많은 분명한 평행법들을 포함하고 있다. 둘 또는 그 이상의 연속하는 행들과 관련된 성경 평행법에 관하여 필자가 인식하는 것 이외에도 상당히 많은 증거들이 있다(비록 우리가 어떻게 그것을 정의할 것에 대해서는 서로 동의하지 않지만). 성경의 평행법을 고대의 독자가 아닌 현대의 독자들이 감지할 수 있게 하는 것이 무엇인가?[2] 다른 말로 하면 평행법이 존재한다는 것을 감지하도록 그리고 두 행 안에 있는 등가들을 감지하도록 허락하는 것은 무엇인가? 이는 언어 심리학자들의 과제이다. 그러나 내가 알기로는 평행법 감지에 대한 인식적인 연구들은 없기 때문에 나는 과감히, 그러나 잠정적으로, 독자들이 평행법들을 감지할 수 있도록 해줄지도 모르는 몇 가지의 공식적인 원리들을 소개하고자 한다. 이러한 원리들은 개인적인 경험과 논리적인 추론의 결과이다. 이것들은 평행법의 인식적인 과정에 관한 검증 되지 않은 가설이라는 점을 의미한다. 내가 보기에 가장 분명한 평행법의 종류는 시편 136의 모든 구절의 마지막에 나타나는 כי לעולם חסדו, "그의 인자하심이 영원하기에," 또는 시편 150에서 거의 모든 구절의 처음에 나타나는 הללוהו, "그를 찬양하라,"에서와 같이 여러 번에 걸쳐 반복된 전체적인 등가이다.[3] 그러나 이러한 종류의 동일한 반복은 거의 드물다. 성경 평행법의 대부분의 경우는 그렇게 분명하지 않으나 그럼에도 불구하고 쉽게 평행하는 것으로 인식된다. 이것을 설명할 수 있는 네 개의 원리들－평행법을 좀 더 잘 감지할 수 있도록 하는 네 개의 원리들－이 있다: 언어학적 등가들의 근접성, 그들의 표층 구조들의 유사성, 관련된 언어학적 등가들의 수효, 그리고 등가들의 기대.

A. 근접성

제이콥슨의 분석은 본문 전체에 퍼져있는 언어학적 등가들을 밝혀냈다. 그러나 성경의 평행법은 주로 인접한 단어들, 구들, 또는 문장들과 같이 아주 가까운 근접거리 안이 있는 등가들과 관련이 있다. 평행법의 각 부분들 사이에 개입되는 요소들이 덜 할 수록 그 평행법은 더 잘 감지될 수 있을 것이다. 이것은 아마도 동일한 반복과 관련되어 있을 때에도 사실일 수 있다: 시편 115:9-11에 나타나는 반복은, 삼하 1:19, 25, 27에서의 **איך נפלו גבורים**, "어떻게 용사들이 넘어졌는가"의 반복보다 더 즉각적으로 감지할 수 있다.

> **ישׂראל / בית אהרן / יראי ה׳ / בט[ו] בה׳**
> **עזרם ומגנם הוא**
> 이스라엘 / 아론의 집 / 여호와를 경외하는 자들은 여호와를 의지한다;
> 그는 그들의 도움과 방패시다.

나는 성경이 종종 평행법을 서로 가깝게 위치시키기 위해 그 길에서 벗어난다는 인상을 받는다. 전체 문장 보다는 문장의 각 부분을 평행하게 함으로 이러한 것을 행한다. 예를 들면, 삼하 1:20은 다음과 같이 읽을 수 있었을 것이다.

> ***אל תגידו בגת**
> **פן תשׂמחנה בנות פלשׁתים**
> **אל תבשׂרו בחוצת אשׁקלון**
> **פן תעלזנה בנות הערלים**

그러나 그 대신에 다음과 같이 읽는다.

אל תגידו בגת
אל תבשׂרו בחוצת אשקלון
פן תשׂמחנה בנות פלשׁתים
פן תעלזנה בנות הערלים

이 일을 가드에 알리지 말며
아스글론 거리에도 전파하지 말라,
블레셋의 딸들이 즐거워하지 못하게 하기 위해;
할례 받지 못한 자의 딸들이 기뻐하지 못하게 하기 위해.

분명히 위에서 별표시(*)로 지명된 패턴(*abab*) 안에서 배열된 많은 평행하는 행들이 있다. 그러나 나는 aabb 패턴(삼하 1:20에서 처럼) 안에 있는 평행법이 *abab* 패턴보다 더 쉽게 감지된다고 주장한다. abcabc패턴은 덜 감지될 수 있다. 그러나 감지의 용이함 이외에 본문 안에서 다른 요소들이 작용하고 있기 때문에 *aabb*패턴이 항상 선호될 수 있다고 제안하는 것은 아니다.[4)]

평행하는 부분들 사이의 상당한 거리는 수미 쌍괄식 구조들(*inclusios*) 안에서 발견된다. 그리고 이것들은 사실 연속적인 행들 안 있는 평행법들 보다 어렵게 감지된다. 그러나 수미쌍괄식 구조들(*inclusios*)는 다른 평행법들과는 약간 다른 기능을 하고 있다. 그들은 본문을 프레임화 하여 본문 전체에 일관성과 통일성을 제공한다.

B. 표층구조의 유사성

유사한 표층 구조들을 가지고 있는 행들은 서로 다른 표층 구조들을 가지고 있는 행들 보다 그들이 평행하다고 더 쉽게 감지될 수 있다. 이 점은 반복된 단어들을 사용하는 평행법들은 단어 쌍들을 사용하는 것들 보다 더 잘 감지될 수 있다는 점을 제시한다. 그리고 동일한 구문적 표층 구조를 가지고 있는 행들은 다른 표층 구조(비록 심층 구조는 동일할지라도)를 가지고 있는 것들 보다 더 잘 감지 될 수 있다는 점도 제시한다. 반복된 단어들, 소리들, 그리고 구문적 표층 구조를 가지고 있는 예는 다음과 같다.

창세기 27:36b

את בכרתי לקח
והנה עתה לקח ברכתי

나의 장자권을 그가 빼앗았고;
그리고 보아라 이제 그는 나의 복을 빼앗았다.

시 61:2과 같은 평행법은

시편 61:2

שמעה אלהים רנתי
הקשיבה תפלתי

하나님이여 내 노래를 들으소서;
내 기도에 귀를 기울이소서.

시편 102:2에서 소개되는 평행법 보다 더 잘 감지될 수 있다.

시편 102:2

יהוה שמעה תפלתי
ושועתי אליך תבוא

여호와여 내 기도를 들으소서;
나의 부르짖음이 주께 달하게 하소서.

왜냐하면 후자는 변형과 관계되는 반면에 전자의 표층 구조는 동일하기 때문이다.

C. 언어학적 등가들의 수

더 많은 언어학적 등가들이 존재할수록 평행법은 더 잘 감지될 수 있다. 단지 구문적 등가를 가진 평행법은 구문적이며 의미적 등가를 가진 것 보다 덜 감지될 수 있다. 단어 쌍들 그리고/또는 소리 쌍들의 사용은 감지될 수 있는 가능성을 더 높인다. 시편 105:17에서 비록 행들의 심층 구조가 동일하더라도 이 구절에서는 언어학적 등가들이 별로 없다.

시편 105:17

שָׁלַח לִפְנֵיהֶם אִישׁ
לְעֶבֶד נִמְכַּר יוֹסֵף

그가 그들에 앞서 한 사람을 보냈다;
요셉이 종으로 팔렸다.

반면에

시편 105:35

ויאכל כל־עשׂב בארצם
ויאכל פרי אדמתם

그것은 그들의 땅에 있는 모든 채소를 먹었으며;
그것은 그들의 밭에 있는 열매를 먹었다.

위 구절은 심층 구조는 다르지만 유사한 표층구조를 가진 구절이다. 즉 하나의 반복된 단어, 두 개의 어휘적 관련어들, 그리고 의미적 등가가 있다. 따라서 시편 105:35은 시편 105:17 보다 좀더 쉽게 감지될 수 있다.

D. 평행법의 기대

이항 문장들 또는 전반적인 평행법의 그 어떤 형태 위에 구성된 본문 안에서

극히 소수이거나 아무런 언어학적 등가들도 가지고 있지 않은 행들 안에서도 평행법을 발견하고자 하는 경향이 있다. 예를 들면, 평행하지 않는 본문에서 다음과 같은 구절이다.

시편 94:11 יהוה ידע מחשבות אדם
כי־המה הבל

여호와께서는 사람의 생각들을 아신다.
그것이 허무하다는 것을

아마도 이 구절이 평행법을 포함한다고 생각하지는 않을 것이다. 그러나 평행하는 구절들에 의해 둘러 쌓인 현재의 문맥에서 이 구절을 또한 이항 문장으로 읽는 경향이 있다. 구문적 등가가 의미적 등가의 인식을 고취시키듯이 여기에서도 또한 한 분야에서의 등가는 다른 분야들로 흘러간다. 평행법이 본문 전체의 구성적인 장치가 될 때 그 모든 부분들은 어느 정도의 방식으로는 평행법에 참여하고 있다고 간주될 수 있다.

다시 말하면 학습을 위한 목적 때문에 나는 서로 고립되어 나타나지 않지만 네 개의 원리들을 분리 시켜 설명했다. 이것들 모두는 그 범위가 많든지 적든지 간에 함께 기능한다. 내가 그 원리들을 열거한 순서가 그것들의 중요성의 순위라고 생각되어서는 안 된다. 근접성은 평행법을 감지할 수 있게 하는데 있어서 표층 구조의 유사성 보다 더 중요할 수도 있고 그렇지 않을 수도 있다.

나는 "감지력"을 "과정의 용이함"과 평행법의 존재를 인식하는데 있어서의 용이함을 말하는 개략적인 등가로 사용하였다. 그러나 인식적 과정의 용이함은 항상 문학, 특히 시의 가장 절실한 요구는 아니다. 왜냐하면 텍스트 언어학자들이 언급했던 것처럼 독자의 지식 또는 기대를 완벽하게 충족시키는 쉽게 진행되는 것은 낮은 "정보성"을 가지고 있고 따라서 "흥미"가 없다(참조. De Beaugrande and Dressler, 9, 213). 정보성은 세상의 사실적인 지식 또는 언어학적 기대와 관련이 있을지도 모른다. 시가 일반적인 구문을 역으로 바꿀 때 그것의 정보성의 수준은 높아진다. 그리고 이에 부합하여 이것은 더 흥미롭게 된다. 예를 들면, 만약 우리가 이것을 평행법에 적용한다면 우리는 한 평행하는 행의 표층 구조를 바꾸는 것은 그것을 더 흥미롭게 하는 것이다. 따라서 시편 61:2은 더 잘 인식이 될 수 있는 반면에, 시편 102:2은 더 흥미롭다.[5] 이러한 이유 때문에 내가 여기에서 언급한 원리들은 종종 규칙을 어겼다. 즉 정확한 반복과 동일한 표층 구조는 표현의 다양한 등가적 형태들을 선호하면서 회피되었다. 가장 흥미로운 평행법들 안에서 심지어 행들의 심층 구조는 서로 다를 수 있다. 평행법의 측면들 가운데 상관성의 부족(75, 122페이지에서 소개된)과 그에 따른 긴장 관계는 관심의 수준을 높이기 위해 계산된 것이다. 이와 같은 평행법의 분류를 위해 요구되는 추가적인 노력은 그것들의 너 높은 수준의 관심에 의해 보상을 받는다. 한 본문은 정보성과 분류의 용이성 사이에 균형을 창출해야만 한다.

평행법의 효과

평행법을 감지할 수 있다고 그것이 본문에 미치는 효과를 반드시 이해할 수 있는 것은 아니다. 우리는 시편 61:2이 평행법을 포함하고 있다는 것을 알고 있다. 그러나 우리는 그 평행법이 시편을 읽는데 무슨 효과를 가져다 주는지 묘사하는 것은 쉽지 않다. 내가 다시 한번 분명히 하고자 하는 점은 평행법 그 자체로는 의미가 없다는 것이다. 시편 61:2에 있는 평행법에 대한 분석 즉 이 구절은 שמע // הקשיב의 어휘 쌍을 사용하고 있고 두 행의 구문은 동일하다는 사실은 이 구절의 의미에 대해서는 그 어떤 것도 말해주지 않는다. 쿨러(J. Culler)가 말했듯이: "언어학은 해석학이 아니다. 그것은 전후 관계가 의미하는 것이 무엇인지를 발견하지 않고 또한 그것에 대한 새로운 해석을 제시해 주지 못한다."(Structuralist Poetics, 31). 그러나 평행법은 본문 안의 다른 형식적 특성들과 같이 본문을 구성하는 것을 돕고 따라서 그 의미를 파악하는 과정에 영향을 미친다.

평행법은 두 명제 사이에 등가 또는 반대의 관계들을 세운다. 가끔 등가 또는 반대의 효과는 아주 놀랍니다. 예를 들면, 에서가 다음과 같이 말했을 때이다.

창세기 27:36

הכי קרא שמו יעקב
ויעקבני זה פעמים
את בכרתי לקח
והנה עתה לקח ברכתי

분명히 그는 야곱이라 불리는 자다;
그는 나를 이제까지 두 번이나 속였다["Jacobed me"]:
나의 장자권을 그가 빼앗았고;
그리고 보아라 이제 그는 나의 복을 빼앗았다.

에서와 독자들은 갑자기 두 개의 분리된 내러티브 순서들 사이의 관계를 바라본다. 야곱이 장자권을 빼앗은 것(창 25)은 창세기 27장에서 그가 축복을 얻은 것과 동일시되고 있다. 더욱이 야곱의 이름은 그의 행동과 관련되어 있는 것으로 이해된다. 그리고 그의 이름은 그의 본성과 같은 뜻이 된다.

두 개의 서로 다른 내러티브 순서들은 다음 구절에서 연결되어 있다.

시편 114:3

הים ראה וינס
הירדן יסב לאחור

바다가 보고 도망하였고;
요단이 뒤로 물러갔도다.

이 평행법은 두 가지 수준에서 작용한다: 이것은 일반적인 관련 쌍인 **ים** // **נהר**, *바다* // *강*을 사용한다.[6] 그러나 강을 요단이라고 구체화함으로써 출애굽 내러티브의 틀을 형성하는 두 개의 비교가 되는 사건들인 홍해를 가른 일(출 14,

15장)과 요단강을 가른 일(수 3장) 사이를 연결시키고 있다.

나오미가 그녀의 이전과 현재 상태를 대조시킴으로써 등가가 아닌 반대의 의미가 더욱더 고취되었다.

룻기 1:21a

אני מלאה הלכתי
וריקם השיבני יהוה

내가 풍족하게 나갔더니;
여호와께서 나를 비어 돌아오게 하셨다.

이 평행법은 이야기 전개에서 중요한 대조의 의미를 포착한다: '빈' 과 '가득한'(이것은 라우버[D.F. Rauber]에 의해 잘 설명되었다).

가끔 우리는 특정한 평행법의 *형태*가 어떻게 특정한 효과를 가지고 있는지 볼 수 있다. 예를 들면, 마치 그 어떤 문체적 특징이 의미에 뉘앙스를 제공하는 것처럼, 평행하는 행의 다양한 구문적 표층 구조는 추가적인 효과를 산출한다. 방금 인용했던 룻기 1:21a는 주어-목적어 평행법의 한 경우이다. 첫 번째 행의 "나"는 두 번째 행에서 "나를"이 된다(참조. 3장, 114페이지). 그 결과 두 번째 행은 첫 행과는 달리 다른 문법적인 주어를 가지고 있으며 이는 전달되는 의미에 한 특징을 추가 시킨다. "그때 - 풍성함" 그리고 "이제 - 빈" 사이의 반대되는 대조 이외에도 또한 "나"와 "여호와" 사이에 대조도 있다. 또한 이것은 이야기의 마지막에는 서로 화해가 되는 중요한 대조의 요소이다: "너에게 기업 무를 자(*goel*)를 없게 하지 아니한 여호와를 찬송할 지로다"(룻 4:14).

다른 형태의 평행법들은 다른 효과를 가지고 있다. *qtl-yqtl* 변화는 시편 26:4에서 양단법(merismus)의 효과를 나타낼 수 있다.

시편 26:4

לא־ישבתי עם־מתי־שוא
ועם נעלמים לא אבוא

번역은 일반적으로 두 행의 시제를 일치시킨다:

나는 허망한 사람들과 교제하지 *않고*;
위선자들과 교제하지도 *않습니다*.

그러나 이 구절이 무언가 더 강한 것을 제시하는 것도 가능하다.

나는 허말한 자들과 *결코* 교제하지 *않았고*;
나는 *결코* 위선자들과 교제하지도 *않을 것입니다*.

이사야 54:7은 하나님의 버리심의 미미함과 그의 백성을 모으시는 위대함 사이에 반대를 통하여 위로를 표현하고 있다.

이사야 54:7 **ברגע קטן עזבתיך**
וברחמים גדלים אקבצך

잠시(for a small moment) 내가 너를 버렸으나;
큰(great) 긍휼로 내가 너를 모을 것이다.

대조는 의미적으로 "작은(small)" 과 "큰(great)" 의 단어 안에서 나타난다. 그러나 단수 "작은" 과 복수 "큰"의 반대를 통해 문법적으로 다시 한번 강조된다.

단어 쌍의 선택은 또한 의미에 영향을 미친다. 4장에서 나는 단어 쌍들이 통상적인 어휘 연관성의 산물이라고 논의 하였다. 그렇다고 해서 평행하는 행들 안에서 용어들의 쌍이 반사적인 행동의 한 종류라는 결론은 내리지 말아야 한다. 저자는 단어들의 쌍을 만들 때 항상 선택의 여지가 있다. 그리고 가능한 관련어들 가운데 어느 것을 선택하고 또한 다른 것을 선택하는 것이 무슨 차이를 만들어내는지를 주목하는 것은 중요하다. 예를 들면, 이사야 1:3b "이스라엘"은 "내 백성"과 쌍을 이룬다.

이사야 1:3b ישׂראל לא ידע
עמי לא התבונן

이스라엘은 알지 못한다;
내 백성은 그 자체를 깨닫지 못한다.

나는 이스라엘에 대한 다른 관련어 (예. “에브라임,” “야곱의 집,” 등) 대신에 “내 백성”을 선택하는 것은 구절의 의미에 영향을 미친다고 생각한다. 이 어구(語句)는 하나님에 대한 친근감이라는 감정적인 어조와 하나님의 백성은 자신이 하나님의 백성이라는 사실 조차도 깨닫지 못한다는 풍자를 추가시키고 있다.

이것들은 특정한 문맥 안에서 특수한 평행법들의 예들이 되어 왔다. 나는 평행법이 항상 두 개의 분리된 네러티브 연속성을 동등하게 만들거나 또는 *qtl-yqtl* 변화가 항상 양단법을 산출한다는 등의 제안을 하는 것은 아니다. 이러한 예들이 보여주는 것과 같이 그리고 내가 4장의 마지막 부분에서 제시한 것과 같이 평행법은 문맥의 관점에서 생각되어야만 한다. 각각의 평행법은 그 자신의 문맥에 맞고, 본문 전체의 의미에 참여하고 그 의미에 기여하도록 하기 위해 디자인 되었다. 평행법 그 자체는 의미를 가지고 있지 않다. 그러나 평행법은 그 구성된 부분 요소들의 의미를 구조화시킨다. 나는 이 책의 전체에 걸쳐 어떻게 이 의미의 구조화를 이룰 수 있는지에 대한 다양한 점들을 언급하였다; 나는 어떻게 의미적 관계들이 구문적 관계들(2장, 66페이지) 또는 음성적 관계들(5장, 195페이지) 위에 추가 될 수 있는지를 주목하였다. 그리고 어떻게 평행법이 애매모호성 또는 명확성을 제공할 수 있는지 또는 은유적 기능으로 섬기는 지를 관찰하였다(4장, 172-180페이지).

지금까지 나는 특정한 평행법들의 특정한 효과들에 대해 논의해왔다. 그렇다면 평행법 자체의 효과는 무엇인가? 나는 여기에서 개별적인 평행법들의 효과에 대해 묻는 것이 아니고 전반적으로 평행법을 사용한 본문 – 주된 구성적인 장치가 평행법인 본문 – 의 더 전반적인 효과에 대해 질문을 하고 있는 것이다. 이것과 함께 우리가 시작했던 문제로 되돌아간다: 평행법과 시의 관계 또는 좀 더 엄밀하게 말하면 시적인 기능.

워(Waugh)에 의해 잘 다듬어진 제이콥슨의 개념(1장, 46페이지)을 다시 한번 주목한다면, 시적인 본문은 우리가 평행법이라고 부르는 언어학적 등가들이 주를 이루는 것-즉 언어학적 등가들 위에 구성된 본문-으로 정의할 수 있다. 이러한 언어학적 등가들은 본문이 읽혀질 때 주제적 또는 개념적 등가들을 촉진시키는 방향으로 기능을 한다. 결과는 직선적인 순서(상련성[相連性]) 안에 반드시 발생하는 본문의 요소들은 등가 또는 대조된 것(유사성)으로 인식된다. 이러한 예는 시편 136에 분명히 나타난다. 시편은 그것의 내러티브 순서(그들이 순서대로 발생된 일련의 사건들의 목록)를 보존하고 있다. 그러나 시적인 기능은 그 위에 추가되었다. 시인은 직선의 순서를 취하였고 연속적인 등가들로 다시 구성하였다. 몇몇의 구절들은 이 점을 드러내기에 충분하다.

시편 136:10-15

למכה מצרים בבכוריהם
כי לעולם חסדו
ויוצא ישראל מתוכם
כי לעולם חסדו
ביד חזקה ובזרוע נטויה
כי לעולם חסדו
לגזר ים־סוף לגזרים
כי לעולם חסדו
והעביר ישראל בתוכו
כי לעולם חסדו
ונער פרעה וחילו בים־סוף
כי לעולם חסדו

애굽의 장자를 치신 이에게;
그 인자하심이 영원함이로다;

이스라엘을 그들 중에 인도하여 내신 이에게;
그 인자하심이 영원함이로다;
강한 손과 편 팔을 가지신 이에게;
그 인자하심이 영원함이로다;
홍해를 가르신 이에게;
그 인자하심이 영원함이로다;
이스라엘을 가 가운데로 통과하게 하신 이에게;
그 인자하심이 영원함이로다;
바로와 그의 군대를 홍해에 던지신 이에게;
그 인자하심이 영원함이로다.

이 시편은 창조와 출애굽 그리고 가나안 정착 기간 동안에 하나님께서 행하신 행동의 연대기적인 목록을 전체적으로 구성한 것이다. 목록은 절들 또는 구들로 나뉘어 졌고 그들 대부분이 평행법을 포함하고 있다.[7] 좀 더 분명한 성격(정확한 반복)의 추가적인 평행법이 목록의 각각의 항목 나음에 삽입되었다. 이 반복은 모든 절의 마지막이 동일한 소리와 동일한 의미를 가지도록 하는 효과를 나타낸다. 이것은 유사성(맨끝 형태의)을 상련성 위에 추가 한다. 그러면 그 효과는 그들 자신의 평행법들로부터 이미 어느 정도의 유사성을 가진 구절들의 처음 부분에 펴진다. 그 결과 목록에 언급된 행위들은 동등한 것으로 보인다: 애굽의 장자들을 친 것은 홍해를 가르는 것과 같고 그것은 또한 광야에서 이스라엘을 인도하는 것과 같다 등등.[8] 어떤 의미에서 이 모든 행동들이 비슷한가? 이 모든 것들이 하나님의 영원한 인자하심, **כי לעולם חסדו**에서 나왔다는 의미이다. 모든 행위들은 한 목적을 가진 행위자에게서 나왔다. 시인은 이 사실을 “역사”를 통해 “이해했다.”[9] 언어학적 등가들의 조합을 통하여 그는 일련의 불연속적인 사건들을 의미 있는 패턴으로 정확하게 구성하였다. 모든 구절이 평행하기 때문에 비록 시편 136편이 명백하게 한 극단의 예가 되지만 여러 다양한 평행법의 집중도 안에서 팽행법이 구성적인 기법으로 나타나는 곳 마다 그 동일한 효과를 느낄 수 있다.

나는 여기에서 시에 대해서만 언급했다. 그러나 물론 시는 고대와 현대에서 평행법을 구성적인 기법으로 사용되는 유일한 장르는 아니다. 성경에서 율법에 관한 본문, 잠언, 선지자적인 메시지, 사색적인 생각(예. 전도서), 심지어 일부 내러티브 본문에서도 평행법을 발견할 수 있다. 이것은 이러한 모든 본문들을 "시"라고 부르는 한 장르로 강요하는 것에 대한 문제가 아니다. 오히려 등가 또는 반대의 관계성 위에 구성된 본문의 여러 형태들이 있을 수 있다. 이러한 본문들이 공통적으로 가지고 있는 것은 지배적인 시적인 기능을 가지고 있다는 것이다. 이러한 본문들 모두는 메시지 그 자체에 초점을 맞춘다. 즉 그들은 자신들의 언어학적 표시들에 부과한 관계들에 관심을 기울인다. 그들은 세계를 그들의 표현 형식에 따라 동등어들과 반대어들로 구성하거나 또는 재구성한다. 성경의 배경이 되는 고대 근동의 세계에서 가장 공식적인 말의 표현은 평행적인 것이었기 때문에 성경은 아주 많은 평행법을 포함하고 있다는 것에 우리는 놀라지 말아야 한다. 이것은 메시지를 받는 자들이 그것을 가장 잘 이해할 수 있도록 하는 가장 효과적인 방법이었고 아직도 그러하다.

지금까지 평행법이 무엇인지에 대해 설명한 것을 요약함으로 이제 결론을 내리고자 한다. 로만 제이콥슨을 따라 나는 평행법이 "선택의 축에서 조합의 축으로 등가의 원리들을 투사하는" 시적인 기능과 동등하다 것, 다른 말로 하면 "유사성은 상련성에 추가된다" 것을 받아드렸다. 이 책은 성경 평행법에서 평행법이 어떻게 성취되는지에 대한 광범위한 예들을 제공하였다. 형태론에서 유사성은 동일한 단어 군에 속한 단어들에 의지하여 구성되거나 또는 동일한 구문적 기능을 하는 다른 단어 군들로 구성된다. 구문적 유사성은 동일한 심층 구조를 가지고 있는 절들로 구성되어 있다. 어휘적 유사성은 어휘가 계열적 또는 통합적으로 관련된 단어들로 구성된다. 마찬가지로 의미적 유사성은 의미적으로 근접한 표현 또는 의미에서 통합적으로 관련된 표현들로 구성되어 있다. 음성적인 유사성은 반복되는 동일하거나 또는 비슷한 소리의 그룹으로 구성된다. 이러한 종류의 모든 유사성의 형태와 아마도 내가 아직 연구하지 않은 다른 형태들도 성경 평행법에서 작용을 하고 있다. 둘 또는 그 이상의 비슷한 요소들이 인접하는 표현들 안에서 결합되어 있다. 즉 유사성은 상련성에 추가된다. "유사성"은 "등가"를 함의하고 있다. 나는 "등가"를 "동일한 언어학적 범주 또는 패러다임에 속하는 것"또는 "동일한 순서 또는 통합구문에 속하는 것"이란 의미로 사용하였다. 평행하는 요소들은 (단어들, 소리들, 문법적 구성들 등) 어떤 면에서 언어학적으로 등가이다. 그러나 모든 평행법의 형태들의 기저를 이루는 등가 이외에도 종종 대조도 있다. 결국 등가적인 요소들은 서로 동일하지 않고 이 동일성의 부족(즉 그들의 다름)은 그들이 인접하고 있을 때 더 분명하게 드러난다. 따라서 우리는 워(Waugh)와 함께 평행법은 "등가와 함께 대조의 강한 관련성"을 나타낸다는 결론을 내릴 수 있다.[10)]

성경 평행법에서 이 대조는 어휘적 관련어, 형태적 변화 (예. 단수//복수; 한정//비한정, 등), 통합적 변화들, 평행하는 행의 의미적 관계들, 그리고 소리 쌍들의 음소들의 재배열과 대체 안에서도 발견될 수 있다.

결국 평행법은 언어의 여러 측면들과 수준들과 관련된 등가들 그리고/또는 대조들의 네트워크로 구성되어있다. 게다가 이러한 언어학적 등가들과 대조들을 통하여 평행법은 그 자신과 자신이 표현하는 의미에게 주의를 모은다. 평행법은 시적인 기능을 구현하고 시적인 기능은 메시지의 초점을 고조시킨다.

주(註)

제1장

1. 로쓰를 앞선 평행법의 선구자들에 대해서는 다음을 참조하라. Kugel, *Idea*, 96-286; Cooper, 17-19, 150-62; Lundbom, 121-27.
2. 이점은 데니스 파디(Dennis Pardee)의 출판되지 않은 두 개의 소 논문에서 언급되었다.
3. 성경학자들은 과연 성경시가 운율을 가지고 있는가에 대한 문제와 만일 그렇다고 하더라고 어떻게 계산되어야 하는지에 대해서는 서로 의견이 나누어 진다. 운율 연구에 대한 요약에 대해서는 다음을 참조하라. Stuart, 1-49; Cooper, 11-33, 147-49; Kugel, *Idea*, 287-304; O'Connor, *HVS*, 29-41. 우가릿 연구에서 평행법과 운율 사이의 긴장관계에 대한 논의로는 다음을 참조하라. S. Parker in *UF* 6 (1974), 283-94.
4. 평행법에 대한 쿠겔의 정의는 대부분 초기의 성경 연구에서의 의미적인 평행법보다 더 넓다. 그는 평행법을 한 문체 안에서 구문, 형태, 그리고 의미가 두 부분 사이에서 서로 대응의 느낌을 갖게 하는 한 형태라고 부른다(*Idea*, 2). 비록 그가 어떤 대응성들의 본질을 검토하기 시작했으나 평행법을 인식하기 위한 그 기준은 항상 명확했던 것은 아니다. 결국 평행법의 본질이 B가 A를 넘어서고, 시중들고, 대조된다라는 그의 주장들과 또한 평행법은 약간의 의미적, 구문적 또는 음성적 유사점을 나타내는 절을 함께 배열한다는 점을 구성하지 않는다라는 주장은 다시 한번 평행법을 의미적 대응성으로만 축소시키도록 위협한다.

5. 참조. *Idea*, 85: "이는 감정 고조 효과의 요소들이 상대적으로 집중되어 있는 것을 ' 시' 그리고 그것들이 상대적으로 부재인 것을 단지 '산문' 이라고 부르는 것을 고수하는 독자에게는 충격이 될 수 있다." 사실상, 쿠겔은 '모든-또는-무' 라는 용어 사용이 야기시키는 양극화를 반대한다. "성경의 형태를 산문 또는 시의 분리된 렌즈를 통해서 보는 것은 관점을 오해하는 것이다."
6. 우가릿 시에 대해 언급 한 시거트(Segert)와 비교하라. "평행법이라고 알려진 특징들은 또한 산문체의 본문에서도 나타날 수 있다… 이 기준 만으로는 본문이 시 또는 산문인지에 대해서는 결정할 수 없다"(*UF* 11, 730). 그러나 그는 731 페이지에서 그는 다음과 같이 말한다: "우가릿 시의 가장 두드러진 특징은 평행적인 구조인다." 또한 다음을 참조하라. Dahood, *RSP* III, p. 5.
7. 참조. Geller, "Theory and Method," 75-77. 이 이슈는 쿠겔의 단편 논문인 *Prooftexts* 1 (1981), 217-36 과 그에 대한 필자의 답변인 *Prooftexts* 2 (1982), 323-32의 주제였다.
8. 따라서 산문과 시 안에서 나타난 평행법의 차이를 발견하려는 왈론(Wallon)의 시도는 바람직하지 못한 것이다.
9. 쿠겔은 비슷한 생각을 다소 다르게 표현한다: "사실은 한 구절과 다음 구절 사이의 관계가 미약해 보이지만 그런 관계가 존재한다면 종종 그것을 이해하는 것은 독자 또는 청자의 몫으로 남겨진다. "(*Idea*, 92)
10. 참조. 흐루쇼브스키(Hrushovski): " 이러한 기본적인 단위들은 동등하지 않는다. 엄밀한 수들을 맞추기 위해 본문을 수정하려는 모든 노력들은 본문의 그 어떤 관점으로 보아도 납득할만한 것은 아니다.… 또한 그렇게 할 필요가 없다. 리듬적인 느낌은 모든 '불규칙적인 것들' 에도 불구하고 지속된다. 기본적인 단위들은 하나 또는 네 개 이상의 강조들로는 거의 구성되지 않는다. 다시 말하면 그들은 둘, 셋, 또는 네 개의 강조들로 구성된 단수한 그룹이다 …그 강조들은 강하고, 단어들의 주된 강조들이고 … 구문적 반복에 의해 다시 강조된다. 따라서 그 그룹들은 비슷하고, 단순하고, 서로 연결된 것으로 느껴질 수 있다. 그러한 단위 안에서 강조들의 수가 작기 때문에 단어들에게 특별한 비중을 부과하면서 그것들은 두드러지게 나타난다." ("On Free Rhythms," 189).
11. 마이클 오코너 (Michael O'Connor)는 개인적인 대화 속에서 이와 같은 목록들은 시에서도 발견된다는 점을 상기시켜 주었다. 예. 알렌 테이트(Allen Tate)의 함께 죽은 자들을 위한 찬가 (Ode to the Confederate Dead)에서 나타나는 "Shiloh, Antietam, Malvern Hill, Bull Run" 일리아드의 Book II의 마지막 부분에 나오는 이름들; 그리고 나는 에누마 엘리쉬의 마지막에 나오는 마르둑의 이름들을 추가하고 싶다.

이 연구에서 평행법은 1) 동일한 형태-부류의 둘 또는 그 이상의 반복 또는 2) 동일한 기능 또는 구문적 상황 (Hiatt, 118) 안에서 3) 동일한 문법적 부류의 둘 또는 그 이상의 반복로 정의한다.

12. Erlich, 12. 에르리히(Erlich)는 "문학적으로 활성화된(literary active)" 이란 용어를 사용한다.
13. 이 같은 현상은 시106:29-34과 출 2:1-7의 비교에서도 나타난다. 쿠겔은 이 두 본문이 "구조적으로 동일한" 것이라고 언급한다 (Idea, 60-61).
14. 쿠겔은 두-행동 해석을 받아들이기를 주저하나 그 근거를 dty와 twmlh가 동일한 무기라는 가능성에 두고 있다 (*Idea*, 43). 그는 יד // ימין 이 "항상 동등한" 것인지를 결정할 수 없으나 만약 그렇다면 이는 그의 한-행동 해석을 더 뒷받침할 것이다. 내 관점은 반대이다: 나는 יד // ימין을 같다고 보나 이것들이 아직 두 무기들, 그리고 두 행동들이 존재한다는 것을 허용하고 있다.
15. 이 관점은 주로 다후드 (Dahood)와 관련이 있다 (참조. *Psalms* III, 281; RSP I, 195-96). 그러나 포프(Pope)는 JBL 85 (1966), 458에서 이 관점의 선례는 랍비 주해에서 나타난다고 언급한다.

제2장

1. 이 개관은 이러한 연구들이 포함하는 모든 것들을 광범위하게 제시하려고 시도하지 않는다. 단지 평행법을 묘사하는 연구들의 언어학적 사용에 초점을 맞출 것이다. 물론 평행법 안에 나타나는 특정한 현상에 대한 수 많은 다른 연구들이 있다. ? 예, 단어 쌍, 일정한 동사적 패턴들, 교차대구법 등등. 이러한 내용들을 여기에서 다루기에는 너무 분량이 많다 (참고 문헌을 참조하라). 다음 장의 적절한 곳에서 관련 있는 연구들을 소개할 것이다. 그러나 대부분의 이러한 연구들은 옛 접근방식들과 연속선상에 있고 언어학적 관점은 아니라는 사실을 주지해야 한다. 이는 이러한 연구들이 잘못되었거나 불필요하다는 것은 아니다. 오히려 반대로 이들 연구는 본문 연구 능력을 향상시키는 것에 많은 도움을 주었다. 이 책은 이러한 연구들의 안목들을 언어학적 접근에 의해 제공되는 좀 더 넓은 틀과 결합시킬 것이며 분명히 서로 다른 특징들을 더 통일된 평행법의 구도 속으로 통합시킬 것이다.
2. 콜린스는 그의 고려 대상에 명사문장들과 "…이다" 란 동사의 시제를 가지는 문장들을 생략했다.

3. 불행하게도 겔러의 방법은 심각하게 방해가 된다. 왜냐하면 그의 방법은 의미론을 포함하고 있으며 모든 표층의 치환을 자세하게 분석하고 있기 때문이다. 이는 문법적 평행법이 문법적 등가들과 상관성이 있다는 사실로부터 우리의 관심을 벗어나게 한다.
4. "평행법에 의해 …대칭적으로 구성된 문장들의 규칙적으로 반복되는 병치구조로 이해된다." ("Parallelism in Hebrew Poetry," *Jewish Encyclopedia* 9: 520b - 그린스타인의 책 45페이지에서 인용됨.
5. 이는 또한 *HUCA*50 (1979), 35 note46에서 소개한 나의 가정이다. 이 글에서 나는 평행하는 행에서 나타나는 몇몇의 구체적인 변형들에 대해 소개하였다.
6. 나는 여기에서 사판(Sappan)의 주장을 언급해야 한다. 문법적 분석을 평행법의 연구에서 사용한 겔러와 그린스타인의 연구들과는 달리 사판의 연구는 주로 평행법을 포함하는 성경 시의 문법에 대한 연구이다. 사판은 *의미적*으로 평행하는 행들을 평행하다고 생각하고 그 후 그들의 문법적인 구조를 관찰한다. 그는 의미적으로 평행하는 행들은 가끔 동일한 문법적인 구조를 가지고 있지 않다는 점과 대부분의 경우에 그들 사이에 (V)에 어느 정도의 구조적인 상관성이 있음을 발견하였다. 그는 이러한 상호 연관성들이 발견될 수 있는 차원들을 논의 한다 (여기에 겔러와 그린스타인의 방법들과 약간의 중첩이 있다). 레빈(S. Levin)의 작품으로부터 도출된 그의 결론은 다음과 같다. "모든 형태의 평행법의 예들은 일반적으로 등가의 위치에서 주로 발생하는 의미적 단위들과 상호 연관성이 있는 특별한 구조적인 특징에 의해 그 성격을 나타낸다.…[4판에 의해 정의 되었듯이] 그들의 각각의 구문적인 틀 안에서" (XI).
7. 콜린은 그의 유형 II 문장들이 (즉, 생략이 없이 조화를 이루는) 그의 분량의 사분의 일을 설명하고 그의 유형 III 문장들도 (생략과 조화를 이루는) 거의 동일한 퍼센티지를 설명한다. 그러나 그는 평행의 관점으로 지면을 할애하지는 않는다.
8. 참조. T' sou, 319, 그리고 Pardee, "Types and Distribution" and "Ugaritic and Hebrew Poetry: Parallelism."
9. 다후드는 병치와 연어 관계에 있는 단어들이 또한 여러 평행법(히브리어 또는 우가릿)에 나타날 때 그것들을 포함한다. 그는 단지 병치 관계에서 나타나는 단어들은 목록에 포함하지 않는다. 그의 목록들은 묘사적이며 증명된 예들에 기반을 두며 언어학적 상응성 이론에 기반을 두지 않는다. 그러나 나는 평행하는 행들에 실제로 나타나지 않는 조합들도 만약 동일한 종류의 언어학적 상관성을 드러낸다면 그들을 이론적으로 포함할 것이다. 그러나 평행하는 행들 안에 내가 보여주길 원하는 언어학적 상응성을 예로 보여주는 충분한 자료가 있기 때문에 실제로 그렇게는 하지 않을 것이다.
10. 아마도 시리즈의 일부이거나, 관계사로 연결되어 있거나 또는 연속하는 문법적인

단위의 일부분 (예, 명사 그리고 그것의 동사), 또는 연계형의 두 개의 명사들 이다 (참조. Avishur, *The Construct State*).

11. 사실 이곳에서 문법적 관계는 시편 78:55과 시편 120:5에서 찾아 볼 수 있는 하나의 이동(displacement)이다.

제3장

1. 이러한 많은 문법적 등가들은 처음에는 벌린의 *HUCA* 50에서 제시되었다. 쿠겔 (*Idea*), 겔러(*Parallelism in Early Biblical Poetry*), 그리고 4판은 독립적으로 몇몇의 동일하고도 다른 것들을 제시했다. 나는 여기에서 이러한 모든 연구들을 조합하고 확장시키겠다.
2. 관계사절은 형태적 요소는 아니나 관계 대명사는 그렇다. 그러나 관계대명사가 시에서 자주 생략이 되므로 필자는 관계사절들을 언급할 것이다. 이것이 사실상 더 옳다. 왜냐하면 평행하는 행 안에서 명사에 등가인 것은 단지 대명사가 아니라 전체 절이기 때문이다.
3. 어휘적 쌍 עבד // בחר는 관용화가 되었고 다음과 같은 구절에서 나타난다. 사 41:8,9; 42:1; 43:10; 44:1,2; 65:9,15 (Watters, 174) 그리고 시 89:4; 105:6 그리고 아마도 학 2:23.
4. יוֹמָם은 좀 더 가끔 לַיְלָה와 함께 쌍을 이루며 부사적 형태로 기능한다. 예를 들어 다음과 함께 비교하라. 출 13:21, 22; 사 4:5. 그러나 부사는 전치사로 소개될 수 있다 - 참조. Blau, *Grammar*, 103.
5. 참조. Cassuto, *Biblical and Oriental Studies II*, 58-59; Held, "the YQTL-QTL (QTL-YQTL) Sequence of Identical Verbs in Biblical Hebrew and in Ugaritic"; Dahood, *Psalms III*, 420-23.
6. 참조. Yoder, *Fixed Word Pairs*, p. 9, n.21.
7. 참조. Cross and Freedman, *Studies in Ancient Yahwistic Poetry*, 127-28; D. N. Freedman, *Pottery, Poetry, and Prophecy*, 210; Clines, *I, He, We*, 47-48.
8. 필자는 이 부분을 동일한 어근에서 나온 동사들에 제한한다. 왜냐하면 다른 동사적 어근은 다른 어형 변화에서 나타나기 때문이다. 따라서 피엘의 *Bqš*와 칼의 *mc'*의 쌍은 현저한 어형적 대조가 아니다. 왜냐하면 이들은 단지 이러한 동사들이 사용된 어형 변화들이다. 대조는 동일한 어근의 다른 어형 변화가 쌍을 이룰 때

가장 잘 인식할 수 있다. (이 쌍은 또한 평행법의 어휘적 그리고 음성적 차원을 추가한다.)

9. *The Goddess Anath*, 47-48 = *Biblical and Oriental Studies*, II, 58-59 (original: *Tarbiz* 14, 1-10).
10. *Psalms III*, 414. 다후드는 또한 다음과 같은 구절들을 제시한다: 시 29:5; 38:3; 69:15.
11. 카수토와 헬드에 의해 제시된 구절들은 다음과 같다: 사 6:11(?); 렘 15:19; 17:14; 20:7; 31:3,17; 시 19:13-14; 24:7; 69:15; 애 5:21. 수 많은 현대 주석가들이 칠십인경을 따라 תשאה을 תשאר로 수정하기 때문에 헬드도 사 6:11을 포함하기를 주저했다. 헬드가 언급하기를 이 수정은 사24:12에 의해 지지된다(*JBL* 84, 275, n. 2). 그러나 사 24:12이 동일한 생각과 6:11에서 발견된 수 많은 동일한 용어들을 포함하는 것이 사실인 반면에 이는 모든 용어들이 동일할 필요가 있다는 것을 의미하지는 않는다. נשאר가 24:12에서 사용되었을 지도 모른다. 왜냐하면 이 용어는 절의 마지막에서 שאר에 좋은 음성적 보완을 해 주기 때문이다. 6:11의 음성적 패턴은 전적으로 다르다.

    여기에서 우리는 שאו־אדם־אדמה־תשאה 으로 구성된 *ABBA* 패턴을 볼 수 있을 것이다. 본인이 의견으로는 으로 수정하는 것은 불필요하다; 동사 תשאה와 שאו은 시제, 어형 변화, 그리고 수의 대조를 예증한다.
12. 참조. Kselman, *JBL* 97, 168. 크젤만(Kselman)과 같이 יולד에서 אולד으로 바꿀 필요가 없고 라메드를 강조라고 설명할 필요가 없다. 두 평행하는 행들의 구문은 동일할 필요가 없다 - 다음의 구문적 평행법을 참조하라.
13. The Goddess Anath, 44-46 = *Biblical and Oriental Studies*, II, 66-68 (original: *Lešonenu* 15, 97-102). 참조. Watson, *JBL* 99 and Watson, *UF* 13.
14. 예루살렘 // 유다 쌍은 부분과 그 전체를 사용하며 환유법을 창출한다. 전체의 효과는 교차 대구적 단어 순서를 통하여 강조되었다. 동사들도 두 주어들에 적용할 수 있기 때문에 또한 전체적인 뉘앙스를 드러낸다: 예루살렘과 유다는 멸망하였고 넘어졌다. 이러한 읽기는 쿠겔에 의해 경고된 분포적인 읽기(distributional reading)이다(*Idea* 40-41). 경고에 주의를 기울이고 쿠겔의 "예리함"에 대한 논의에 영향을 받았기에 필자는 더욱 이사야의 단어들 안에서 전체의 드라마적인 그림을 지속적으로 볼 것이다: 예루살렘의 넘어짐은 유다의 멸망으로 인도할 것이다. 따라서 문법적 그리고 어휘적 평행법들은 동일한 목적을 향해 작용한다.
15. 한 사람은 오직 한 명의 아버지와 한 명 이상의 노인 (또는 아마도 심지어 "할아버지" - 참조. 잠언 17:6)을 가지고 있다.
16. 이는 평행하는 숫자의 규칙을 따른다: x // x+1.
17. 왔터스(Watters)도 또한 복수와 평행하는 단수를 관찰하였으나 그 현상은 단지

운율적인 이유 때문에 필요한 현상이라고 설명한다. "쌍에서 단어들의 단수-복수의 변화를 통하여 행들은 좀 더 한결 같은 길이들 안에서 균형을 갖는다."(105). 참조. Kugel, *Idea*, 20-21.

18. אחרים에 관하여는 겔 37:17을 참조하라.
19. ברגע과 ברחמים는 일반적으로 단어 쌍으로 간주되지 않으나 여기에서는 그렇게 여겨질 수 있다. 왜냐하면 이 단어들은 각각의 행에서 동일한 위치에 놓여 있기 때문이다. 그들이 음성적으로는 동일하고 이 둘은 비슷한 형용사에 의해 수식되고 있다는 사실은 이들이 서로 평행하는 단어들이라는 인상을 더 갖게 한다.
20. 카수토는 이 구절에 대해 다음과 같이 언급한다: "복수 너를 축복하는 자들과 단수 너를 저주하는 자가 소개되었다. 이는 평행법에 다양성과 변화를 위한 것이다. 이러한 이유로 인하여 두 절의 단어들의 순서가 바뀌었다."(*From Noah to Abraham*, 315).
21. 본문 전승에 대한 비슷한 접근법으로는 다음을 참고하라. S. Talmon, "The Textual Study of the Bible - A New Outlook."
22. 참고. D. N. Freedman, *Pottery, Poetry, and Prophecy*, 2 and now F. I. Andersen and A. D. Forbes, "'Prose Particle' Counts of the Hebrew Bible."
23. 참조. 이 구절에서 비한정과 한정 사이의 상응성을 인식한 Anderson, Job, 101을 보아라.
24. 그린스타인은 ("How Does Parallelism Mean?") 평행법을 구문적 등가로 정의한다(2장을 보아라). 필자는 구문이 등가가 아닌 다른 종류의 평행법의 가능성을 허용한다(참고. 4장, note 42.)
25. 이 두 절은 동사적이지만 *yšlm* (동사)와 *šlmh* (형용사) 사이에는 아직 대조가 있다.
26. 대부분 긍정적인 수사학적 질문들은 부정적인 대답을 함의하고 있고 그 반대도 마찬가지이다. 예외들에 대해서는 다음을 보아라. R. Gordis, "A Rhetorical Use of Interrogative Sentences in Biblical Hebrew," *The Word and the Book*, 152-57.
27. 간접 명령과 미완료 직설법은 대부분의 경우에 그 형태를 구분할 수 없기에 그 식별은 문맥을 통하여 해야 한다. 명령법의 연속은 간접명령형 (또는 다른 비슷한 조합들) 다음에 나오며 종종 인과적인 뉘앙스를 가진다: "그가 Y를 할 수 있도록 X를 하라." 여러 종류의 조합에 대해서는 다음을 참조하라. Anderson, *The Sentence*, 112-13. 평행하는 행들 안에서의 조합들은 산문 문장에서 발견되는 것들과 동일하다.
28. 이 변형 문법 모델은 단지 분석을 위한 것이다. 우리가 의문형이나 수동태의 문장들을 만들 때 보다 성경 저자가 평행법들을 만들 때 의식적으로 이러한 변형

들을 만들었다고 제안하지는 않는다. 그러나 이러한 분석의 합법성은 제이콥슨에 의해 더욱 강화되었다. 그는 다음과 같이 말한다. “문법적 변형들과 그 중요성에 대한 분석은 언어의 시적인 기능을 포함해야 한다. 왜냐하면 이 기능의 핵심은 변형들을 최전면의 위치로 내미는 것이기 때문이다. 이는 언어의 창조적인 능력을 절정으로 이끄는 어휘적이며 문법적인 수사학적 표현과 상징의 의도적인 시적인 사용이다.” (“Verbal Communication,” 80).

제4장

1. 이 분야와 관련된 최근의 학자는 M. Dahood이다. 참고. *Psalms* III, 445-56; *RSP* I, 71-382; *RSP* II, 1-39; *RSP* III, 1-206. 이 분야에 공헌한 다른 학자들은 너무 많아 여기에서 소개하기가 힘들다. 단어 쌍에 대한 초기의 연구를 요약한 책으로는 다음과 같다. Yoder, *Fixed Word Pairs and the Composition of Hebrew Poetry*, 2-10 and Watters, 20-38. 구체적인 소논문에 관하여는 참고문헌을 보라.
2. 히브리 시에 실제적인 공식들이 존재했다는 것을 보여주는 적어도 하나의 시도는 있었다 - 참조. Culley, *Oral Formulaic Language in the Biblical Psalms* - 그러나 이것은 요더(Yoder)에 의해 거부되었다(Yoder, *Fixed Word Pairs and the Composition of Hebrew Poetry*). 요더(Yoder)는 구술 편집을 가능하게 한 것은 참으로 (공식들이 아니고) 단어 쌍들이라는 것을 재강조하였다. 문제는 구술 편집의 가정과 그 안에서 단어 쌍들의 기능에 의문을 제기한 와터스(Watters)에 의해 다시 제시되었다.
3. 참고. Kugel, *Idea*, 30, 34. 이 논쟁은 전부터 제기되어왔다. 구술 이론의 옹호자들은 주로 기록된 시가 그의 이전 구술 작성자의 관습을 보관하고 있다.
4. *RSP*, I, II, III에 소개된 쌍들의 총수는 1019개이다.
5. 연계형에서 쌍에 관한 연구로는 다음을 참조하라. Avishur, *The Construct State of Synonyms in Biblical Rhetoric*.
6. 입증의 동일한 불균형성은 심지어 고정된 쌍들 가운데에서도 관련이 있다 - 몇몇은 다른 것들 보다 더욱 일반적이다. 이는 항상 고정된 쌍을 정의하는데 나

타나는 여러 문제들 가운데 하나였다. 얼마나 자주 나타나야만 하는가? 적어도 두 번? 세 번 아니면 그 이상? 다섯 번 발생하는 쌍들보다 열 번 발생하는 쌍들이 더 "고정"되었다고 말할 수 있는가? 이러한 숫자 놀이의 임의적인 성격을 감지한 성경학자들은 히브리어나 우가릿어에서 발생하는 그 어떤 쌍도 고정되었다고 간주하기로 결정하였다. 한 곳 또는 다른 곳에서 발생하는 쌍들은 불확실한 상태를 가지고 있는 것처럼 보인다. 최근에는 심지어 "고정된"이란 용어는 덜 사용된다. 학자들은 단지 "평행하는 쌍들"이라고 부른다.

7. 참조. Clark: "Word associations should be thought of as a consequence of linguistic competence" (272).
8. 와터스(Watters)는 여기에 생소한 생각을 여기에 추가 한다. "반복되는 단어 쌍들은 한정된 단어에 의해 만들어지는 일반적인 연관성들이다"(78). 즉 어느 특정한 조합들은 반복하여 일어난다. 왜냐하면 히브리 언어에서 다른 조합들을 선택하는 것은 소수의 단어에 의해 제한이 되었기 때문이다. 그러나 이러한 주장은 다음과 같은 두 가지 이유로 인하여 지지를 받을 수 없다.
9. *UF* 11 (1979), 135-40.
10. *UF* 11, 136. 또한 *Semitics* 5 and in *Ugarit in Retrospect*에 실린 크레이기의 소논문을 보아라.
11. 참조. 오코너:"대부분의 평행하는 용례들은 언어의 일반적인 사실들의 결과이지 특별한 시적인 특징의 결과가 아니다." (*HVS*, 101). 쿠겔도 마찬가지이다: "쌍 그 자체에서는 시적이라거나 또는 문학적이라는 것은 없다." (*Idea*, 33-34).
12. 본문들이 약간 서로 다르지만 그러나 동일하게 유효한 형태로 한 때 회람되었다는 이론이 점점 지지를 받고 있다. 탈몬(S. Talmon)은 형태적인 유연성을 제공하는 많은 예들을 인용하고 이것들이 본문 연구를 위해 기여하는 함의점을 논의한다 ("The Textual Study of the Bible - a New Outlook" 또한 그의 초기 소논문인 "Synonymous Readings in the Old Testament"을 참조하라).
13. 여러 명의 서로 다른 선수들의 반응들과 한 선수의 여러 가지 반응들에 기반을 둔 관찰에 근거한다.

14. 히브리 단어 쌍에 관한 순서에 대해서는 Boling, *JSS* 5; Watson, *UF* 13을 참조하라. 다후드는 *RSP* I, pp. 77-78 에서 이 문제에 관하여 간략하게 논의했고 그의 목록들은 쌍을 이룬 용어들의 순서를 조심스럽게 표기하고 있다.
15. 상세화에 관하여는 Berlin, *JANES* 10 을 보아라.
16. 이는 평행하는 숫자들에 대한 규칙을 따른다: x//x+1.
17. Clark은 이것이 다른 언어의 부분은 좀 더 통합적인 반응들을 산출하는 반면에, 명사들은 주로 다른 명사들을 유도한다는 사실(즉, 계열적)을 어떻게 설명할 수 있는지를 제시한다(*Clark*, 281-82).
18. 이 같은 구성은 거의 오코너(O'Connor)가 일컫는 채색의 수사법과 상응한다: 이중 지명(binomination), 등위(coordination), 그리고 조합(combination) (*HVS*, 112-15). 그러나 필자는 등위어구의 전형화된 상태를 첫 번째 범주로 상세화시켜 구분한다.
19. 참조. Melamed in *Sefer Segal and in Scripta* VIII.
20. 물론 이는 모든 단어 관련어들에게는 사실이다. 그들을 동의어로 생각하는 것은 종종 탈몬(Talmon)이 동사 השליך와 מאס은 서로 관련어들이라는 것을 관찰하면서 탈몬 자신이 묶인 것과 같은 종류의 구속으로 들어가게 한다. 그 때 그는 다음의 문구를 추가해야 할 필요를 강력히 느꼈었다: “두 개의 동사들 사이의 의미 차이에도 불구하고 그들은 분명히 동의어적으로 사용되었다.”(*Scripta* VIII, 353). 많은 오해가 어떤 특정한 단어쌍을 동일한 것을 의미하도록 강요했던 탈몬 보다는 덜 민감한 학자들에 의해 촉발되어왔다.
21. “이중 지명”은 “이명식(二名式)”과 가까운 한 용어이며 약간 다르게 사용된 언어학적인 용어이다. “이명식”은 “동일한 형태류에 속해있고, 구문적 계층의 동일한 차원에 놓여 있으며, 일반적으로 어떤 종류의 어휘적인 관련성에 의해 연결된 연속적인 두 단어들”로 정의 되어 왔다(Malkiel, 311). 이론적으로 이는 병치 배열 안에서 사용된 그 어떤 단어쌍을 포함한다. 이명식이 공식화되거나 또는 관용어적이 되는 범위 안에서 필자의 관례화된 등위 어구의 범주(와 기본 쌍의 두 부분과 관련되어 있는 오코너의 “등위”- *HVS*, 114)에 포함될 수 있다. 여기에서 사용되어 왔던 이중 지명은 상당히 더 제한적인 용어이다.

22. 아마도 ירושלם // יהודה은 또한 이중 지명의 한 경우이다; 참조. 렘 4:3-5과 여러 성경 본문; 사3:8과 여러 성경 본문. 이것은 위에서 논의되었던 ירושלם // עדי יהודה과는 다르다. *예루살렘 - 유다*는 *에딘버그 - 스코드랜드*와 *옥스포드- 잉글랜드*와 비슷한 것처럼 보이며 이 둘은 디스(Deese)에 의해 단어 관련성으로 목록화가 되었다. 필자는 비록 그들이 상의어로 간주 될 수 있더라도 그들을 혼합적인 반응들로 간주한다.
23. 필자는 오코너가 "연계관계의 파괴"의 예들을 발견하는데 너무 멀리 갔다고 생각한다(*HVS*, 114). *mdbr* // *yšymwn* (시 107:4); *rwḥ* // *sʿrh* (시 107:25) 그리고 오코너가 파괴된 연계성(*HVS*, 380-82)으로 생각하는 다른 많은 것들은 단지 평이하게도 계열적 관계어들이었다. 그의 형용사적 조합들(*HVS*, 384)과 그의 동격적인 조합들 (*HVS*, 385)에서도 동일하다.
24. 비록 עמל은 단수이고 מרי נפש은 복수일지라도 이 평행구는 통합적 그리고 계열적 (단수//복수) 쌍의 예가 될 수 있다. 이와 같은 단어쌍들이 통합적일지도 모른다는 것에 대한 인식은 그들이 발생한 곳에서 연속적인 표현들로 다시 결합을 시켜야 한다는 것을 제안하지는 않는다. 이는 그와 같은 쌍의 분리가 발생하도록 하고 그와 같은 인어학적 애매보호성을 유지하게 허락하는 성경 평행법의 독창성이다. 쿠겔이 언급한 것처럼(*Idea*, 40-45) 통합적인 쌍들을 분배해서 읽도록 강요하는 것은 좀 점검해보아야 한다. 왜냐하면 이는 평행법의 형태를 왜곡하는 것이기 때문이다. 욥 3:20은 "왜 그가 삶의 빛을 몹시 고생하는 사람에게 주었는가"와 같은 내용을 의미했을지도 모른다. 그러나 이와 같은 번역은 시에서 피를 빨아 먹는 것과 같다.
25. 단어쌍들은 한 두 구절 보다 더 넓은 부분에서 발견될 수 있다; 예를 들면 욥기 3:3-9에서 낮과 밤에 관련된 단어 게임을 보아라. 탈몬은 단어 쌍들은 비록 그들 가운데 동시에 오직 하나만 나타난다 할지라도 비슷한 문맥에서 서로 대체할수 있다는 점을 보여주었다. 예를 들면, 단어쌍인איש־אדם은 시 105:14(לא־הניח אדם לעשקם)과 대상 16:21(לא־הניח לאיש לעשקם)에서 변형이 되어 나타난다. 이 둘은 사 31:8과 다른 곳에서도 평행하는 쌍으로 함께 나타난다. 참조. Talmon, "The Textual Study of the Bible - A New Outlook," 338, 과 또한 *Scripta* VIII.

26. 따라서 다후드가 *RSP* III에서 그랬듯이 "가나안 서기관들과 시인들이 분명히 이명식으로 생각했다"라고 말하는 것은 오도하는 것이다 (5). 모든 언어 그룹에서 모든 사람들은 연결된 두 명사형태로 생각한다.
27. 단어 연관성의 방법론은 스잘레이(Szalay)와 디스(Deese)에 의해 *Subjective Meaning and Culture: An Assessment Through Word Associations*란 책에서 문화적 관점에 대한 연구에 적용되었다.
28. 이 쌍에 관해서는 O'Connor, *HVS*, 115,384 를 보아라. 그는 삼하 1:20의 פלשׁתים // הערלים을 "할례받지 못한 블레셋사람들,"이란 구의 분리로 본다. 즉, 필자의 통합적인 쌍들의 세 번째 범주에 속하는 명사와 형용사의 "조합"의 한 예이다. 그러나 필자는 그렇게 보아야 할 필요를 느끼지 못한다. 이것은 아마도 전형화된 등가 구문들의 한 경우일수 있다. 참조. 삼상 17:26,36; 삿14:3. 그러나 오코너는 이 논지를 사용하지 않는다. 이것은 일반적인 계열적 연관성에 가깝다. 오코너는 "병렬적인 조합은 일반적인 한 쌍에 가장 가깝다"고 진술한다(O'Connor, *HVS*, 115). 미국적인 유비는 러시아사람들-공산주의자들이다. 이제 우리는 모든 러시아 사람들이 공산주의자는 아닌 것을 알고 있고, 모든 공산주의자들이 러시아 사람들이 아닌 것도 알고 있으나 그럼에도 불구하고 이 둘 사이는 강한 연계성이 있다. 따라서 모든 할례 받지 못한 자들이 블레셋 사람들이 아니다라고 해서(오코너의 주장), 두 단어들이 계열적으로 관련성이 있다고 간주될 수 없다는 것을 의미하는 것은 아니다. 이와 같은 예는 평행하는 단어 쌍들은 유사어들, 전형적인 어구들, 상위어들, 또는 다른 하위범주로 그들을 분류할 수 있다는 점과 상관없이 단어 연관성으로 가장 잘 이해될 수 있다는 필자의 주된 주장에 대한 한 본보기를 보여준다.
29. *Parallelism in Early Biblical Poetry*, 31-42. 겔러의 기본적인 범주는 유사어, 목록, 반대어, 환유법, 형용어구 ,고유명사 // 보통명사, 대명사 // 선행사, 전체 // 부분, 구체적 //추상적, 수자적, 정체성, 은유.
30. 그러나 유혹과 간음에 대한 형벌의 때에도 그 역은 사실이다. 왜냐하면 법률적인 견지에서 볼때 결혼한 여성과 부적절한 성관계를 맺는 것은 결혼하지 않은 여성과 했을 때 보다 더 과중한 책임이 있다.
31. 내가 알기로는 처음으로 이 일을 한 사람은 패리 요더(Perry Yoder)였다. 그

는 1970년대 논문에서 의미론을 단어 쌍에 대한 그의 정의로부터 배제시켰다. 그는 그것들을 "평행법에서 한 번 이상 발생하는 동일한 문법적 등급을 가지는 두 개의 용어들"이라고 정의했다(40). 요더는 "'고정된 쌍'을 정의하는데 결정적인 것은 반복이지 의미적인 관계는 아니다"고 강조한다(41). 의미론과 고정된 쌍들 사이의 거리는 후에 더 넓어진다:"전통적인 공식 [=고정된 단어 쌍]이 문맥에 상관 없이 사용될 수도 있을 뿐만 아니라 A단어 자체의 의미적 내용과 상관없이 사용될 수 있다."(106) 그리고 "관용적인 표현은 의미적이 아닌 형식적인 긴급성을 충족하기 위해 존재한다."(107).

요더가 왜 이것을 말했는지를 이해하는 것이 중요하다. 왜냐하면 그의 단어 쌍에 관한 관점은 나의 것과 동일하지 않고 따라서 그가 구분한 것은 내가 한 것과는 다르다. 요더는 호머 계통의 시에서 관용적인 표현이 그랬던 것처럼 히브리어 시에서도 그와 동일한 기능으로 작용하는 것을 단어 쌍들로 보았다 - 그들은 구전 전승에서 보조적인 것으로 존재했다. 이것을 증명하기 위해 요더는 단어 쌍의 사용은 어느 특정한 상황들 하에서 자동적이다라는 사실을 보여주어야 했다; 즉 그들은 그들의 의미적인 가치 때문에 선택된 것이 아니라 오히려 그들의 운율법에 맞는 가치 때분에 선택되었다. 필자는 요더의 가정과 결론에 대해 심각한 의문을 제기하나 그럼에도 불구하고 그의 주장에 중요한 안목이 있다는 사실을 안다. 요더는 어느 특정한 용어들의 쌍을 이루는 것은 그것의 의미에서의 유사성과는 아무런 관련이 없고 평행법의 어휘적인 측면은 그것의 의미적 차차원으부터 결별할 수 있다는 것을 깨달았다.

32. 단어 쌍의 생명에 관한 다른 차원은 브론즈닉(Bronznick)에 의해 논의된 "음위 전환 평행법" 이다.
33. 어휘적, 구문적, 또는 의미적 등가의 환영을 창조하는 이 단어 순서를 사용하는 기법은 특별한 것이 아니고 평행법의 견해를 증가시키는 데에 효과적이다. 사 54:7에서 ברגע과 ברחמים의 평행상태를 허용하는 것은 주로 그들의 위치이다. 마찬가지로 단어 순서는 시 105:6과 시 49:5에서 구문적 환영에 책임이 있다. 참조. 렘 9:10에서 또한 מעון תנים과 מבלי יושב
34. 교차대구적 단어 패턴에 관하여는 케레스코(Ceresko)의 소논문을 보아라; 일반적인 교차대구에 관하여는 디 마르코(di Marco)를 보아라.

35. 참조. Berlin, *JANES* 10, 40-41; Gordis, Poets, Prophets, and Sages, 79-82.
36. Gordis, *Poets, Prophets, and Sages*, 79을 보아라.
37. 세레스코(Ceresko)는 종종 형태적 패턴들을 그의 어휘적 패턴화와 혼합하였다.
38. 참조. Gordis, *Poets, Prophets, and Sages*, 79.
39. 그린스타인(Greenstein)은 이것을 여러 형태들의 종결과 관련된 평행법 사이에서 언급한다. (“How Does Parallelism Mean?”)
40. 2장 p. 63. 그린스타인의 논의와 비교하라. 그린스타인 자신이 관심이 있는 분야이기에 그와 같은 문장들의 구문 안에서 오직 유사성만을 강조했다. 디스는 구문적인 구조 안에서 그것을 채우기 위해 사용된 단어들을 강조했다.
41. G. Steiner, After Babel, 261에 나타나는 진술들과 비교해 보아라: “한 언어 안에서 동의어는 단지 아주 보기 드문 완전한 등가이다. '어구를 바꾸는 것'은 불가피하게 '무엇인가 과부족(過不足)인것'을 산출한다; 고쳐 말하는 것을 통한 정의는 대략적이고 재귀적인 성경이 있다.
42. 3장에 제시된 모든 문법적 등가들은 계열적이다(참조. Holenstein, 142). 통합적 문법적 구문 안에서 한 행은 다른 행을 대체하지는 못할 것이지만 그것의 문법적 연속일 것이다.

시편 115:18 ואנחנו נברך יה
מעתה ועד־עולם

그러나 우리는 여호와를 송축할 것이다.
이제로부터 영원까지

이 두 행들은 하나의 구문적 단위 - 한 문장 - 를 형성한다. 질문은 우리는 그러한 행들을 문법적으로 등가 또는 평행이라고 간주할 수 있는가? 문법적 차원 안에서 (그리고 또한 음성적 차원에서) 통합적인 관계는 어휘적 그리고 의미적 차원들에서와 같이 동일하지는 않다라고 말하면서 이 등가에 반대되는 주장을 할 수 있을 것이다. 문법에서 통합적인 것은 등가적인 것이 아니다 - 이는 단지 연속적이다. 어휘적 그리고 의미적 차원에서 통합적인 것은 두 부분들이 하나의 "생각-덩어리"로 부터 나온다는 점과 또는 함께 그룹화될 수 있는 실체들을 포함한다는 점에서 등가로 간주될 수 있다. 문법은 평행법의 구조를 제공한다. 이 구조는 문법적인 평행법을 통하여 등가를 연속으로 그 자신을 투영할 수 있다; 또는 이것은 단지 연속성을 제공하고 어휘적 그리고 의미적 요소들이 그들의 등가를 그것에 투영할 수 있도록 허락할 수 있다. 이는 제이콥슨의 관점에 다소 상반될 수 있다; 그는 의미적이며 문법적인 신태그마들(통합적 관계를 갖는 어구들)을 평행 하다고 부르는 것을 허용하는 것처럼 보인다. "의미적 수준에서, 우리는 평행하는 것들이 각각 유사성과 연속성에 근거해 은유적 또는 환유적일 수 있다는 점을 발견했다. 마찬가지로 평행법의 구문적 차원은 두 가지 형태의 쌍을 제공한다: 두 번째 행은 비슷한(SIMILAR) 패턴을 이전 행에게 제시한다. 또 행들은 하나의 문법적 구문의 두 개의 연속적인 (CONTIGUOUS) 구성요소로서 서로 보완한다." (*GPRF*, 428).

이론적으로 문법적 평행법의 정의는 한 문장의 두 부분들과 같이 문법적으로 통합적인 관계를 드러내는 행들이 서로 평행하다고 수용할 수 있다. 그러나 실질적인 관점에서 이것은 문법적인 평행법의 정의를 의미심장한 것을 넘어 너무 확장하는 위험을 감수한다고 볼 수 있다. (왜냐하면 이것은 주로 구절에 적용될 수 있기 때문에 이 시점에서 논의는 무엇이 구절의 행을 구성하는지를 설명해야 한다. 그러나 이 문제는 우리 논의의 한계를 넘어가기 때문에 통합적인 문법적 평행법에 관한 논의는 다루지 않기로 한다.)

43. 이 통합적인 관계는 로쓰의 "종합적 평행법"의 일면을 강조한다. 그는 우리의 언어학적 모델 또는 용어를 가지고 있지 않다.. 따라서 그는 이 용어에 대해 우리에게 충분한 호응을 얻을 만한 정의를 만들어 내지 못했다. 로쓰의 평행법의 세 번째 범주에 대한 비판이 있음에도 불구하고 나는 그것을 가치 없는 쓰레기라고 쉽게 떨쳐버리지 않을 것이다. 또한 통합적 의미적 평행법의 부수적인 분야인 P.D. Miller의 "synonymous-sequential parallelism" (*Biblica* 61)과 비교해 보아라.

44. 문법적인 패러다임과 신태그마 사이의 긴장 관계는 다음과 같은 구절에 나타난다.

시편 135:5 כי אני ידעתי כי־גדול יהוה
ואדנינו מכל־אלהים

왜냐하면 나는 여호와께서 위대함을 알고 있다.
그리고 우리 주님은 모든 신들 보다

이 구절은 한 문장인가?: "여호와 우리 주께서 모든 신들보다 위대하시다는 것을 나는 알고 있다."(참조. Freedman in Gray, XXX). 또는 이것은 두개의 문장인가?: "여호와께서 위대하시다는 것을 나는 알고 있다. 우리 주님은 모든 신들 보다 [위대하시다]"

45. *zkr*에 대한 적절한 번역을 찾는 것은 쉽지 않다. 이 용어는 "이름, 명칭, 언급, 호소된 것"을 포함하는 의미의 범위를 가지고 있다.
46. 그린스타인은 "The Phenomenology of Parallelism"에서 비슷한 점을 언급하고 있다. 또한 텍스트언어학은 항상 문맥, 즉 형태와 어떤 본문의 부분의 의미는 전체 본문에 의존하고 본문의 부분의 위치에 의존한다는 사실을 고려한다.
47. 참조. Caird, *The Language and Imagery of the Bible*, 150.
48. Kugel, *Idea*, 11, 은 은유와 같은 해석을 그의 "날카로운" 독법과 함께 잠언 26:9의 해석에 소개하고 있다. 이사야는 1:9-10에서 소돔과 고모라를 사용하면서 직유에서 은유로 이동하고 있다. "우리는 소돔과 같았다.…들어라, 소돔의 관원들아.…" 이 구절은 아름다운 "이미지 게임"이 나타난다. 왜냐하면 직유적으로는 소돔과 고모라가 완전히 파괴된 성읍들을 대표하나 은유적으로는 그들은 다른 함축 - 완전히 부패한 성읍들 - 을 나타내고 있다. 이사야는 성공적으로 그의 청중들을 "준비시켰다 "; 만약 첫 행에서 그들이 자신들의 모습이 소돔과 같다는 점을 받아들인다면 두 번째 행에서도 또한 그것을 받아들여야 한다.
49. 참조. Song 1:3은 이름과 기름을 동등하게 본다.
50. 여러 주석가들이 기름과 출생 그리고 이름과 죽음을 연결시키고자 노력했다. 신생아에게 기름을 바르는 것에 관하여는 다음을 참조하라. Scott, *Proverbs*,

Ecclesiastes, 235 그리고 Gordis, *Koheleth*, 267. 제르 카보드(Zer-Kavod)는 "이름"은 의인의 죽음의 시점에서 그를 위한 찬사를 가리킨다고 제시한다 ("Koheleth," 38 in *Hamesh Megillot*). 고디스는 "이름"과 "죽음" 사이의 다른 관련성을 인용한다. 랜디(Landy, "Poetics and Parallelism," 62-63)는 쿠겔(*Idea*, 10)의 내용을 개선하면서 은유를 다음과 같이 해석한다. "죽음의 날은 우리에게 단지 이름만을 남겨주는 반면에 출생의 날에 우리는 전적으로 육체적이며 가능성을 가진 향기를 지닌다. 그러나 이름은 없다."

제5장

1. 성경에 나타난 유음 어희(paronomasia)에 관하여 영문으로 된 고전적 연구는 Immanuel M. Casanowicz, *Paronomasia in the Old Testament*이다. 가사노빅즈(Casanowicz)는 다음과 같은 유음 어희의 형태들을 열거한다: 두운, 압운, 유음, 전사반복법(前辭 反復法), 단어들 유희, 고유명사 유희. 또한 다음을 참조하라. J. M. Sasson, "Wordplay in the OT," *IDB Suppl.*, 968-70. J. Gl_ck (Semitics I, 50-78)의 용어를 채용하면서, 사손(Sasson)은 다음과 같은 목록을 열거한다: 다의적인, 은유적인, 파라소난시(역자주 - 히브리 단어의 기본형 안에 있는 3개의 자음 가운데 철자 하나를 바꾸어 만든 의미가 다른 단어와 대구를 통해 표현하는 법), 잡동사니(farrago), 모음 압운, 성유법(성유법, 역자주 - 소리가 의미를 반영하는 단어), 이의 어희(異意 語戱,역자주 - 두 가지 다른 뜻을 가진 한 단어의 반복). 글뤽크(Glück) 자신은 "Assonance in Ancient Hebrew Poetry," 에서 소위 유음법(assonance)이라고 부르는 것을 세분화 하였다: 유음, 협화음, 부조화, 그리고 두운법. 중세 히브리어나 아랍 용어를 인용하면서 논의를 한 작품으로는 다음을 참조하라. A. Diez Macho, "La Homonimia o Paronomasia," Sefarad 8 과 9. 다른 주요 연구물로는 다음과 같은 것이 있다. Gustav Boström, *Paronomasi i den äldre hebreiska maschallitteraturen med särskild hänsyn till Proverbia* and H. Reckendorf, *über Paronomasie in den semitischen Sprachen*. 또한 다음을 보아라. L. Alonso-Schökel, Estudios de Poética Hebrea, 71-117; A. Strus, Nomen-Omen and "La poétique sonore des récits de la Genése."이 장에서 제시된 많은 구절들은 Casanowicz, Boström 과 다른 학자들(e.g.,

Dahood and Gordis)에 의해 인용되었다. 그러나 이들 가운데 그 어느 학자도 그 구절들이 평행법의 음성적 측면의 표현이라는 것을 인식하는지는 못했다.

2. 본인은 여기에서 음성적 상응성 자체만 가지고는 평행법을 구성하지 못하고 다른 언어학적 상응성들과 함께 발생한다고 가정한다.
3. 모라그(S. Morag)는 발성의 가치를 저하시키는 지배적인 관점에 다음과 같이 반대한다."발성은 분명히 발성 기호들이 만들어 졌을 때 고안된 것이 아니다. 발성 기호들은 히브리어의 여러 가지 제의적 읽기-전통들 안에서 구전으로 여러 세대에 걸쳐 전수된 음소적 그리고 음성적 실체들을 위한 문자소론(文字素論)적 표기법의 체계로서 간주되어야 한다."(*JAOS* 94 [1974], 307). 참조. 또한 E. J. Revell, VT 31 (1981), 198.
4. 예를 들면, 카사노빅즈(Casanowicz)는 다음과 같이 진술한다(33): "히브리어에는 미묘한 유음법이 있고 그 안에는 자음적인 요소가 지배적이다. 아마도…를 제외하고는 다른 예들은 거의 찾아볼 수 없다."
5. 이 소리 쌍은 전체 본문에서 음성적 반복과 잘 조화를 이룬다. - 참조. 6절 (ומבלעדי אין אלהים) 그리고 9절 (ובל־יועילו와 ובל־ידעו).
6. *Biblica* 58 (1977), 219-23. 크셀만이 찾아낸 구절들은 다음과 같다: 창27:36; 삼하 1:21b; 겔 22:2; 전 7:1a; 애가 3:22; 시 37:6; 시 51:19; 시 78:33; 시 147:15; 렘 2:7b; 잠 14:4; 창 7:11; 시 72:7. .
7. 이 두 단어는 아마도 동일한 단어에서 파생되었을 것이다.
8. 참조. Kselman, *CBQ* 35 와 Weinfeld, *Die Welt des Orients* IX.
9. פתע과 פתאם은 어휘적 쌍일 뿐만 아니라 소리 쌍도 된다. 참조. 사 29:5; 사 30:13. פתאם이 서로 다른 소리 쌍을 가지고 있는 잠언 24:22을 보아라.
10. נשׂוי의 형태는 소리 유희를 위한 목적 때문일 것이다. 참조. Casanowicz, 43과 67 그리고 Dahood, *Psalms* I, 194.
11. 이 구절에서 שׁמים은 첫 번째 행에서는 מים과 그리고 세 번째 행(עפר הארץ וכל בשׁלשׁ)에서는 ארץ와 평행하면서, 아마도 두 가지 기능을 가진 용어일 것이다. ארץ־שׁמים은 일반적인 어휘적 관련어인 반면에 מים // שׁמים은 보기 드문 쌍이다. 순전히 의미적인 기반위에서 볼 때 일반적으로 여기에서는 שׁמים // ימים (*sky // seas*)을 기대 했었을지도 모른다. 그리고 실제로 이는 어휘쌍으로 알려진 것이다(참조. *RSP* I, #555). 흥미롭게도 1QIsa[a] (쿰란 동굴 1에서 발견한 첫 이사야 사본)은 사 40:12에서 mayim 대신에 mey yam으로 읽는다(참조. Gitay, *Prophecy and Persuasion*, 96, note 31). 그러나 MT의 mayim은 음성적으로 더 낫고 아직 의미적으로도 받을 만 하다. שׁמים과 מים의 소리 상관성은 구절의 마지막에서 מאזנים에 의해 강조되고 보충된다.
12. 어휘-의미 쌍은 מיםv // עבים 이다. שׁמים // מים은 의미적 쌍 이외에 추가로

존재하는 소리 쌍이다. 이것은 평행법에 음성적 측면을 부여한다. D. Stuart, *Studies in Early Hebrew Meter*은 מימ 을 생략하고 이것은 "의심의 여지가 있으나 분명히 불필요한 것은 아니다. 아마도 평행법에 대한 오해로 인하여 본문에 삽입되었을 것이다"라고 말한다 (133). 본인의 해석에 의하면 오해는 스튜어트(Stuart)가 했다; מימ은 음성적인 이유로 그 곳에 위치해 있다. 그리고 또한 각행은 리듬적으로 선행하는 것 보다 더 긴 점증적인 평행법의 한 형태이다.

13. 참조. Berlin, *Prooftexts* 3, 237.
14. 고디스(*The Book of Job*, 35)는 첫 번째 행을 단지 소리 상응성뿐만 아니라 단어 반복을 만들어내는 עררר ים 으로 수정한다. 또한 단어 יום과 לויתן은 또한 자음이다.
15. 비교해 보아라

욥기 28:12 והחכמה מאין תמצא
ואי זה מקום בינה

여기에서 소리 쌍은 *tms'* 과 *'y zh m*-이다.

16. 이 구절은 어렵다. 학자들은 여기에서 두 개의 자음 어근 *yr'*과 *r'h*이 있는지 또는 어근의 *yr'*의 반복이 있는지에 대해 의견이 나뉘어진다. 고디스(Gordis, *The Book of Job*, 434)와 앤더슨(Andersen, *Job*, 268)은 두 행에서 *yr'*을 발견하고 LXX와 페쉬타(Peshitta)에서 그 근거를 제시한다. MT는 두 번째 행의 동사를 *r'h*으로 취하고 이것은 포프(Pope, *Job*, 279, 283)와 투르-시나이(Tur-Sinai, Sefer Iyyob, 314)가 이러한 읽기를 따른다.
17. 참조. Berlin, *Prooftexts* 3, 237.
18. 참조. Kselman, *BASOR* 220, 79.
19. 본인은 *Prooftexts* 3, 237의 각주 9에서 이 구절은 시의 다른 부분과의 관계에서 뿐만 아니라 그 자체의 부분들 사이의 관계에서도 바르게 이해되지 못했기 때문에 잘못 번역되었다고 언급하였다. 다후드(Dahood, *Psalm* III, 42-43)는 두 부분들 사이에 빈약한 구문적 쌍으로 간주하기 때문에 고민을 하였고 따라서 그는 동일한 구문적 구조를 가지는 것으로 해석하였다. 그러나 본인이 제 3장에서 보여준 것과 같이 두 개의 평행하는 행들은 동일한 구문적 표층 구조를 가질 필요는 없다. 본인은 이 구절이 목적어-주어 평행법의 한 예라고 간주한다.
20. 참조. Levin, *Linguistic Structures in Poetry*, 35.
21. 이 본문에 대한 분석으로는 다음을 보아라. G. Schramm, "Poetic Patterning in Biblical Hebrew," 181-83.
22. עלומיך과 אלמנותיך에 있는 추가적인 음성 상응성을 주목하라.
23. 고디스(Gordis, *The Book of Job*, 43, 53)은 פִּתְאֹם으로 다시 발음하고 따라서

소리 쌍을 반복된 단어로 대체시키면서 “나는 미련한 자의 거처가 저주받았다고 선포한다”라고 번역한다. 참조. 위의 각주 14.

24. 참조. 또한 בצאתך과 בצעדך을 포함하는 시편 68:8. 만약 יהוה이 אדני로 발음된다면 이것과 אדום 사이에 추가적인 소리 상응성이 있다.
25. 세레스코(A. Ceresko, *CBQ* 38, 311)은 *abba* 음성적 패턴을 잠언 24:21-22에서 발견하였다: שׁונים־פתאם־ופיד־שׁניהם
26. 고대 사본들과 현대의 학자들은 לֹא 또는 לֵא으로 읽어야 할지에 대해 서로 의견이 나뉜다. 부정적인 표현 לֹא יֵשׁ는 아람어적 לא אית와 그리고 시 135:17 - יֵשׁ אין의 유사한 구조의 기반 위에서 방어 될 수 있다. - 참조. Tur-Sinai, *Sefer Iyyob*, 105.
27. שׁמן־שׁמ 참조. 아가 1:3
28. דם, אדם, אדמה 관하여는 또한 창 4:1-2, 10-11; 9:6; 사 6:11; 15:19, 그리고 아마도 잠언 28:17
29. 참조. Berlin, *HAR* 3.
30. 참조. M. Weiss, *Biblica* 42.
31. 보스트롬(Boström, 258)은 욥기 8:22의 동일한 행에서 나타나는 *lbš* 과 *bšt* 사이의 소리 상응성에 주목하고 있다.
32. 삼하 1의 분석에 대해서는 Holladay, VT 20을 참조하라.
33. G. Blakemore Evans, ed., *The Riverside Shakespeare* (Boston: Houghton Mifflin, 1974).

제6장

1. 아래에 제시된 구절들 이외에도 다음과 비교해 보아라. 시5:2-3; 6:9-10; 17:1,6; 27:7; 28:2; 30:11; 31:3; 39:13; 55:2-3; 64:2; 69:14; 86:1,6; 119:169-170; 130:2; 141:2-3; 142:7.
2. 랍비적 주해에 의한 평행법의 “망각”에 관하여 Kugel, Idea, 96-134을 보라. 쿠겔은 비록 랍비가 그들의 주해에 있어서 팽행법에 대해서는 문외한인 것처럼 보이지만 그들은 그들 자신의 시에서는 사용하였다. 성경 본문에서 랍비들이 평행법을 이해할 수 없는 이유는 대부분 그들이 본문은 그 어떤 형태의 잉여성(redundancy)을 포함하고 있다는 것을 인정하기를 거부했기 때문이다.

내가 4장에서 논의 했던 것처럼 평행법은 잉여성과 다의성 사이에 위치해 있다. 이러한 측면들 가운데 오직 하나만 받아들이는 것은 - 랍비들이 했던 것처럼 다의성 또는 현대 학자들이 그랬던 것처럼 잉여성 - 평행법에 대한 오해의 위험성을 감수하는 것이다.

3. 이것이 후렴구나 또는 공동체의 반응으로 간주되든지 간에 이것은 아무런 차이를 만들어내지 못한다. 즉 그 효과는 동일하다.
4. 나는 이것과 압운 형식들을 인식할 수 있는 것 사이에 유비를 영어 시에서 이끌어 내고자 한다. 압운은 연속적인 행들(*aabb*) 안에서 나타날 때 가장 쉽게 인식될 수 있고 모든 두 번째 행(*abab*)에서 약간 덜 인식될 수 있다. 로버트 브라운닝(Robert Browning)의 "Song from Pippa Passes"에 나타나는 압운은 좀 더 멀리 공간을 두고 떨어진 것이며 독자가 그것을 인식하는 데에는 시간이 좀 걸린다.

The year's at the spring
And day's at the morn;
Morning's at seven;
The hillside's dew-pearled;

The lark's on the wing;
The snail's on the thorn;
God's in his heaven -
All's right with the world!

5. 그린스타인(Greenstein, "How Does Parallelism Mean," 54)은 유사한 관찰을 하였다.
6. 참조. *RSP* I # 233.
7. 예를 들면, 10a와 13a의 유사한 구문; 11a와 14a안의 유사한 구문과 단어 반복; 12a의 두 부분 안에서의 문법적 그리고 의미적 등가들.
8. 이것은 또한 다른 시적인 목록들을 설명할 수도 있다. 참조. 1장 각주 11.
9. 성경 전체는 대대적으로 "역사를 이해해 왔다." 즉, 역사적 사건에 대해 패턴과

중요성을 부여했다. 그러나 시 136편에서 행해진 방식은 더 간결하다.

물론 역사에 의미를 부여하는 시는 어느 한 시점 또는 장소에 제한되지 않는다. 미국인 독자들은 이점을 독립전쟁은 최고의 전투 (아마겟돈의 묵시적 전투)였다고 제시하는 "The Battle Hymn of the Republic" 안에서 인식한다: "내 눈은 주님이 다시 오시는 영광을 보았다." 그러나 우리의 논의에 더 적절한 것은 이 시의 마지막 연(stanza)이 창 27:36, 시 114:3 그리고 시 136편과 같이 두 개의 분리된 사건들을 동등하게 만드는 평행법을 포함하고 있다는 점이다: "그가 사람들을 거룩하게 하기 위해 죽었던 것처럼, 사람들을 자유롭게 하기 위해 우리가 죽자."이러한 평행법을 통하여 독립 전쟁의 병사들의 죽음은 예수 그리스도의 죽음과 동등하게 되었고 이를 통해 이 전쟁에서 잃어버린 목숨들에 대한 최고의 중요성(그리스도인의 위치)을 부여한다. 게다가 그들의 죽음은 그리스도의 죽음과 같을 뿐만 아니라 자유는 거룩함과 동일시 되었다. 병사들이 죽은 목적은 예수님이 죽은 목적과 같은 수준에 까지 높여졌다. 시 전체와 같이 이 행은 미국의 애국심과 종교가 혼합된 것을 구체적을 표현한다. 팽행법은 어휘적 그리고 구문적 반복을 사용할 뿐만 아니라 "…처럼(as)"라는 단어를 통하여 평행법의 은유적 기능을 실현시킨다.

10. 워(Waugh), 65 - 참조. 1장 46페이지. 홀랜스타인(Holenstein) 도 비록 난해하긴 하지만 대조를 논의하였다: "두 축들의 이론의 틀 안에서 제이콥슨의 시에 대한 구조적 정의는 다음과 같이 확장될 수 있다. 선택의 축에서 결합의 축으로 유사성의 원리를 투사하는 것 이외에도 시에서도 언어학적 관계를 위한 잠재적인 전제조건의 일반적 수준에서부터 분명하고 '뚜렷한' 형태"의 수준으로 대조의 원리의 투사도 나타난다" (152).

용어해설

평행법의 측면(aspect of parallelism): 언어학적 측면 – 예. 어휘적, 문법적, 의미적, 음성적 – 평행법과 관련된 언어학적 측면.

이중지명(binomination): 평행하는 행에서 하나의 개인적 또는 지명적 이름의 요소들을 나누는 것.

연어(collocation): 동일한 본문 안에서 특정하지 않은 거리에 쌍 또는 세트의 부분들이 나타나는 것.

구성 요소 기법(constitutive device): 그 위에 본문이 조직되는 공식적인 기법; 구성적 기법

구성 기법(constructive device): 그 위에 본문이 구성되는 공식적인 기법.

상련성(contiguity): 연속적이거나 또는 직선의 순서 안에서 언어학적 요소들의 결합.

대조(contrast): 비교될 수 있는 용어들 사이에 다름을 강조하는 것.

전형화된 등위어구들(conventionalized coordinates): 보통 표현들 또는 관용적 표현들의 일원이 되는 용어들, 예., "말" 그리고 "마부"; 평행하는 행들 안에서 이와 같은 용어들을 사용하는 것은 또한 상투적인 문구들을 나누는 것으로 알려져 있다.

심층 구조(deep structure): 구조적 조직체의 기저를 이루는 수준; 생성 문법 안에서 문장의 추상적인 구문 표현; 표층 구조의 반대.

등가(equivalence): 비교될 수 있는 용어들의 동일성을 강조하는 것; 동일한 범주 또는 패러다임에 속하는 것, 또는 동일한 순서 또는 통합구문.

생략(gapping): 함께 연결된 절들 안에서 반복되는 동사의 생략.

문법적(grammatical): 언어의 구조적 조직체; 행태론과 구문론.

정보성(informativity): 본문이 제시하는 새로운 사실적 정보 또는 특이한 언어학적 구조들의 개념. 정황적 또는 언어학적 중복성의 반대.

병치배열(juxtaposition): 쌍의 부분들이 서로 옆에 또는 동일한 구 안에서 나타

나는 것.

평행법의 수준(level of parallelism): 평행법 안에서 관련된 본문 구조 – 단어, 행, 절 – 의 분량.

어휘적(lexical): 문법과 구분되는 한 언어의 낱말들, 단어와 관련이 있는

어휘적 관련어(lexical associate): 단어 연관성 게임에서 언어 심리학자들에 의해 도출된 것과 같은 단어 관련성의 산물; 단어 쌍.

선형성(linearity): 내러티브의 특징이 되는 행동 또는 사건의 연쇄; 하나 하나를 순서대로 위치시키는 것.

형태적(morphological): 단어들의 형태와 관련이 있는

반대(opposition): 비교 될 수 있는 용어 사이의 서로 다름에 강조를 하는 것; 대조.

계열적(paradigmatic): 주어진 문맥 안에서 선택할 수 있는 언어학적 등급(class)의 일원과 관련된 (예., 주어로 기능할 수 있는 모든 단어들).

평행법(parallelism): 단어들, 구들, 행들, 또는 전체 본문들 안에서 또는 사이에서 언어학적 등가들 그리고/또는 대조들의 활동

병렬(parataxis): 접속사를 사용하지 않고 오직 병치 배열을 통한 구성들의 연결.

감지력(perceptibility): 현상의 존재를 인식하는 것에 대한 용이함; 그것을 처리하는 데에 있어서 용이함

음성적(phonological): 언어의 소리들과 관련된.

시적인 기능(poetic function): 메시지 자체를 위해 메시지에 초점을 맞추는 것.

화용론(pragmatics): 언어를 사용하는 사람, 그의 청중, 그리고 의사소통의 정황의 관점으로 언어를 연구하는 것.

언어 심리학(psycholinguistics): 언어학적 행동과 그 행동의 기저를 이루는 인식적인 과정들 사이의 관계에 대한 연구.

의미적(semantic): 언어의 의미와 관련된

유사성(similarity): 등가를 보아라.

소리 쌍(sound pair): 평행법 안에서 음성적으로 등가인 일련의 용어들.

구조주의 언어학(structural linguistics): 구조적이며 시스템적인 차원으로 언어적 특징들의 묘사를 강조하는 언어학에 대한 접근법; 구조주의 언어학에서 언

어는 관계들의 기저를 이루는 네트워크로 구성된 것으로 간주된다.

구문적(syntactic): 문장을 형성하기 위해 단어들이 결합된 방식과 관련된.

통합적(syntagmatic): 언어적 요소들의 연속적인 관계성들을 언급하는 것; 언어적 용어들의 선형적 순서에 기반을 둔 결합; 참조. 상련성.

텍스트 언어학(textlinguistics): 문장의 수준 그 이상의 언어학적 연구; 전체 본문을 통한 언어학적 요소들의 관계성.

변형(transformation): 표층 구조에서 심층 구조 또는 그 역으로의 움직임의 과정을 보여주는 공식적인 언어학적 작업

단어 쌍(word pair): 평행법에서 어휘적으로 등가인 용어들의 쌍; 어휘적 관련어.

참고문헌

The works listed below are those from the fields of biblical studies, linguistics, and poetics which are most relevant to the present study. Many discussions of biblical poetry, linguistic theory, and specific parallelistic texts have not been cited.

Abrams, M. H., *A Glossary of Literary Terms* (fourth edition) (New York: Holt, Rinehart, Winston), 1981.

Adams, P. G., "The Historical Importance of Assonance to Poets," *Publications of the Modern Language Association* 88 (1973), 8–18.

Adar, Z., *Sefer Tehillim* (Tel Aviv: Cherikover), 1976.

Albright, W. F., "The Psalm of Habakkuk," *Studies in Old Testament Prophecy Presented to Theodore H. Robinson*, ed. H. H. Rowley (Edinburgh: Clark), 1950, 1–18.

Alonso-Schökel, L., *Estudios de Poética Hebrea* (Barcelona: Juan Flors), 1963.

———, *The Inspired Word* (London: Burns and Gates), 1965.

———, "Die stilistische Analyse bei den Propheten," *VT* Supplement 7 (1959), 154–64.

Alonso-Schökel, L., and Strus, A., "Salmo 122: Canto al nombre de Jerusalén," *Biblica* 61 (1980), 234–50.

Alter, R., "The Dynamics of Parallelism," *Hebrew University Studies in Literature and the Arts*," 11/1 (1983), 71–101.

———, "From Line to Story in Biblical Verse," *Poetics Today* 4 (1983), 615–37.

Andersen, F. I., *The Hebrew Verbless Clause in the Pentateuch*, *JBL* Monograph Series 14 (Nashville: Abingdon), 1970.

———, *Job* (Tyndale O. T. Commentaries, London: Intervarsity Press), 1976.

———, "Orthography in Repetitive Parallelism," *JBL* 89 (1970), 343–44.

———, "Passive and Ergative in Hebrew," *Near Eastern Studies in Honor of William Foxwell Albright*, ed. H. Goedicke (Baltimore: The Johns Hopkins Press), 1971, 1–16.

———, *The Sentence in Biblical Hebrew* (The Hague: Mouton), 1974.

Andersen, F. I., and Forbes, A. D., "'Prose Particle' Counts of the Hebrew Bible," *The Word of the Lord Shall Go Forth*, ed. C. Meyers and M. O'Connor, 165–83.

apRoberts, R., "Old Testament Poetry: The Translatable Structure," *Publications of the Modern Language Association* 92 (1977), 987–1004.

Armstrong, D., and van Schooneveld, C., *Roman Jakobson. Echoes of His Scholarship* (Lisse: Peter de Ridder), 1977.

Auffret, P., *The Literary Structure of Psalm 2*, *JSOT* Supplement Series, 3 (Sheffield: JSOT Press), 1977.

Austerlitz, R., *Ob-Ugric Metrics* (Folklore Fellows Communications 174, Helsinki: Academia Scientiarum Fennica), 1958.

———, "Parallelismus," *Poetics, Poetyka, Poetika*, ed. D. Davie et al., 439–44.

Avishur, Y., "Addenda to the Expanded Colon in Ugaritic and Biblical Verse," *UF* 4 (1972), 1–10.

———, *The Construct State of Synonyms in Biblical Rhetoric* (Jerusalem: Kiryat Sepher), 1977 [Hebrew].
———, "Studies of Stylistic Features Common to the Phoenician Inscriptions and the Bible," *UF* 8 (1976), 1–12.
———, "Stylistic Common Elements Between Ugaritic Literature and Song of Songs," *Beth Mikra* 59 (1974), 508–25 [Hebrew].
———, "Word Pairs Common to Phoenician and Biblical Hebrew," *UF* 7 (1975), 13–47.
Baker, A., "Parallelism: England's Contribution to Biblical Studies," *CBQ* 35 (1973), 429–40.
Barr, J., *The Semantics of Biblical Language* (London: Oxford University Press), 1962.
de Beaugrande, R., "Semantic evaluation of grammar in poetry," *PTL* 3 (1978), 315–25.
———, "Towards a general theory of creativity," *Poetics* 8 (1979), 269–306.
de Beaugrande, R., and Dressler, W., *Introduction to Textlinguistics* (London: Longman), 1980.
Bennett, W., "An Applied Linguistic View of the Function of Poetic Form," *Journal of Literary Semantics* 6 (1977), 29–48.
———, "Linguistics and the Evaluation of Poetic Style," *Journal of Literary Semantics* 10 (1981), 95–103.
Berlin, A., "Grammatical Aspects of Biblical Parallelism," *HUCA* 50 (1979), 17–43.
———, "Isaiah 40:4: Etymological and Poetic Considerations," *HAR* 3 (1979), 1–6.
———, "Motif and Creativity in Biblical Poetry," *Prooftexts* 3 (1983), 231–41.
———, "On the Bible as Literature," *Prooftexts* 2 (1982), 323–27.
———, "Parallel Word Pairs: A Linguistic Explanation," *UF* 15 (1983), 7–16.
———, "Shared Rhetorical Features in Biblical and Sumerian Literature," *JANES* 10 (1978), 35–42.
———, "Review of M. O'Connor, *Hebrew Verse Structure*," *JAOS* 102 (1982), 392–93.
Beyer, K., "Althebräische Syntax in Prosa und Poesie," *Tradition und Glaube*, ed. G. Jeremias et al. (Göttingen: Van den Hoeck and Ruprecht), 1971, 76–96.
Blau, J., *A Grammar of Biblical Hebrew* (Wiesbaden: Harrassowitz), 1976.
Blenkinsopp, J., "Ballad Style and Psalm Style in the Song of Deborah," *Biblica* 42 (1961), 61–76.
———, "Stylistics of Old Testament Poetry," *Biblica* 44 (1963), 352–58.
Blommerde, A., *Northwest Semitic Grammar and Job* (Rome: Pontifical Biblical Institute), 1969.
Boadt, L., "Textual Problems in Ezekiel and Poetic Analysis of Paired Words," *JBL* 97 (1978), 489–99.
Boling, R., "'Synonymous' Parallelism in the Psalms," *JSS* 5 (1960), 221–55.
Bolinger, D. L., "Rime, Assonance and Morpheme Analysis," *Word* 6 (1950), 117–40.
Boström, G., *Paronomasi i den äldre hebreiska Maschallitteraturen med särskild hänsyn till Proverbia* (Lund: C. W. K. Gleerup), 1928.
Bream, H. N., Heim, R. D., and Moore, C. A., ed., *A Light unto My Path—Old Testament Studies in Honor of Jacob M. Myers* (Philadelphia: Temple University Press), 1974.

Briggs, C. A., *The Book of Psalms* (International Critical Commentary, New York: Charles Scribner's Sons), 1906.
Bronznick, N., "'Metathetic Parallelism'—An Unrecognized Subtype of Synonymous Parallelism," *HAR* 3 (1979), 25–39.
Buhlmann, W. and Scherer, K., *Stilfiguren der Bibel* (Biblische Beitrage 10, Freibourg: Schweizerisches Katholisches Bibelwerk), 1973.
Bullinger, E. W., *Figures of Speech Used in the Bible* (Grand Rapids, Mich.: Baker Book House), 1969.
Buttenweiser, M., *The Psalms* (New York: Ktav), 1969 [Orig. pub. 1938].
Caird, G. B., *The Language and Imagery of the Bible* (Philadelphia: Westminster), 1980.
Casanowicz, I. M., "Parallelism in Hebrew Poetry," *Jewish Encyclopedia* 9:520–22.
———, *Paronomasia in the Old Testament* (Boston: Norwood), 1894.
Cassuto, U., *Biblical and Oriental Studies*, Vol. I (Jerusalem: Magnes), 1973, Vol. II, 1975.
———, *From Noah to Abraham—A Commentary on the Book of Genesis, Part II* (Jerusalem: Magnes), 1964.
———, *The Goddess Anath* (Jerusalem: Magnes), 1971.
Ceresko, A., "The A:B::B:A Word Pattern in Hebrew and Northwest Semitic with Special Reference to the Book of Job," *UF* 7 (1975), 73–88.
———, "The Chiastic Word Pattern in Hebrew," *CBQ* 38 (1976), 303–11.
———, "The Function of Antanaclasis (*mṣ'* 'to find' // *mṣ'* 'to reach, overtake, grasp') in Hebrew Poetry, Especially in the Book of Qoheleth," *CBQ* 44 (1982), 551–69.
———, "The Function of Chiasmus in Hebrew Poetry," *CBQ* 40 (1978), 1–10.
Chatman, S., "Comparing Metrical Styles," *Style in Language*, ed. T. Sebeok, 149–72.
———, ed., *Approaches to Poetics* (New York: Columbia University Press), 1973.
———, ed., *Literary Style: A Symposium* (London: Oxford University Press), 1971.
Chatman, S., and Levin, S., ed., *Essays on the Language of Literature* (Boston: Houghton Mifflin), 1967.
Clark, H. H., "Word Associations and Linguistic Theory," *New Horizons in Linguistics*, ed. J. Lyons, 271–86.
Clines, D., *I, He, We and They: A Literary Approach to Isaiah 53*, *JSOT* Supplement Series, 1 (Sheffield: JSOT Press), 1976.
Collins, T., *Line-Forms in Hebrew Poetry* (Rome: Biblical Institute Press), 1978.
———, "Line-Forms in Hebrew Poetry," *JSS* 23 (1978), 228–44.
Cooper, A., *Biblical Poetics: A Linguistic Approach* (Ph.D. Dissertation, Yale University), 1976.
Coulthard, M., *An Introduction to Discourse Analysis* (London: Longman), 1977.
Craigie, P. C., "A Note on 'Fixed Pairs' in Ugaritic and Early Hebrew Poetry," *Journal of Theological Studies* 22 (1971), 140–43.
———, "Parallel Word Pairs in Ugaritic Poetry: A Critical Evaluation of their Relevance for Ps 29," *UF* 11 (1979), 135–40.
———, "The Problem of Parallel Word Pairs in Ugaritic and Hebrew Poetry," *Semitics* 5 (1979), 48–58.
———, "The Song of Deborah and the Epic of Tukulti-Ninurta," *JBL* 88 (1969), 253–65.
———, "Ugarit and the Bible," *Ugarit in Retrospect*, ed. G. D. Young, 99–111.

Cross, F. M., "Studies in the Structure of Hebrew Verse: The Prosody of Lamentations 1 : 1–22," *The Word of the Lord Shall Go Forth*, ed. C. Meyers and M. O'Connor, 129–55.
Cross, F. M., and Freedman, D. N., *Studies in Ancient Yahwistic Poetry* (Missoula, Mont.: Scholars Press), 1975.
Cross, F. M., and Talmon, S., ed., *Qumran and the History of the Biblical Text* (Cambridge, Mass.: Harvard University Press), 1975.
Cruse, D. A., "The Pragmatics of Lexical Specificity," *Journal of Linguistics* 13 (1977), 153–64.
Crystal, D., *A First Dictionary of Linguistics and Phonetics* (Boulder, Colo.: Westview), 1980.
Culler, J., "Jakobson and the Linguistic Analysis of Literary Texts," *Language and Style* 5 (1971), 53–66.
———, *Structural Poetics: Structuralism, Linguistics, and the Study of Literature* (Ithaca, N.Y.: Cornell University Press), 1975.
Culley, R. C, "An Approach to the Problem of Oral Tradition," *VT* 13 (1963), 113–25.
———, "Metrical Analysis of Classical Hebrew Poetry," *Essays on the Ancient Semitic World*, ed. J. W. Wevers and D. B. Redford (Toronto: University of Toronto Press), 1970, 12–28.
———, *Oral Formulaic Language in the Biblical Psalms* (Toronto: University of Toronto Press), 1967.
Dahood, M., "Chiasmus in Job: A Text-Critical and Philological Criterion," *A Light unto My Path*, ed. H. N. Bream et al., 119–30.
———, "Congruity of Metaphors," *Hebraïsche Wortforschung*, *VT* Supplement 16, (Leiden: Brill), 1967, 40–49.
———, "A New Metrical Pattern in Biblical Poetry," *CBQ* 29 (1967), 574–79.
———, "Poetic Devices in the Book of Proverbs," *Studies in Bible and the Ancient Near East Presented to Samuel E. Loewenstamm*, ed. Y. Avishur and J. Blau (Jerusalem: Rubenstein), 1978, 7–17.
———, "Poetry," *IDB* Supplement (Nashville, Tenn.: Abingdon), 1976, 669–72.
———, *Psalms I* (Anchor Bible, Garden City: Doubleday), 1966; *Psalms II*, 1968; *Psalms III*, 1970.
———, "Ugaritic-Hebrew Parallel Pairs," *RSP* I, ed. L. Fisher, 71–382; *RSP* II, ed. L. Fisher, 1–39; *RSP* III, ed. S. Rummel, 1–206.
———, "Ugaritic-Hebrew Syntax and Style," *UF* 1 (1969), 15–36.
Davie, D. et al., ed., *Poetics, Poetyka, Poetika. Proceedings of the First International Conference of Work in Progress Devoted to the Problems of Poetics* (Warsaw and The Hague: Panstwowe Wydawntwo Naukowe and Mouton), 1961.
Deese, J. E., *The Structure of Associations in Language and Thought* (Baltimore: The Johns Hopkins Press), 1965.
de Moor, J. C., "The Art of Versification in Ugarit and Israel," *Studies in Bible and the Ancient Near East Presented to Samuel E. Loewenstamm*, ed. Y. Avishur and J. Blau (Jerusalem: Rubenstein), 1978, 119–39.
———, "The Art of Versification in Ugarit and Israel II: The Formal Structure," *UF* 10 (1978), 187–217.
———, "The Art of Versification in Ugarit and Israel III: Further Illustrations of the Principle of Expansion," *UF* 12 (1980), 311–15.
Diez Macho, A., "La Homonimia o Paronomasia," *Sefarad* 8 (1948), 293–321; *Sefarad* 9 (1949), 269–309.

van Dijk, T. A., "On the Foundations of Poetics: Methodological Prolegomena to a Generative Grammar of Literary Texts," *Poetics* 1 (1972), 89–123.
———, *Some Aspects of Text Grammar* (The Hague: Mouton), 1972.
———, *Text and Context. Explorations in the Semantics and Pragmatics of Discourse* (London: Longman), 1980.
———, ed., *The Future of Structural Poetics*, *Poetics* 8 (1979), 497–608.
———, ed., *Pragmatics of Language and Literature* (Amsterdam: North Holland), 1976.
di Marco, A., "Der Chiasmus in der Bibel," *Linguistica Biblica* 36 (1975), 21–79; 37 (1976), 49–68.
Donald, T., *Parallelism in Akkadian, Hebrew and Ugaritic* (Ph.D. Dissertation, Manchester University), 1966 [this work was unavailable to me].
Doron, P., "Paronomasia in the Prophecies to the Nations," *Hebrew Studies* 20–21 (1979–80), 36–43.
Dressler, W., ed., *Current Trends in Textlinguistics* (Berlin: Walter de Gruyter), 1977.
Driver, G. R., "Hebrew Poetic Diction," *VT* Supplement 1 (1953), 26–39.
Ehrlich, A. B., *Mikrâ Ki-Pheshutô* (New York: Ktav), 1969 [orig. pub. 1900—Hebrew].
Eitan, I., "La Repetition de la Racine en Hebreu," *Journal of the Palestinian Oriental Society* 1 (1921), 171–86.
Empson, W., *Seven Types of Ambiguity* (London: New Directions), 1947.
Erlich, V., "Roman Jakobson: Grammar of Poetry and Poetry of Grammar," *Approaches to Poetics*, ed. S. Chatman, 1–27.
Finnegan, R., *Oral Poetry* (Cambridge: Cambridge University Press), 1977.
Fisher, L., ed., *Ras Shamra Parallels* I (Rome: Pontifical Biblical Institute), 1972; II, 1975.
Fitzgerald, A., "Hebrew Poetry," *Jerome Biblical Commentary*, ed. R. E. Brown, J. A. Fitzmyer, and R. E. Murphy (Englewood Cliffs, N.J.: Prentice Hall), 1968, 238–44.
———, "The Interchange of L, N, and R in Biblical Hebrew," *JBL* 97 (1978), 481–88.
Fodor, J. D., *Semantics: Theories of Meaning in Generative Grammar* (Cambridge, Mass.: Harvard University Press), 1980.
Fodor, J. D., and Katz, J., ed., *The Structure of Language: Readings in the Philosophy of Language* (Englewood Cliffs, N.J.: Prentice Hall), 1964.
Fokkelman, J., "Review of W. Watters, *Formula Criticism and the Poetry of the Old Testament*," *Bibliotheca Orientalis* 34 (1977), 212–13.
Fowler, R., "Linguistics and, and Versus, Poetics," *Journal of Literary Semantics* 8 (1979), 3–21.
———, "Preliminaries to a Sociolinguistic Theory of Literary Discourse," *Poetics* 8 (1979), 531–56.
———, ed., *Essays on Style and Language* (New York: Humanities Press), 1966.
Fox, J., "Roman Jakobson and the Comparative Study of Parallelism," *Roman Jakobson. Echoes of His Scholarship*, ed. D. Armstrong and C. van Schooneveld, 59–90.
Freedman, D. N., *Pottery, Poetry, and Prophecy. Collected Essays on Hebrew Poetry* (Winona Lake, Ind.: Eisenbrauns), 1980.
Freedman, D. N., and Hyland, C. F., "Psalm 29: A Structural Analysis," *Harvard Theological Review* 66 (1973), 237–56.

Freeman, D. C., ed., *Linguistics and Literary Style* (New York: Holt, Rinehart, Winston), 1970.
Geller, S., "The Dynamics of Parallel Verse. A Poetic Analysis of Deut 32:6–12," *Harvard Theological Review* 75 (1982), 35–56.
———, *Parallelism in Early Biblical Poetry* (Missoula, Mont.: Scholars Press), 1979.
———, "Review of J. Kugel, *The Idea of Biblical Poetry. Parallelism and Its History*," *JBL* 102 (1983), 625–26.
———, "Theory and Method in the Study of Biblical Poetry," *JQR* 73 (1982), 65–77.
Gerleman, G., "The Song of Deborah in the Light of Stylistics," *VT* 1 (1951), 168–80.
Gevirtz, S., "On Canaanite Rhetoric. The Evidence of the Amarna Letters from Tyre," *Orientalia* 42 (1973), 162–77.
———, *Patterns in the Early Poetry of Israel* (Chicago: Oriental Institute), 1963.
Ginsberg, H. L., "The Rebellion and Death of Ba'lu," *Orientalia* NS 5 (1936), 161–98.
Gitay, Y., "Deutero-Isaiah: Oral or Written?" *JBL* 99 (1980), 185–97.
———, *Prophecy and Persuasion. A Study of Isaiah 40–48* (Bonn: Linguistica Biblica), 1981.
Globe, A., "The Literary Structure and Unity of the Song of Deborah," *JBL* 93 (1974), 493–512.
Gluck, J., "Assonance in Ancient Hebrew Poetry: Sound Patterns as a Literary Device," *De Fructu Oris Sui, Essays in Honour of Adrianus van Selms*, ed I. H. Eybers, F. C. Fensham, and C. J. Labuschagne (Leiden: Brill), 1971, 69–84.
———, "Paronomasia in Biblical Literature," *Semitics* 1 (1970), 50–78.
Gonda, J., *Stylistic Repetition in the Veda* (Amsterdam: Noord–Hollandsche Uitgevers Maatschappij), 1959.
Gordis, R., *The Book of Job: Commentary, New Translation and Special Studies* (New York: Ktav), 1978.
———, *Koheleth, The Man and His World* (New York: Schocken), 1971.
———, "The Structure of Biblical Poetry," *Poets, Prophets, and Sages* (Bloomington: Indiana University Press), 1971, 61–94.
———, *The Word and the Book. Studies in Biblical Language and Literature* (New York: Ktav), 1976.
Gottwald, N., "Poetry, Hebrew," *IDB*, vol. 3 (Nashville, Tenn.: Abingdon), 1962, 829–38.
Gray, G. B., *The Forms of Hebrew Poetry* (New York: Ktav), 1972 [orig. pub. 1915].
Greenstein, E., "How Does Parallelism Mean?" *A Sense of Text, JQR Supplement* (Winona Lake, Ind.: Eisenbrauns), 1982, 41–70.
———, "One More Step on the Staircase," *UF* 9 (1977), 77–86.
———, "The Phenomenology of Parallelism," Paper read at the Annual Meeting of the Society of Biblical Literature, New York, 1982.
———, "Two Variations of Grammatical Parallelism in Canaanite Poetry and Their Psycholinguistic Background," *JANES* 6 (1974), 87–105.
Grossberg, D., "Nominalization in Biblical Hebrew," *Hebrew Studies* 20–21 (1979–80), 29–33.
Grzedzielska, M., "Les tendances à atténuer la distinction entre le vers et la prose," *Poetics, Poetyka, Poetika*, ed. D. Davie et al., 281–92.

Guillaume, A., "Paronomasia in the Old Testament," *JSS* 9 (1964), 282–90.
———, *Studies in the Book of Job* (Leiden: Brill), 1968.
Halle, M., and McCarthy, J. J., "The Metrical Structure of Psalm 137," *JBL* 100 (1981), 161–67.
Halpern, B., "Doctrine by Misadventure. Between the Israelite Source and the Biblical Historian," *The Poet and the Historian. Essays in Literary and Historical Biblical Criticism*, ed. R. E. Friedman (Chico, Calif.: Scholars Press), 1983, 41–73.
Hammond, M., "Poetic Syntax," *Poetics, Poetyka, Poetika*, ed. D. Davie et al., 475–82.
Hauser, A., "Judges 5: Parataxis in Hebrew Poetry," *JBL* 99 (1980), 23–41.
Held, M., "The Action-Result (Factitive-Passive) Sequence of Identical Verbs in Biblical Hebrew and Ugaritic," *JBL* 84 (1965), 272–82.
———, "Additional Pairs of Words in Synonymous Parallelism in Biblical Hebrew and in Ugaritic," *Lešonenu* 18 (1953), 144–60.
———, "Rhetorical Questions in Ugaritic and Biblical Hebrew," *Eretz Israel* 9 (1969), 71–79.
———, "The YQTL-QTL (QTL-YQTL) Sequence of Identical Verbs in Biblical Hebrew and in Ugaritic," *Studies and Essays in Honor of Abraham A. Neuman*, ed. M. Ben-Horin et al. (Leiden: Brill), 1962, 281–90.
Hendricks, W., "Three Models for the Description of Poetry," *Journal of Linguistics* 5 (1969), 1–22.
Hiatt, M., "The Prevalence of Parallelism: A Preliminary Investigation by Computer," *Language and Style* 6 (1973), 117–26.
Hillers, D. R., *Lamentations* (Anchor Bible, Garden City: Doubleday), 1972.
———, "Observations on Syntax and Meter in Lamentations," *A Light unto My Path*, ed. H. N. Bream et al., 265–70.
Holenstein, E., *Roman Jakobson's Approach to Language: Phenomenological Structuralism* (Bloomington: Indiana University Press), 1976.
Holladay, W. L., "Form and Word-Play in David's Lament over Saul and Jonathan," *VT* 20 (1970), 153–89.
———, "Prototype and Copies: A New Approach to the Poetry-Prose Problem in the Book of Jeremiah," *JBL* 79 (1960), 351–67.
———, "The Recovery of Poetic Passages of Jeremiah," *JBL* 85 (1966), 401–35.
Honeyman, A. M., "Merismus in Biblical Hebrew," *JBL* 71 (1952), 11–18.
Hrabák, J., "Remarques sur les corrélations entre le vers et la prose, surtout sur les soi-disant formes de transition," *Poetics, Poetyka, Poetika*, ed. D. Davie et al., 239–48.
Hrushovski, B., "Do Sounds Have Meaning? The Problem of Expressiveness of Sound Patterns in Poetry," *Hasifrut* 1 (1968–69), 410–20 [Hebrew].
———, "The Meaning of Sound Patterns in Poetry," *Poetics Today* 2 (1980), 39–56.
———, "On Free Rhythms in Modern Poetry," *Style in Language*, ed. T. Sebeok, 173–90.
———, "Prosody, Hebrew," *Encyclopedia Judaica* 13: 1195–1203.
Jakobson, R., "Grammatical Parallelism and its Russian Facet," *Language* 42 (1966), 399–429.
———, "Linguistics and Poetics," *Style in Language*, ed. T. Sebeok, 350–77.
———, "On Poetic Intentions and Linguistic Devices in Poetry. A Discussion

with Professors and Students at the University of Cologne," *Poetics Today* 2 (1980), 87–96.
———, "Poetry of Grammar and Grammar of Poetry," *Lingua* 21 (1968), 597–609.
———, "A Postscript to the Discussion on Grammar of Poetry," *diacritics* 10/1 (1980), 22–35.
———, "Subliminal Verbal Patterning in Poetry," *Poetics Today* 2 (1980), 127–36.
———, "Two Aspects of Language and Two Types of Aphasic Disturbances," *Selected Writings*, vol. II (The Hague: Mouton), 1971, 239–59.
———, "Verbal Communication," *Scientific American* 227/3 (1972), 73–80.
Jakobson, R. and Levi-Strauss, C., "'Les Chats' de Charles Baudelaire," *L'Homme* 2 (1962), 5–21.
Jebb, J., *Sacred Literature* (London: James Duncan), 1820.
Joüon, P., *Grammaire de l'hébreu biblique* (Rome: Pontifical Biblical Institute), 1923.
Kaddari, M. Z., "A Semantic Approach to Biblical Parallelism," *Journal of Jewish Studies* 24 (1973), 167–75.
———, "On Semantic Parallelism in Biblical Hebrew," *Lešonenu* 32 (1968), 37–45 [Hebrew].
Katz, J., and Fodor, J., "The Structure of a Semantic Theory," *The Structure of Language*, ed. J. Fodor and J. Katz, 479–518.
Katz, J., and Postal, P., *An Integrated Theory of Linguistic Descriptions* (Cambridge, Mass.: M.I.T. Press), 1964.
Kiparsky, P., "Metrics and Morphophonemics in the Kalevala," *Linguistics and Literary Style*, ed. D. C. Freeman, 165–81.
———, "The Role of Linguistics in a Theory of Poetry," *Daedalus* 102/3 (1973), 231–44.
Kosmala, H., "Form and Structure in Ancient Hebrew Poetry," *VT* 14 (1964), 423–45; *VT* 16 (1966), 152–80.
Krašovec, J., "Merism—Polar Expression in Biblical Hebrew," *Biblica* 64 (1983), 231–39.
Kselman, J. S., "The ABCB Pattern: Further Examples," *VT* 32 (1982), 224–29.
———, "A Note on Gen 7:11," *CBQ* 35 (1973), 491–93.
———, "Psalm 72: Some Observations on Structure," *BASOR* 220 (1975), 77–81.
———, "RB / / KBD: A New Hebrew-Akkadian Formulaic Pair," *VT* 29 (1978), 110–13.
———, "The Recovery of Poetic Fragments from the Pentateuchal Priestly Source," *JBL* 97 (1978), 161–73.
———, "Semantic-Sonant Chiasmus in Biblical Poetry," *Biblica* 58 (1977), 219–23.
Kugel, J., *The Idea of Biblical Poetry. Parallelism and Its History* (New Haven: Yale University Press), 1981.
———, "On the Bible and Literary Criticism," *Prooftexts* 1 (1981), 217–36.
———, "Some Thoughts on Future Research into Biblical Style: Addenda to *The Idea of Biblical Poetry*," *JSOT* 28 (1984), 107–17.
Labov, W., *Language in the Inner City. Studies in the Black English Vernacular* (Philadelphia: University of Pennsylvania Press), 1972.
Landy, F., "Poetics and Parallelism: Some Comments on James Kugel's *The Idea of Biblical Poetry*," *JSOT* 28 (1984), 61–87.
Langer, K., "Some Suggestive Uses of Alliteration in Sanskrit Court Poetry," *JAOS* 98 (1978), 438–45.

Levin, S., "Concerning What Kind of Speech Act a Poem Is," *Pragmatics of Language and Literature*, ed. T. van Dijk, 141–60.

———, "The Conventions of Poetry," *Literary Style: A Symposium*, ed. S. Chatman, 177–96.

———, "Coupling in a Shakespeare Sonnet," *Linguistics and Literary Style*, ed. D. C. Freeman, 197–208.

———, *Linguistic Structures in Poetry* (The Hague: Mouton), 1962.

Lewis, R., "Old English Poetry: Alliteration and Structural Interlace," *Language and Style* 6 (1973), 196–205.

Loewenstamm, S. E., "The Expanded Colon Reconsidered," *UF* 7 (1975), 261–64.

———, "Remarks on Stylistic Patterns in Biblical and Ugaritic Literatures," *Lešonenu* 32 (1968), 27–36.

Loretz, O., "Die Analyse der ugaritischen und hebraïschen Poesie mittels Stichometrie und Konsonantenzählung," *UF* 7 (1975), 265–70.

———, "Jeremia 18[14]: stichometrie und parallelismus membrorum," *UF* 4 (1972), 170–71.

Lotman, J., *Analysis of the Poetic Text* (Ann Arbor: Ardis), 1976.

———, *The Structure of the Artistic Text* (Ann Arbor: University of Michigan Press), 1977.

Lowth, R., *Isaiah. A New Translation with a Preliminary Dissertation and Notes* (London: Wm. Tegg), 1848 [Orig. pub. 1778].

———, *Lectures on the Sacred Poetry of the Hebrews* (London: T. Tegg and Son), 1835 [Orig. pub. 1753].

Lundbom, J. R., *Jeremiah. A Study in Ancient Hebrew Rhetoric* (Missoula, Mont.: Scholars Press), 1975.

Lyons, J., ed., *New Horizons in Linguistics* (Baltimore: Penguin), 1970.

McKane, W., *Proverbs* (Philadelphia: Westminster), 1975.

McNeill, D., "A Study of Word Association," *Journal of Verbal Learning and Verbal Behavior* 5 (1966), 548–57.

Malkiel, Y., "Studies in Irreversible Binomials," *Essays on Linguistic Themes* (Berkeley: University of California Press), 1968, 311–55.

Margalit, B., "Alliteration in Ugaritic Poetry: Its Role in Composition and Analysis," *UF* 11 (1979), 537–57.

———, "Studia Ugaritica I: Introduction to Ugaritic Prosody," *UF* 7 (1975), 289–314.

Masson, D. I., "Sound-Repetition Terms," *Poetics, Poetyka, Poetika*, ed. D. Davie et al., 189–99.

Mayenowa, M. R., "Quelques differences entre un texte versifié et non-versifié," *Poetics, Poetyka, Poetika*, ed. D. Davie et al., 369–71.

Melamed, E. Z., "Break-up of Stereotype Phrases," *Scripta Hierosolymitana* 8 (1961), 115–53.

———, "Break-up of Stereotype Phrases as an Artistic Device in Biblical Poetry," *Sefer Segal. Studies in the Bible presented to Professor M. H. Segal by his colleagues and students*, ed. Y. Grintz (Jerusalem: Kiryat Sefer), 1964, 188–219 [Hebrew].

Meyers, C., and O'Connor, M., ed., *The Word of the Lord Shall Go Forth. Essays in Honor of David Noel Freedman in Celebration of His Sixtieth Birthday* (Winona Lake, Ind.: Eisenbrauns), 1983.

Milic, L. T., "Rhetorical Choice and Stylistic Option: The Conscious and Unconscious Poles," *Literary Style: A Symposium*, ed. S. Chatman, 77–94.

Miller, P. J., "Review of *Hebrew Verse Structure* by M. O'Connor," *JBL* 102 (1983), 628–29.
———, "Studies in Hebrew Word Patterns," *Harvard Theological Review* 73 (1980), 79–89.
———, "Synonymous-Sequential Parallelism in the Psalms," *Biblica* 61 (1980), 256–60.
———, "Meter, Parallelism, and Tropes: The Search for Poetic Style," *JSOT* 28 (1984), 99–106.
Morag, S., "On the Historical Validity of the Vocalization of the Hebrew Bible," *JAOS* 94 (1974), 307–15.
Muilenburg, J., "Form Criticism and Beyond," *JBL* 88 (1969), 1–18.
———, "Poetry," *Encyclopedia Judaica* 13: 670–81.
———, "A Study in Hebrew Rhetoric: Repetition and Style," *VT* Supplement 1 (1953), 97–111.
Mukarovsky, J., *On Poetic Language* (Lisse: Peter de Ridder), 1976.
———, "Standard Language and Poetic Language," *Linguistics and Literary Style*, ed. D. C. Freeman, 40–56.
Myers, J. M., *The Linguistic and Literary Form of the Book of Ruth* (Leiden: Brill), 1955.
Newmann, L., *Studies in Old Testament Parallelism, I: Parallelism in Amos* (Berkeley: University of California Publications in Semitic Philology), 1918.
O'Connor, M., *Hebrew Verse Structure* (Winona Lake, Ind.: Eisenbrauns), 1980.
———, "Review of T. Collins, *Line-Forms in Hebrew Poetry*," *CBQ* 42 (1980), 91–92.
———, "The Rhetoric of the Kilamuwa Inscription," *BASOR* 226 (1977), 15–29.
———, "The Role of Syntax in Hebrew Verse," Paper read at the Annual Meeting of the American Oriental Society, Boston, 1981.
———, "'Unanswerable the Knack of Tongues': The Linguistic Study of Verse," *Exceptional Language and Linguistics*, ed. L. Obler and L. Menn (New York: Academic Press), 1982, 143–68.
Pardee, D., "The Semantic Parallelism of Psalm 89," *In the Shelter of Elyon. Essays on Ancient Palestinian Life and Literature in Honor of G. W. Ahlstrom*, ed. W. B. Barrick and J. R. Spenser, *JSOT Supplement Series*, 31 (Sheffield: JSOT Press), 1984, 121–37.
———, "Types and Distributions of Parallelism in Ugaritic and Hebrew Poetry," Paper read at the Annual Meeting of the Society of Biblical Literature, New York, 1982.
———, "Ugaritic and Hebrew Metrics," *Ugarit in Retrospect*, ed. G. D. Young, 113–30.
———, "Ugaritic and Hebrew Poetry: Parallelism," Paper read at the First International Symposium on the Antiquities of Palestine, Aleppo, 20–25 September, 1980.
Parker, S., "Parallelism and Prosody in Ugaritic Narrative Verse," *UF* 6 (1974), 283–94.
Pomorska, K., "Roman Jakobson and the New Poetics," *Roman Jakobson. Echoes of His Scholarship*, ed. D. Armstrong and C. van Schooneveld, 363–78.
Pope, M., "Marginalia to M. Dahood's Ugaritic-Hebrew Philology," *JBL* 85 (1966), 455–66.
———, *Job* (Anchor Bible, Garden City: Doubleday), 1973.
Popper, W., *Studies in Biblical Parallelism, Part II: Parallelism in Isaiah* (Berkeley:

University of California Publications in Semitic Philology), 1918–1923.
Porten, B., and Rappaport, U., "Poetic Structure in Genesis IX 7," *VT* 21 (1971), 363–69.
Rauber, D. F., "Literary Values in the Bible: The Book of Ruth," *JBL* 89 (1970), 27–37.
Reckendorf, H., *Über Paronomasie in den semitischen Sprachen* (Giessen: Topelmann), 1909.
Rendsburg, G., "Janus Parallelism in Gen 49:26," *JBL* 99 (1980), 291–93.
Revell, E. J., "Pausal Forms and the Structure of Biblical Poetry," *VT* 31 (1981), 186–99.
Ridderbos, N. H., "The Psalms: Style-Figures and Structure," *Oudtestamentische Studiën* XIII (1963), 43–76.
Riffaterre, M., *The Semiotics of Poetry* (Bloomington: Indiana University Press), 1978.
Ringgren, H., "A Law of Stylistic Balance in Hebrew," *Horae Soederblomianae* 6 (1964), 9–14.
———, "The Omitting of *kol* in Hebrew Parallelism," *VT* 32 (1982), 99–103.
Robertson, D. A., *Linguistic Evidence in Dating Early Hebrew Poetry* (Missoula, Mont.: Scholars Press), 1972.
Robinson, T. H., "Hebrew Poetic Form: The English Tradition," *VT* Supplement 1 (1953), 128–49.
Rummel, S., ed., *Ras Shamra Parallels* III (Rome: Pontifical Biblical Institute), 1981.
Sappan, R., *The Typical Features of the Syntax of Biblical Poetry in its Classical Period* (Ph.D. Dissertation, Hebrew University), 1974.
Sasson, J. M., "Wordplay in the OT," *IDB* Supplement (Nashville, Tenn.: Abingdon), 1976, 968–70.
Sayce, R. A., "The Style of Montaigne: Word-Pairs and Word-Groups," *Literary Style: A Symposium*, ed. S. Chatman, 383–405.
Saydon, P. P., "Assonance in Hebrew as a Means of Expressing Emphasis," *Biblica* 36 (1955), 36–50, 287–304.
Schramm, G. M., "Poetic Patterning in Biblical Hebrew," *Michigan Oriental Studies in Honor of George G. Cameron*, ed. L. Orlin (Ann Arbor: Dept. of Near Eastern Studies, University of Michigan), 1976, 167–91.
Scott, R. B. Y., *Proverbs, Ecclesiastes* (Anchor Bible, Garden City: Doubleday), 1965.
Sebeok, T., *Style in Language* (Cambridge, Mass.: M.I.T. Press), 1960.
Segert, S., "Parallelism in Ugaritic Poetry," *JAOS* 103 (1983), 295–306.
———, "Prague Structuralism in American Biblical Scholarship: Performance and Potential," *The Word of the Lord Shall Go Forth*, ed. C. Meyers and M. O'Connor, 697–708.
———, "Problems of Hebrew Prosody," *VT* Supplement 7 (1960), 283–91.
———, "Ugaritic Poetry and Poetics: Some Preliminary Observations," *UF* 11 (1979), 729–38.
Shapiro, M., *Asymmetry. An Inquiry into the Linguistic Structure of Poetry* (Amsterdam: North Holland), 1976.
Smith, B. H., *Poetic Closure: A Study of How Poems End* (Chicago: University of Chicago Press), 1968.
Soggin, J. A., "Ancient Israelite Poetry and Ancient 'Codes' of Law, and the Sources 'J' and 'E' of the Pentateuch," *VT* Supplement 28 (1974), 185–95.

Stankiewicz, E., "Linguistics and the Study of Poetic Language," *Style in Language*, ed. T. Sebeok, 69–81.
———, "Poetic and Non-Poetic Language in their Interrelation," *Poetics, Poetyka, Poetika*, ed. D. Davie et al., 11–24.
Steiner, G., *After Babel. Aspects of Language and Translation* (New York: Oxford University Press), 1975.
Steinitz, W., *Der Parallelismus in der finnisch-karelischen Volksdichtung* (Folklore Fellows Communication 115, Helsinki: Academia Scientiarum Fennica), 1934.
Stolz, B. A., and Shannon, R. S., ed., *Oral Literature and the Formula* (Ann Arbor: Center for the Coordination of Ancient and Modern Studies, University of Michigan), 1976.
Strus, A., *Nomen-Omen. Stylistique des noms propres dans le Pentateuque* (Rome: Pontifical Biblical Institute), 1978.
———, "La poétique sonore des récits de la Genèse," *Biblica* 60 (1979), 1–22.
Stuart, D. K., *Studies in Early Hebrew Meter* (Missoula, Mont.: Scholars Press), 1976.
Stutterheim, C., "Poetry and Prose, Their Interrelations and Transitional Forms," *Poetics, Poetyka, Poetika*, ed. D. Davie et al., 225–37.
Szalay, L. and Deese, J., *Subjective Meaning and Culture: An Assessment Through Word Associations* (Hillsdale, N.J.: Lawrence Erlbaum), 1978.
Talmon, S., "Synonymous Readings in the Textual Traditions of the O.T.," *Scripta Hierosolymitana* 8 (1961), 335–83.
———, "The Textual Study of the Bible—A New Outlook," *Qumran and the History of the Biblical Text*, ed. F. M. Cross and S. Talmon, 321–400.
Thompson, J., "Linguistic Structure and the Poetic Line," *Linguistics and Literary Style*, ed. D. C. Freeman, 336–46.
Thorne, J. L., "Generative Grammar and Stylistic Analysis," *New Horizons in Linguistics*, ed. J. Lyons, 185–97.
———, "Poetry, stylistics and imaginary grammars," *Journal of Linguistics* 5 (1969), 147–50.
———, "Stylistics and Generative Grammars," *Journal of Linguistics* 2 (1965), 69–78.
Tsevat, M., *A Study of the Language of the Biblical Psalms* (Philadelphia: Society of Biblical Literature), 1955.
T'sou, B. K., "Some Aspects of Linguistic Parallelism and Chinese Versification," *Studies Presented to Professor Roman Jakobson by His Students*, ed. C. Gribble (Cambridge, Mass.: Slavica), 1968, 318–28.
Tur-Sinai, N. H., *Sefer Iyyob* (Tel Aviv: Yavneh), 1954 [Hebrew].
Ullmann, S., "Stylistics and Semantics," *Literary Style: A Symposium*, ed. S. Chatman, 133–55.
Watson, W. G. E., *Classical Hebrew Poetry: A Guide to its Techniques*, *JSOT* Supplement Series 26 (Sheffield: JSOT Press), 1983.
———, "Fixed Pairs in Ugaritic and Isaiah," *VT* 22 (1972), 460–68.
———, "Gender-Matched Synonymous Parallelism in the OT," *JBL* 99 (1980), 321–41.
———, "Gender-Matched Synonymous Parallelism in Ugaritic Poetry," *UF* 13 (1981), 181–87.
———, "Pivot Pattern in Hebrew, Ugaritic, Akkadian," *Zeitschrift für die Alttestamentliche Wissenschaft* 88 (1976), 239–53.

———, "Reversed Word-Pairs in Ugaritic Poetry," *UF* 13 (1981), 189–92.
———, "Review of James L. Kugel, *The Idea of Biblical Poetry. Parallelism and Its History*," *Biblica* 64 (1983), 134–36.
———, "A Review of Kugel's *The Idea of Biblical Poetry*," *JSOT* 28 (1984), 89–98.
———, "Review of M. O'Connor, *Hebrew Verse Structure*," *Biblica* 64 (1983), 131–34.
———, "Review of T. Collins, *Line-Forms in Hebrew Poetry*," *Biblica* 61 (1980), 581–83.
———, "Trends in the Development of Classical Hebrew Poetry: A Comparative Study," *UF* 14 (1982), 265–77.
———, "Verse Patterns in Ugaritic, Akkadian, and Hebrew Poetry," *UF* 7 (1975), 483–92.
Watters, W. R., *Formula Criticism and the Poetry of the Old Testament* (Berlin: Walter de Gruyter), 1976.
Waugh, L., "The Poetic Function and the Nature of Language," *Poetics Today* 2/1a (1980), 57–82.
Weinfeld, M., "Gen. 7:11, 8:1–2 Against the Background of Ancient Near Eastern Tradition," *Die Welt des Orients* 9 (1978), 242–48.
Weingreen, J., *Introduction to the Critical Study of the Text of the Hebrew Bible* (Oxford: Clarendon Press), 1982.
Weiss, M., "Die Methode der 'Total-Interpretation,'" *VT* Supplement 22 (1971), 88–112.
———, *Hamiqra Kidemuto* (Jerusalem: Mosad Bialik), 1962 [Hebrew].
———, "Wege der neuen Dichtungswissenschaft in ihrer Anwendung auf die Psalmenforschung," *Biblica* 42 (1961), 255–302.
Welch, J. W., *Chiasmus in Antiquity: Structures, Analyses, Exegesis* (Hildesheim: Gerstenberg), 1981.
Werth, P., "Roman Jakobson's Verbal Analysis of Poetry," *Journal of Linguistics* 12 (1976), 21–73.
Whallon, W., *Formula, Character, and Context: Studies in Homeric, Old English and Old Testament Poetry* (Cambridge, Mass.: Harvard University Press), 1969.
———, "Formulaic Poetry in the Old Testament," *Comparative Literature* 15 (1963), 1–14.
Whitley, C. F., "Some Aspects of Hebrew Poetic Diction," *UF* 7 (1975), 493–502.
Willis, J. T., "The Juxtaposition of Synonymous and Chiastic Parallelism in Tricola in Old Testament Hebrew Psalm Poetry," *VT* 29 (1979), 465–80.
Wimsatt, W. K., *The Verbal Icon* (Louisville: University of Kentucky Press), 1954.
———, ed., *Versification. Major Language Types* (New York: Modern Language Association and New York University Press), 1972.
Yoder, P., "A-B pairs and oral composition in Hebrew poetry," *VT* 21 (1971), 470–89.
———, *Fixed Word Pairs and the Composition of Hebrew Poetry* (Ph.D. Dissertation, University of Pennsylvania), 1970.
Young, G. D., "Ugaritic Prosody," *Journal of Near Eastern Studies* 9 (1950), 124–33.
———, ed., *Ugarit in Retrospect* (Winona Lake, Ind.: Eisenbrauns), 1981.
Zer-Kavod, M., "Koheleth," *Hamesh Megillot* (Jerusalem: Mosad Harav Kook), 1973 [Hebrew].

*Smikhut*에 담긴 성경 은유의 범위

리다 크노리나(Lida Knorina)

리다 노리나는 모스크바 주립 대학(Moscow State University)에서 성서 히브리어를 가르친 러시아 언어학자이다. 나는 1993년에 예루살렘에서 열린 열한 번째 세계 유대인 연구 학술대회(World Congress of Jewish Studies)에서 그녀를 단지 한 번 만났을 뿐인데, 거기서 그녀는 내게 히브리어로 개인적인 대화를 했다. 그녀는 그 학회에서 스미크투(*Smikhut*)에서의 은유법에 관한 진행 중인 그녀의 연구를 발표했다. 1994년 4월 나는 그녀가 아직도 그 프로젝트를 연구 중에 있고 진척이 있다는 짧은 내용의 이메일을 받았다. 그녀는 그것이 완성되면 내게 그것을 보내겠다고 약속했다. 하지만 1994년 8월 나는 그녀의 남편 블라디미르 보쉬체프(Vladimir Borshchev)로 부터 그녀에 관한 그 다음 소식을 전해 듣게 되었는데, 그것은 바로 1994년 6월 4일에 리다가 사망했다는 것이었다. 리다의 미완성 원고를 내가 읽어보길 리다가 원했다는 것을 알고 그는 내게 그 원고를 보내왔고, 내가 그것을 다른 학자들에게도 전해주기를 기대했다. 그 기대는 오랫동안 연기되었다. 비록 내가 내 글을 게재할 때 그녀의 연구를 참고 문헌으로 언급하기는 했지만("On Reading Biblical Poetry: The Role of Metaphor," in *Congress Volume. Cambridge 1995*, edited by J. A. Emerton [Leiden, New York, and Koln: Brill, 1997], pp. 29-30), 이번이 그녀의 논문을 성경학자들에게 전부 보여주는 첫 번째 기회이다.

그녀의 논문은 성경 은유 중에서도 연계형(Smikhut)에서 나타나는 은유를 탐구하고 있다. 이것은 원래 은유를 분류하는 방법으로, 작가의 언어학적인 성향의 증거가 된다. 크노리나의 논문은 이런 유형의 은유를 분석하려고 제시하는 이론 체계와 그녀가 인용해서 논의하는 예들도 모두 흥미롭다. 비언어학자들에게는, 후자는 은유가 어떻게 기능하는 지와 또 그 의미를 어떻게 해석하는 지에 대해 더 많이 생각해 보도록 자극할 것이다.

나는 리다 크노리나의 연구와 더불어, 그녀의 이메일 내용과 그녀 남편의 편지를 더 폭넓은 독자들에게 보여줄 수 있어서 정말 행복하다. 이로써 성경 담화를 언어학적으로 연구하는데 많은 기여를 하고, 러시아 학자로서는 여전히 비교적 어려운 때에 이스라엘과 영어권에 있는 성경학자들에게 다가가기 위해 노력한 이 용감한 젊은 여성을 기념할 수 있기를 바란다.

2006년 8월(August 2006)
아델 벌린(Adele Berlin)

수신: 애벌린(aberlin)

제목: 감사(gratitude)

날짜: 1994년 4월 4일, 월요일

송신: 리다 크노리나(Lida Knorina)

친애하는 아델,

저는 단지 당신의 저서들에 깊은 감사를 드리며 그것들을 항상 애용하고 있음을 말씀드리고 싶습니다. 그것들은 학생들과 함께 하는 저의 연구에 많은 도움이 되고 있습니다. 저는 현재 모스코바 주립 대학(Moscow State University)에 있는 철학과에서 성서 히브리어를 가르치고 있습니다. 당신의 많은 견해가 러시아 언어학 학파에 근거를 두고 있다는 사실은 제게 아주 중요합니다.

저는 당신의 간단한 음역(transliteration) 체계를 너무 좋아해서 지금 저 자신도 그것을 사용하고 있습니다.

오랫동안 당신에게 편지 쓰는 일은 연기해 왔는데, 작년 학술대회에서 제가 발표한 내용에 기초한 소논문을 하나 완성해서 당신에게 보내드리고 싶었기 때문입니다. 하지만 이 일은 좀처럼 끝날 것 같지가 않습니다. 또한 지난 두 달간은 제가 아프기도 했습니다. 그러니 당신의 저서들에 한 번 더 심심한 감사를 표하는 바입니다.

리다 크노리나 드림

메릴랜드 대학(University of Maryland),
히브리어와 동아시아어문학과
(Department of Hebrew and East Asian Languages and Literatures),
아델 벌린(Adele Berlin) 교수님께,

1994년 8월 19일, 모스크바에서

친애하는 아델,

저의 아내, 리다 크노리나는 당신의 이름을 불렀습니다. 그녀를 기억하시면서 제가 이렇게 당신의 이름만을 부르는 것을 허락해 주시길 부탁드립니다. 리다는 두 달도 더 전인 6월 4일에 사망했습니다. 그녀가 2월 이래로 아팠다는 것을 알고 계실 것입니다. 그녀의 마지막에 대해서는 다음 기회에 더 자세히 알려드리도록 하겠습니다. 저는 그녀가 당신을 가까운 친구로 여겼다는 것을 알고 있습니다. 이 일이 제게 쉽지는 않습니다. 전 아직도 충격에 빠져 있습니다.

지금 제가 보내드리는 성경 은유에 관한 그녀의 논문에 관해 말씀드리겠습니다. 그녀는 작년 예루살렘 학술대회 이후 지속적으로 그 연구를 해왔습니다. 여러 이유에서 그 논문은 그녀에게 어려웠습니다. 첫째로 그녀는 영어로 썼습니다. 하지만 언어가 주된 어려움이 아니었습니다. 이 주제에 관해서라면 그녀는 러시아어로 된 논문들을 알기 때문에 러시아 글이 그녀에게 훨씬 쉬웠을 것이라고 말한 적이 있습니다. 당신도 알다시피, 언어학은 물리학이나 수학처럼 전 세계적인 공용 학문이 아닙니다. 미국어식 언어학이 있고 러시아어식의 언어학이 있는 등등. 그리고 여기서 유명한 수많은 연구들은 미국에서 익숙하지 않고 역으로도 마찬가지일 것입니다.

그 논문은 의미론적 유형에 관한 그녀의 예전 연구들에 기초하고 있습니다. 그리고 이것이 또한 근본적인 어려움이었습니다. 의미론적 유형들의 이론을 이 논문에 다시 언급하는 것은 불가능했습니다. 그런 반면 이 이론 없이 그녀의 연구 결과를 진술하는 것도 불가능했습니다.

게다가, 리다는 성서 연구 분야에 있어서 그녀 자신이 초보라고 여겼지만, 저는 이 문제에 관한 언어학적인 면만큼은 그녀가 자신에게 꼭 맞는 자리를 찾았다고 생각했습니다. 그리고 그녀는 당신이 그녀의 연구를 이해할 수 있기를 희망했습니다. 그녀는 성경적 평행론에 관한 당신의 책을 정말 많이 좋아했습니다.

그녀는 5월 초 수일 동안에 논문을 마무리했습니다(4월중 후반 2주 동안과 5월 초 한 열흘간은 그녀의 건강이 훨씬 좋아져서 우리도 그녀가 더 이상 아프지 않을 거라고 생각했지만, 그렇지 않았습니다). 그녀는 친구들에게 영어를 다듬어 달라고 요청하고 싶어 했습니다. 친구들은 그녀가 죽은 후에 그 일을 해주었습니다. 그래서 그녀는 논문의 마지막 원고를 읽어보지 못했습니다.

그녀는 당신에게 논문을 보내서, 당신과 논의하고 그것을 어디에 발표할 수 있을지 당신에게 물어보려 했습니다. 그리고 이제 제가 그 일을 대신합니다.

진심을 담아 그럼 이만 안녕히 계십시오,

블라디미르 보쉬체프(Vladimir Borshchev)

저의 주소:

러시아, 123458, 모스코바, 탈린스카이아 가(Tallinskaya str), 2, 156

추신: 리다는 당신 책의 도입부를 저에게 여러 번 인용해 읽어 주었습니다: *나는 언어학자가 아니며 언어학자의 제자도 아니다.* 저도 이것을 한 번 더 바꾸어 표현해 보면: *나는 언어학자가 아니지만 언어학자의 남편이다.* 저는 리다가 아주 훌륭한 언어학자였다고 생각합니다. 그녀는 러시아어로 된 문법, 시학, 의

미론, 그리고 영어로 된 17세기의 언어학 학교에 관한 논문들을 가지고 있습니다(그녀는 I. Newton의 언어학 논문을 번역하고 논평했습니다). 그리고 그녀의 마지막 주제는 성서 히브리어에 관한 언어학이었습니다. 그래서 그녀의 모든 작업은 서로 밀접한 관계가 있었습니다. 예를 들어, 그녀는 파스터낙(Pasternak)을 읽고(그녀가 가장 사랑하는 시인) 그의 은유법의 특성을 이해하려 했고 단지 추상적인 본문에서 의미론적 유형들을 이해한다면 그것이 가능한 것임을 알았습니다. 그래서 그녀는 러시아어로 된 소유격 구조에서 이 유형들을 연구했습니다. 그리고 연계형(Smikhut)은 러시아어의 소유격과 유사합니다.

그런데 그녀가 성경적 *smikhut* 은유법에 관한 파일을 하나 남겼습니다. 그녀는 *Mandelkern Concordantiae*를 여러 번 조사했습니다. 물론 그녀의 논문에 의미론적 유형에 따라 분류된 성경 은유에 관한 전 목록을 달아서 부록(Appendix)을 만든다면 더 좋을 것입니다. 하지만 그녀는 출판에 대비한 목록을 준비하지 않았습니다. 그녀는 그것에 관해 좀 더 연구해야 한다고 생각했습니다. 저는 그녀의 대학원생을 설득해서 이 일을 마무리해 보기를 희망하고 있습니다.

저는 그녀 논문들을 수집해서 모음집으로 출판을 해볼까 하는데, 먼저 그녀가 마지막에 한 연구들을 출판하려 합니다. 그녀 인생의 마지막 두 달 동안 그녀는 여하간 네 개의 논문을 썼습니다. 당신께 그 마지막 논문들의 목록을 보내 드립니다.

저의 긴 편지와 러시아식의 억양이 강하게 담긴 영어를 부디 용서해 주시길 바랍니다.

그럼 이만 줄이겠습니다,

블라디미르 보쉬체프(Vladimir Borshchev)

Lida Knorina
Some of her published and unpublished works

1976 Semantic categorization and verbal aspect in "Semiotics and informatics," N. 7, Moscow

1977 Analysis of uninflected attributes to nouns in "Scientific and technical information," series 2, N. 8

1978 New word acquisition with respect to analytic tendencies in "Russian-language practice," Moscow

1980 "Hieroglificity" and its influence on word use in "Scientific and technical information," series 2, N. 10

1981 Case Value estimation in "Problems of structural linguistics 1979," Moscow

1982 Grammar and norm in poetry in "Problems of structural linguistics 1980," Moscow

1986 Isaac Newton: Of a universal language (translation into Russian, notes, afterword) in "Semiotics and informatics," N. 28, Moscow

1988 Lexicon categories and dictionary definitions in "National languages and problems of national lexicography," Moscow

1988 Utilitarianism tendency and language theory in "XVIIth-century England proceedings of the meeting 'Linguistic traditions in oriental countries," Moscow

1989 Word usage as component of individual style in "language and personality," Moscow

1989 Comparative genitive constructions in Pasternak's poetry in "Stylistics and poetics," Moscow

1989 Elaboration of Russian-English computerized dictionaries (in coauthorship with N.A. Pastchenko) in "Problems of information theory and practice," N. 58

1990 Semantic anomaly and metaphor in the genitive construction in "Logical analysis of language: contradictions and anomalies in discourse," Moscow.

1990 Language theory and language planning in "Interlinguistical aspects of language reforms and language planning," Tartu

1990 Types of "things" and their perception in language (in coauthorship with V.B.Borschev) in "Language of logic and logic of language." 1990,Moscow.

1991 Language semantics in medieval Jewish philosophy in "The East: the past and the future of the peoples." 1991, Moscow

1991 Action perception and generalization in text proceedings of the conference "Action : linguistical and logical models" (Moscow)

1992 Mikra (review article on "Mikra: text, translation, interpretation. Philadelphia, 1988") "The world of the Bible"

1992 Language structure representation in language planning in XVIIth-century England (in press)

1992 Grammatical information in Hebrew teaching (in press)

1993 Metadiscourse and situational categorization of actions in text, "Scientific and technical information," series 2, N. 3

1994 Metalexis : An attempt at defining. The report presented to some conference.

1994 Isaac Newton and Jewish tradition (in press)

1994 Smikhut in Hebrew teaching (in press)

1994 The range of biblical metaphors in smikhut.

1994 The linguistic aspects of Jewish commentary tradition (in press)

Uncompleted works

Measure for measure in Biblical Word Usage. The report on the Fifth Afro-Asian Congress in Moscow (1993)

The Style of the Hebrew Bible, 25 pp.

The Grammar of the Hebrew Bible, 20 pp.

Linguistic Commentary to Genesis 1-4, 20 pp.

Russian Word to Word Translation of Genesis (1, 1-14) with a Linguistic Commentary, 13 pp.

스미쿠트(*Smikhut*)에 담긴 성경 은유의 범위[1)]

리다 크노리나(Lida Knorina)

요약

스미쿠트(연계형) 구문들에서 은유적 해석의 기법은 연구되었고 성경 히브리어 구문의 "일반적"(은유적이지 않은) 해석과 비교되었다. 우리는 일반적인 스미쿠트 패턴들의 세 가지 기본적 형태들과 상관성이 있는 은유적 전이의 세 가지 모델들을 구분한다. 은유적 해석은 구문 요소들을 표준구문 요소들의 의미적 형태들과 가능한 동일시를 통하여 제한되어 있다는 점을 보였다.

서론

이미지를 만드는 현상은 서로 다른 구문적 환경 안에서 발생한다는 것으로 알려졌다. 이 사실은 왜 은유들이 주로 그들의 구문적 실현들과 독립적으로 연구된 이유이다.

그럼에도 불구하고 은유적 해석의 기법은 동일한 구문들의 "일반적"(비은유적) 해석과 비교됨 없이 만족할만하게 이해될 수 없다.[2)]

---

1) 이 글은 원래 L. V. Knorina, Grammatika, Semantika, Stilistika [Grammar, Semantics, Stylistics] (Moscow: Institut russkogo iazyka, 1996)와 *Moskovskij Lingvisticheskij Jurnal* [*Moscow Journal of Lingustics*] 3 (1996): 80-94 에 게재된 것이다. Vladimir Borschev의 친절한 허락을 통해 본서에 이 글이 실릴 수 있게 되었다.

스미쿠트 안에서 성경 은유들을 해석할 때 구체적인 문제들이 발생한다. 심지어 구문의 비은유적인 (일반적) 해석들도 유달리 다양하다. 은유적인 조합들의 요소들 – 무엇보다 "등가" 관계 (예. בגדי נקם - 보복의 옷들 - 사 59:17) – 사이의 관계들에 대해서는 그들이 일반적인 것들과 상당히 다른 것처럼 보인다.

우리의 연구는 성경 스미쿠트 구문들의 은유적인 해석을 지배하고 있는 규칙들을 성경 히브리어에서 일반적인(정상적인) 스미쿠트 해석의 전체적인 체계 기반 위에서 발견하려는 시도이다.[3)]

우리는 스미쿠트에 담긴 성경 은유 모델들은 스미쿠트의 표준적인 의미적 패턴들에 기반을 두고 있고 구문의 구성요소들을 일반적인 스미쿠트 구문들 안에서 나타난 의미적 형태들과 가능한 동일시를 통하여 제한된다는 점을 주장한다.

은유적인 모델은 은유화시키는 이미지 (수직적) 위치, 상응하는 은유화시키는 술어의 형태, 그리고 은유의 대상(취지)으로 전이되는 방식을 포함한다.

은유적 해석으로의 전환은 구성 요소들 가운데 하나를 표준 패턴 안에서 동일한 위치(주요어구와 수식어)를 차지하고 있는 술어[4)](또는 그것의 지시어)와 동일시한다는 것을 함의한다(사물의 거의 그 어떤 지시 대상도 다른 술어들로 간주될 수 있다.). 동일시된 구성요소는 강화된 상응하는 술어의 특징들과 함께 이미지로 인식된다.

만약 구성 요소들 가운데 하나(또는 그 유사어)가 정상적인 스미쿠트 구문에서 술어의 위치를 차지하면서 사용된다면 술어와 동일시되는 것은 분명한 것처럼

---

2) 문맥 의존과 그것의 은유 "예측성"과의 관련성은 Sovran 1993에 논의 되었다.

3) 러시아어 소유격 구문들 안에서 은유에 관한 비슷한 묘사에 관해서는 Knorina 1990a을 참고하라.

4) 명백하게 표현되지 않은 술어는 요소들 가운데 하나로 지시된다는 점이 가정된다. 단 하나의 예외는 어느 요소의 결핍으로 인하여 발생된 소유와 소유자 사이의 불특정한 관계이다. 표준 러시아어 단어 조합의 자료에 기반들 둔 비슷한 분석은 Knorina 1990b에 나타난다.

보인다. 그러나 대부분의 경우에 구성 요소의 "술사(述詞)"는 오직 그것의 은유화 안에서 분명하다.

서술적인 특징들은 그 어떤 구성 요소들 안에서 실현될 수 있다. 그리고 은유화하는 술어에 대한 암시들 사이의 가능한 갈등뿐만 아니라 표준 해석들과 은유적인 해석들 사이의 가능한 갈등은 종종 구문을 모호하게 만들고 이 모호함은 비록 문맥의 범위를 넓히더라도 해결할 수 없다. 그럼에도 불구하고 이미지에 대한 식별은 은유적인 모델들에 대한 묘사에서 논의한 특정한 규칙들을 따른다.

은유의 대상물로의 이미지 (이런 저런 방식으로 구성 요소들 가운데 하나로 인식된) 전환은 다른 구성 요소가 그 위에서 인식된 술어가 정의된 범위에 포함된다는 것을 함의한다(술어의 은유화는 그 범위의 확장이다).

성경 스미쿠트 은유들은 표준 스미쿠트 패턴들의 세 가지 기본적인 형태들과 상응하는 세 가지의 기본적 모델들을 따른다.

의미적 스미쿠트 패턴들은 해석에 있어서 그 구성 요소들(주요어구와 수식어)의 역할에 따라 분류된다. 주어진 역할을 할 수 있는 단어들의 의미적 특징들은 그와 상응하는 패턴의 묘사 안에서 논의된다.

은유 모델들

모델 (1). 수식어 안에서 이미지는 은유의 대상이 되는 주요부에 대한 은유화 특성으로 전환된다: **לב האבן** - *heart of stone* (돌 같은 마음)(겔 11:19).

주요한 표준 패턴은 사물 - 특성 : 참조. **לחת האבן** *tablets of stone (돌판) (출 24:12)*

모델 (2). 주요부에서의 이미지는 은유화하는 술어(주요부에서 인식될 수 있는 명백하게 거명되지 않은 행동이나 관계)를 통하여 수식어 또는 그것에 의해 암시된 것의 도움으로 윤곽이 드러난 은유의 대상물로 전이된다: **שערי הנהרות**

- *gates of rivers* (강들의 수문) (나훔 2:7).

주요한 패턴은 일반적으로 주요부와 수식어 사이의 관계(주요부에 의해 그 안에서의 역할에 의해 지시된)를 의미하는 기능 - 논쟁이다: 참조. שׁערי החצר - *gates of the yard* (안뜰문) (겔 44:17 - 이 예에서 관계는 "부분 - 전체"가 함의되었다).

모델 (3). 주요부에서의 이미지는 은유의 대상인 수식어에 대한 은유화 특성으로서 전이된다: גבה רוח - *height* (haughtiness) *of spirit* (거만한 마음) (잠 16:18).

주요한 패턴은 특성 - 사물 : 참조. כגבה ארזים - *as height of cedars* (백향목 높이와 같고) (암 2:9).

위의 예에 나타난 모든 은유들은 일반적인 스미쿠트 구문들에서 술어(또는 그들의 지시어들)로 인식된 단어(또는 그들의 유사어)에 기초하고 있다. 이러한 단어들을 이미지로 인식하기 위해서 상응하는 술어들은 반드시 확장되어져야 한다. 그들의 범위는 은유적 전이 아래에서 (은유의 대상이 그 범위에 포함되어질 수 있도록) 확장되어 진다. "숨겨진" 술어들을 지시하는 사물의 명시적 의미들은 술어 특징들의 추가적인 실현을 요구한다.

술어 특징들의 추가적인 인식은 또한 정상적인 스미쿠트 구문들에서 특정한 술어를 지시하지 않는 명시적 의미로부터 온 이미지를 만들어낼 지도 모른다: 예, *옷들* – 은유에서 기능적 등가의 관계를 지시하는 *보복의 옷들* – 은 이런 식으로 보통 사용되지 않는다.

추가적인 술어 실현과 정상적인 구문들 안에서 특별한 술어들을 지시하지 않는 명시적 의미에서의 술어 특징의 인식은 더 어려운 은유의 개념을 만든다. 은유화하는 술어의 식별은 아마도 다소 임의적이다. 수식어-사물은 아마도 특성의 전형으로서 인식될 수도 있다 (1); 주요부-사물은 기능의 지시어로 인식될 수도 있다 (2) 혹은 특성의 전형으로 인식될 수도 있다 (3).

사물들의 명시적 의미들은 함축어들을 다른 종류의 술어들로 결합시킬 수 있다. 사물들의 명시적 의미에 기반을 둔 은유들은 결과적으로 다양한 술어 특성들을 결합시킨다. 그럼에도 불구하고 특별한 새로운 은유 해석의 모델이 추가적으로 필요하지는 않다.

모델 (1)에서 은유화하는 술어는 수식어에서 인식된 특성이다. 주요부에서 인식된 특성은 모델 (3)에서도 비슷하게 인식된다. 모델 (2)에서 술어는 보통 정확하게 명시화되지는 않지만 그 특징은 주요부에서 인식된다.

더 많은 상세한 설명은 각 모델을 다루는 부분에서 다루어진다. 각각의 은유 모델들 전에 그것의 일반적 (비은유적) 원형은 설명된다.[5)]

모델(1): 사물-특징

은유의 가능성들

이 패턴은 일반적인 스미쿠트 구문들에서 아주 만연해 있다. 은유적인 효과는 특성이(수식어) 몇몇의 "특별한" 사물(주요부), 즉 그 특성(이 특성의 범위를 벗어난 사물)을 특성화하지 않는 주요부와 결합될 때 달성될 수 있다.

그 효과는 그러한 사물로 그 특성을 전이하는 것에 기반을 둔다(그 특성은 주어진 사물을 포함하기 위해 그 범위를 확장한다). 그 사물은 그 특성으로 특성화되는 사물들과 비교되는 (혹은 비슷하게 인식되어지는) 방식이다.

5) 비록 그들이 전체적으로 이미지로 사용되었을지라도 우리는 정상적인 것들 가운데서 필적할 만한 구성 요소들을 구문들에 포함한다 (רקב עצמות와 같이 - 잠 14:30에서 시기에 대한 이미지로 사용된 악화에 대한 전형적인 표현인 뼈를 상하게 하는(rotting of bones).

추상적인 특성들

특성과 동일시 하는 것은 추상적인 개념을 명시화하는 다양한 수식어들에게는 자연스러운 것처럼 보인다: **אמת** - 진리, **רמיה** - 거짓, **עני** - 고난, **קדש** - 거룩 그리고 그와 같은 것들.

예를 들면, **אנשי אמת** - *men of truth* (진실한 자) (출 18:21). 추상적인 개념으로 명시화된 특성의 일반적인지 않은 담지어들은 종종 나타나지만 상응하는 결합들은 은유적인 효과를 만들어내지 않는다.

그러한 "특성들"의 범위는 보통 명확하게 제한되지는 않는다. 즉 추상적인 특성의 명시적 의미는 일반적으로 한정적인 사물과 엄밀하게 연결되어 있지 않다. 따라서 그것은 상응하는 사물의 개념 안에서 실제적인 변화 없이 있을 법하지 않는 주요부에 (수식어로서) 적용될 수 있다. 몇몇의 오히려 특별하고 아주 표현을 잘 드러내는 이러한 종류의 조합들은 따라서 진정으로 은유적이지는 않다: **כקשת רמיה** *a bow of deciet* (속이는 활), 즉 과녁을 맞추지 못하는 활 (호 7:16); **לחמ עני** - *bread of suffering*, *(고난의 빵)*, 즉 고난의 시절을 생각나게 하는 빵 *(신16:3)*.

주로 행동들의 명칭인 할당된 몫의 명시적 의미들은 특성들처럼 보인다: **שמן המשחה** - *The oil of anointing* (관유)(민 4:16). 이러한 명시적 의미들은 이미지로 기능하지 않는다.

당신의 구원의 방패(*Shield of your salvation*, **מגן ישעך** - 시 18:36)와 같은 조합들에서 명백한 이미지는 주요부에 있다 - 그러나 방패(*shield*)는 그것의 수식어인 이 단어와 결합될 뿐만 아니라 구원의 상징으로 사용되고 있다(참조 창 15:1: **אנכי מגן לך** - 나는 너의 방패다). 수식어들과 그러한 상징의 결합은 은유화를 유발시키지는 않지만 상징들의 은유적인 정체성을 단지 고정시킨다. 따라서 한 사물과 그것에 할당된 몫과의 일반적 관계는 **상징적 등가**를 고정시키기 위해 사용된다.

반면에 특별한 기능들을 위해 채택된 사물들의 명시적 의미들과 수식어(예. *cords of suffering* [고난의 줄들]- 욥 36:8)에서 추상적인 개념들과의 조합은 다르게 (모델 (2) 안에서 고려된 것과 같이) 분석될 수 있다.

구체적 특징들

수식어에서 물질의 명시적 의미는 주로 주어진 물체가 만들어진 재료로 인식되며 명백히 그 물체의 특성의 한 종류로 간주된다: לחת האבן - *tablets of stone* (돌판) (출 24:12).

있을 것 같지 않은 담지어들과의 조합들 안에서 재료들은 쉽게 이미지로 인식되고 그들의 함축적 의미들은 실현되고 특별한 주요부들로 전이된다.

예를 들면 돌 같은 마음이란 (לב האבן - *heart of stone* (겔11:19) 돌이라는 특성이 이 특성의 이름(판과 같은 사물들, 즉 돌로 만들어진)과 정상적인 조합 안에서 동일한 위치(주요부)를 차지하는 사물들과 비교되는 마음으로 전이되었다.

특성의 전형들

수식어 안에서 비록 다른 비교적 구체적으로 명시된 의미들을 위해 의문이 되는 특성들의 기능은 자연적이지 않다. 이러한 명시적 의미들은 아직 *특성의 전형*들이라고 인식될 수 있다. 그러한 "특성들"과의 조합들의 수는 제한되어 있다. 그리고 그들은 표현적이며 분명히 고정되어 있다. 예를 들면 עוף כנף - *bird of wing* (날개 있는 새) (창 1:21) 이다. 비록 실제적인 은유적 전이가 그들 안에서 이루어지지 않더라도 이러한 "특정들"은 허구의 특성의 담지어들에게 주어지지 않는다.

따라서 수식어 (물체들의 이름들을 배재한) 안에서 대부분의 명시적 의미들은 특성들로 인식될 것 같지는 않다.

대부분의 조합들 안에서 수식어는 주요부 안에서 지시되거나 또는 부족에 의해 인식된 술어에 의해 결정되는 종속적인 기능을 한다 - 모델들 (2)와 (3)을 보아라.

모델(2): 기능-논점

은유 가능성들

이 패턴은 그 다양성으로 인하여 광범위하게 퍼져 있다. 주요부에서의 기능은 다른 종류들의 단어들에 의해 지시될 수 있다. 정상적인 *스미쿠트* 안에서 그 기능은 단지 지배하는 술어에(종종 명백하게 명시되지 않은) 잘 맞는 논점인 수식어의 도움으로 종종 인식될 수 있다.

명백한 술어의 명시적 의미는 연계형 은유들에게는 특징적인 것은 아니다. 무엇보다 행동의 명백한 명사어구의 명시적 의미는 성경 히브리어에서는 일반적인 것이 아니다.

행동의 명백한 명시적 의미는 또한 이미지를 산출하는데 있어서 아주 적합한 것은 아니다. 추상적 특성들의 범위(이전 패턴을 보아라) 뿐만 아니라 많은 행동들의 범위들은 정확하게 한계가 정해지지 않았을지도 모르며 이러한 행동들은 실제적인 확장이 없이 허상의 논점들에 적용될 수 있다.

이 패턴을 따르는 가장 풍성한 은유의 출처는 이러한 사물들이 내포하는 행동들에 의해 가끔 산출되는 암시적인 관계들을 지시하는 사물들의 명시적 의미들과 관련이 되어 있다(함축적 의미는 구조로부터 파생된 단어에 의해 지지될 수도 있다).

은유에서 실현된 각각의 관계는 이 관계들이 좀 더 표준의 방식으로 지시되고 함축된 관계를 위한 적절한 수식어에 의해 지지되는 곳인 정상의 조합들 안에서 또한 실현된다.

모델의 특이성은 이미지가 전이되는 방식 때문이다. 수식어(논점)은 주어진(또는 오히려 암시된) 술어의 일반적인 논점들과 자연스럽게 비교되어야 한다. 그러나 은유의 실제적인 대상은 수식어나 또는 다른 어떤 곳에서도 반드시 정확하게 명시될 필요는 없다.

행동들

일반적인 스미쿠트에서 주요부 안에서 행동의 명시적인 의미들은 주어진 행동에 (그것의 주체 또는 대상) 대한 가장 중요한 논점을 지시하기 위해 수식어와 결합한다: **צעקת הרעים** - *cry of the shepherds* (목자들의 부르짖는 소리) (렘 25:36); **חנכת המזבח** - *dedication of the altar* (제단의 봉헌) (민 7:10).

위에서 언급한 바와 같이 행동들의 명백하고도 명사어구의 명시적 의미들이 이미지로 보통 사용되지는 않는다.

실제적인 참여 없이 (타오르는 것과 같은) 진행과정들의 이름들은 그에 상응하는 "자연의 힘들"(불처럼)에 의해 대체될 수도 있다.

주요부의 위치가 진행 과정으로 대체 될 때 진행과 논점의 "이중성"이 명백하게 된다. 그러한 결합들의 표현력은 반복에 그 기반을 둔다: **אש להבה** - *fire (burning) of the flame* (타오르는) 불꽃 (호 7:6; 렘 2:3).

은유적인 해석은 수식어가 다른 의미장(semantic field)에서 취해졌을 때 이루어진다: **באש עברתי** - *in the fire of my anger* (내 진노의 불로) (겔 22:31); **רעב זלעפות** - *storms of famine* (기근의 폭풍) (애가 5:10).

"자연적인"명시적 의미들은 **출처들** 또는 **결과들**(원래 자연스런 과정들의)로 인식될 수 있고 행동들에 의해 양산된 관계들을 지시할 수도 있다(아래에서 다룬다).

행동의 참여자들

(주요부에서) 행동의 실행자들은 오히려 종종 그에 상응하는 행동의 대상과 결합된다. 행동의 참여자들은 분사들과(יֹשְׁבֵי הָאָרֶץ - *inhabitants of the land* (땅의 주민)- 창 36:20), 그리고 행동으로부터 파생된 명사에 (예, 아주 흔한 명사 מֶלֶךְ - 왕은 통치하다로부터 파생된 통치자로 해석될 수 있다; 그 논점들은 이 동사의 대상물들이다: מֶלֶךְ מִצְרַיִם - *king of Egypt* [애굽의 왕]) 의해 명시될 수 있다.)

행동의 참여자들 (행동 그 자체 뿐만 아니라) 실질적인 확장 없이 다양한 논점들과 종종 결합된다 (참조. יֹשְׁבֵי חֹשֶׁךְ - *inhabitants of darkness* (흑암의 그늘) - 시 107:10).

은유적 효과는 사물의 명시적 의미가 그것의 논점으로의 추상적인 개념과 결합하여 구체적 행동의 실행자로 행동할 때 이루어 진다: **נפת שׁוא** - *sieve of falseness* (기짓의 기)(사 30:28). 명백한 이미지는 키(분리의 실행자)다. 거짓은 제거되어야 하는 바람직하지 않은 것에 비교되고 있다(겨가 밀에서 가려지는 것처럼). 문맥은 비교될 수 없는 결합을 거짓의 제거를 위한 도구의 은유적 설명으로 인지하는데 도움을 준다. 예를 들면 민족들을 거짓의 키로 채질하는 것이다.

관계적 단어들

술어의 가장 전형적인 표시는 소위 관계적 단어들에 - 암시된 이중의 관계들 안에서 역할들의 특별한 표시어들 의해 표현된다. 수식어는 자연적으로 동일한 관계의 다른 구성원을 명시한다. 즉, 관계에서 다른 역할을 하는 구성원: **בני־נח** - 노아의 아들들(창 7:13).

관계적 단어들에 의해 지시된 암시된 관계들의 은유화는 **בני־עני** - 고통의 아들들, 즉 고통당하는 자들, 궁핍한 자들과 같이 잘 알려진 완곡법을 나타낸다.

부분들

“비자율적인” 사물들을 명시하는 주요부들은 부분-전체 관계를 지시하는 경향이 있다: שערי החצר - 안뜰 문들(겔 44:17).

같은 명시화된 의미들은 조화하지 않은 “전체”와의 결합에서 전형적이며 쉽게 인식된 이미지들이 된다. 부분의 기능은 좀더 일반화된 방식으로 인식되고 새로운 전체는 관계의 논점으로 간주될 수 있다. 그 논점은 일반적인 “전체”와 비교된다. 은유의 대상은 “명백하게 명시되지 않은 하나의 특정한 “세부 묘사”이고 부분으로 있을 법하지 않은 전체 안에서 구분된다: שערי הנהרות - *gates of rivers* (강들의 수문) (나훔 2:7).

은유는 종종 구문 뒤에 명시된 행동이 특정한 이미지들을 지지할 때 종종 강화된다: *gates of rivers opened*…(강들의 수문이 열렸다).

몸의 부분에서부터 경관의 조각들과 같은 주요부의 전형적인 함축어들은 창의적인 은유들을 만들어내지 않을 가능성이 많다.

그러한 용법은 – 관습적이거나 또는 어휘화된 – 신화적인 세계에 대한 비젼을 반영할 수 있다(Barr 1967을 보라). 어떤 경우에도 그러한 조합은 우아한 스타일의 특성이다: ראשי ההרים - 산들의 꼭대기 (겔 6:13).

출처와 결과들

몇몇의 명시적 의미들은(특별히 파생된 행동들) 어떤 행동의 출처 혹은 결과들로 인식될 수도 있고 이러한 행동에 의해 양산된 암시적인 관계를 지시한다(행동의 산물 혹은 행동의 산출자와의 관계들).

이러한 종류의 전형적인 지시물들은 그에 상응하는 자연스런 행동과 과정들의 (흐르는, 빛나는, 자라는과 같은) 출처 혹은 결과물로 인식된 대상을 나타내면서 자연스런 대상들의 (원천, 번개, 열매) 명시적 의미들이다.

암시된 관계의 인식은 이 관계에 적합한 수식어에 의해 일반적인 스미쿠트에서 지지된다. מקור דמיה - *source of her bloo*, 원천(source) (어근 קוה - *flow* [흐르다]) (레 20:18); פרי־עץ - *fruit of the tree* (나무의 열매 [또는 산물, פרה - 산출하다]) (창 1:29).

은유에서 동일한 주요부의 명시적 의미들은 (그리고 그것들과 비슷한 명시적 의미들) 더 추상적인 방법으로 인식된 같은 기능을 지시하고 원래 행동과 관련이 없는 논점과 결합한다. 이러한 종류의 많은 자연스런 명시적 암시들은 원래의 의미와 전혀 관계가 없는 잘 알려진 어휘화된 은유들이다. 그들의 구체적 의미들을 강조하면서 문맥으로 본다면 그것들은 성경에서 적어도 재생된 이미지로 (비록 무생물일지라도) 사용되어진다: עמקים דברי פי־איש נחל נבע מקור חכמה מים - 깊은 물 - 사람의 입의 말들, 흐르는 시냇물 - 지혜의 근원(잠 18:4); ויאכלו מפרי דרכם - 그리고 그들은 그들의 행위의 열매를 먹을 것이다(잠 1:31).

길들의 명시적 의미들에서 어떤 목적지로 인도하는 그들의 기능이 실현된다. 그리고 암시된 관계의 논점은 그러므로 목적지의 이름에 있다: דרך עץ החיים - *path of the tree of life* (생명나무의 길 [즉, ..로 인도하는, דרך - 걷다] (창 3:24) .

이러한 은유들에서 수식어 안에서의 추상적인 개념은 목적지로 인식된다: בארח־צדקה אהלך - *along the road of justice I walk* (공의로운 길 가운데로 다니나니) (잠 8:20).

몇몇의 명시적 의미들은 단지 은유적으로 출처들의 지시물들로 사용된다 - 참조. וזרחה לכם יראי שמי שמש צדקה에서의 *sun - and shines to you, fearing My Name, the sun of justice*(내 이름을 경외하는 너희에게는 공의로운 해가 떠올라서 비추리니) (말 4:2). 태양은 빛의 근원으로 인식될 뿐만 아니라 그 자체가 빛을 발하는 것으로 인식되어지기 때문에 수식어와 주요부의 역할은 동일한 것처럼 보인다. 일종의 등가가 그들 사이에 세워진다.

그 행동의 대상(한정사)을 제한하는 결과들은 각각 따로 제시된다.

한정사들

저장 창고와 관련된 행동들은 특정한 관계들을 생성한다. 저장의 결과들은 (또는 위치들), 즉 수집들 또는 저장 용기들 (그들은 종종 서로 구분되지 않는다)은 실제로 저장 대상물의 (즉 이러한 저장 용기들의 내용들) 한계를 결정한다. 내용들은 주요부에서 (개요가) 제시된 "한계들" 안에서 인식된다. 따라서 주요부는 한정사의 한 종류이다.

일반적인 스미쿠트 구문들 안에서 수집물들과 저장 용기들의 이름들은 오직 수식어의 도움으로 묘사된 관계를 지시하는데 특히 수식어가 주어진 한정사에 잘 맞는 "요소들" (수집물의) 또는 물질 (저장 용기 그릇 안에 수집되거나 또한 위치된)을 명시할 때 그러하다: **כעדר העזם** - *like a flock of goats* (염소들의 무리와 같이); **אצרות השמן** - *the storages of* (or *stores of*) *oil* (기름의 저장 용기들) (대상 27:28); **צרור־הכסף** - *package of* (i.e. *containing*) *silver* (or *money*) (은주머니)- 잠 7:20).

그들의 "요소들"과 (예, **עדת בני ישראל** - *the community of the sons of Israel*(이스라엘 자손의 회중) - 레 16:5; **עדת ישראל** - *the community of Israel* (이스라엘 회중) - 출 12:3) 함께 군집물들의 명시적 의미들은 상대적으로 적다. 그들은 "요소들"이 그들에게 전이된 일반적인 요소들의 상태인 평가적인 명시적 용어들로 나타날 때 아주 표현적이다: **עדת מרעים** - *community of evildoers* (악한 무리).

물과 관련되지 않은 수식어들과 조합을 이루는 물과 관련된 수집물들은 상당한 양의 생각을 이러한 수식어에 전이한다: 예, *rain of voluntary gifts* (흡족한 비) - **גשם נדבות** (시 68:10).

용기들은 은에서 광범위하게 사용되었다: בצרור החיים - *in the package of life* (생명싸개) (삼상 25:29); כוס חמתו - *the cup of his anger* (분노의 잔)(사 51:17).

고정된 크기의 사물들(용기를 포함한)은 한정된 물질의 추상적 단위를 가리킨다: כף־קמח - *a hand (handful) of flour* (가루 한 움큼) (왕상 17:12). 그 상응하는 의미는 분명히 어휘화 되어졌으나 원래는 은유적이다(Sovran 1993을 보아라). 추상적인 개념들과 함께 조합을 이루는 단위들에서 추상적인 개념은 측정할 수 있는 실체들로 인식된다: כף נחת - *a hand of quietness* (한 손의 평온함)(전 4:6).

한정사들은 또한 형태를 강조하기 위해 사용될 수도 있다. 그러나 눈에 보이는 이미지들은 아주 드물다: *canals (riverbeds) of bronze* (놋 도관) - נחושה אפיקי (욥 40:18 - 하마의 뼈들에 대한 묘사) *canals of shields* (방패들의 도관) - אפיקי מגנים(욥 41:7, 즉, 하마의 가죽에 대한 묘사에서 사용된 일련의 방패들).

적응들

감각을 포함하는 다른 추상적 개념들과 사물들의 명시적 의미들의 조합들은 아마도 적응(특별한 기능을 가리키는)과 기능어 (즉, 주요부에서 제시된 기능을 수행하는 구체적인 대상) 사이의 관계를 의미할 수도 있다.

일반적인 *스미쿠트* 안에서 이 관계는 오직 파생적인 행동, 주로 덮개를 표시하는 명시적 용어들에 의해 지시된다. 그들의 기능어들은 덮개 기능을 하는 특정한 대상물들이다. 일반적인 *스미쿠트* 안에서 이 관계는 수식어의 도움으로 인식된다 (수식어는 덮개로 "변형될 수 있는" 무엇인가를 명시적으로 나타낸다): - *in the shelter of the mountain* (산 호젓한 곳) (삼상 25:20).

여기에서 완전하게 조화를 이루는 조합 안에서 구성 요소들의 기능적인 등가가 형성된다. 그 보다 더 한 것은 주요부가 기능어로 구성되는 구조물로 인식된다.

은유에서 덮는 것을 위한 것으로 변형된 상징적 구조물로 인식되는 덮개는 일반적으로 덮는 기능의 기능어들과 결과적으로 비교되는 추상적인 개념들과 결합한다: מחסה כזב - *refuge of the lie* (거짓의 피난처), 즉, 피난처로 기능하는 거짓말(사 28:17); מעטה תהלה - *cover of praise* (찬송의 옷) (사 61:3).

기능어로 인식된 수식어는 주요부에서 지시된 기능을 부여 받은 은유의 대상물이다. 그것의 일반적인 기능어들과 비교할 때 그것은 동시에 주요부 그 자체와 비교된다 (마치 그것의 가능한 기능어에 의해 형성된 것처럼). 여기에서 기능적 등가는 은유에서 형태의 등가에 의해 강화된다.

은유적 기능적 등가와 형태의 등가는 오직 지시 대상의 병렬배열 안에서 세워진다.

이런 점에서 등가는 단어 조합들에 의해 세워진 것이 아니라 오직 그들 안에서 고정된 "독립적인" 상징적 등가와 다르다. (모델 (1)의 틀 안에서 사물과 그것의 할당 사이에). 아직 이러한 등가들의 두 가지 형태들 사이의 차이점이 분명하지 않을 때도 있다.

(애굽)포로생활에 대한 전통적인 이미지인 풀무는 고난의 전형이다. כור עני (고난의 풀무)의 조합은 전통적인 개념의 고정화로 간주된다. 사 48:10에서의 문맥은 풀무 안에서 정결케 됨의 기능을 강조한다: 내가 너를 은처럼 정결케 하였고, 고난의 풀무에서 너를 연단하였다. 이 문맥에서 고난은 정결케 하는 것의 수단으로 간주되고 있다.

대부분의 적응들은 그들의 기능어들과 함께 오직 은유에서 결합을 하고 있다. 묶는 것의 수단을 명시하는 파생적인 행동(그리고 동시에 묶는 것을 위한 형성물)과 "넘어지게 하는 수단"은 줄 또는 장애물들의 기능들을 이러한 개념들에게 전이하면서 (마치 그들에 의해 형성된 것처럼) 추상적인 개념과 결합된다. במסרת הברית - *in the bonds of the covenant* (언약의 줄)(겔 20:37); מכשול עונם - *obstacle* (stumble에서 파생된) *of their sin* (그들의 죄악의 걸림돌) (겔 7:19).

적절하지 않은 수식어들과 (기능어들로서) 관계(와 등가)를 세우는 것의 기반은 주로 문맥에 의해 도움을 받는다: ילכדון בחבלי־עני - *captured but the cords of suffering* (환난의 줄에 얽혔다) (욥 36:8).

의복들의 이름들은 - 덮개를 대표하는 것들 (몸과 가깝게 접촉하는) - 그것들의 분명한 문자적 기능과는 달리 감정을 표현하는 상징적 수단들로서 인식된다. 몇몇의 특정한 의복들은 (부대 옷과 같은) 실제로 특별한 경우들 (애곡과 같은) 이나 또는/그리고 특별한 사회적 감정적 상태에 있을 때 입는다.

의복들은 비유에 있어서 이미지들로 적극적으로 사용된다; 참조. כשלמה עטה־אור - *covered with light as with a dress* (옷을 입음 같이 빛을 입으시며) (시 104:2).

주요부의 위치에서 의복들의 이름들은 구성 요소들 사이의 등가를 세우면서 감정의 이름들과 결합된다. 그 문맥은 그들의 문자적 기능과 은유화를 지지할 수도 있다.

예를 들면 בגדי נקם의 조합 - *clothes of vengeance*(보복의 옷들) - 은 사 59:17에서 의복과 관련된 많은 명백한 지시어들이 나타나는 문맥에 의해 둘러싸여 있다. 동일한 구절 안에 있는 의복의 몇몇의 이름들은 비유에서 이미지로 사용된다: 공의를 갑옷으로 삼으시며 구원을 자기의 머리에 써서 투구로 삼으시며 보복을 속옷으로 삼으시며 열심을 입어 겉옷으로 삼으시고.

판(tablet)은 하나님의 뜻을 고정시키기 위한 이미지를 부합하는 것으로 사용된다:…*is engraved in the tablet of their heart* (그들의 마음 판에 새겨졌거늘…)(렘 17:1), *write them on the tablet of your heart* (너의 마음 판에 새기라) (잠 3:3; 7:3). 이 조합 안에서 (לוח לב - 마음 판) *마음*이라는 단어는 판들의 기능을 완성하고 판처럼 사용된다 - 그 위에 기록하며, 하나님의 뜻을 고정시키기 위해.

무기의 이름들은 보호 또는 공격의 일반적인 기능으로 진이된다: ושבט עברתו - *stick of anger* (분노의 막대기) (잠 22:8); שבט מוסר - *stick of punishment* (심판의 몽둥이) (잠 22:15).

문맥은 좀 더 구체적인 기능들을 지시한다. 예를 들면 חצי הרעב의 조합은–

arrows of famine (기근의 화살) (겔 5:16) – 은 화살을 미사일로 실현시키는 문맥 안에서 사용되어 진다: 기근의 독한 화살을 너희에게 보내되.

양식 산물들 (전통적으로 호의와 관련된) 먹이는 것의 기능을 가리킨다(문맥에 의해 지지되는): **לחם דמע** - *bread of tears* (그들에게 눈물의 양식을 먹이시며 많은 눈물을 마시게 하셨나이다 (시 80:6)).

불특정한 관계들

구체적인 술어 지시가 부족한 경우에 사물의 명시적 의미들은 그것들의 **소유주**(혹은 위치)와의 불특정한 관계들을 의미하면서 종종 **소유**(혹은 장식물)로 인식된다. 일반적인 스미쿠트 안에서 사람 또는 위치를 명시하는 수식어는 그 관계 안에서 잘 어울린다: **בגדי עשׂו** - 에서의 옷 (창 27:15).

이 관계는 주요부가 (파생적인 술어를 포함하는) 더 특정한 관계를 지시하는 경우에 또한 명백히 암시된다. 그러나 수식어는 (사람이나 장소를 명시하는) 그것에 적합하지 않다: **אוצרות בית המלך** - *stores of the house of the king* (왕궁의 보물들)(왕상 14:26).

적합하지 않은 위치와의 결합일 경우에 주요부는 이미지로 인식된다. 때때로 구체적인 대상 – 명백히 언급되지 않은 수식어의 기준 부속물 – 은 은유의 대상으로 사용되어 진다. 예를 들면, **נבלי שׁמים**의 조합에서 주머니(*vessels [leather receptacles] of the sky* (하늘의 물 주머니)- 욥 38:37)는 구름의 시각적인 이미지다(하늘의 위치에 있는 주머니의 기능을 가진 대상).

주요부에서 사물의 명시적 의미가 보통 적응으로 인식되기 때문에 그것에 수반되는 추상적인 개념은 둘 다 은유의 (주요부에서 지시된 기능을 완성하는) 대상으로 이해되고 소유물로 (그러면 은유의 대상은 어떤 정확한 명시적 의미를 가지고 있지 않지만 단지 전체로서 구문에 의해 은유적으로) 설명된다.

예를 들면 **בחבלי השׁוא** (*cords of vanity* [거짓의 끈]- 사 5:18)의 조합에서 거

짓은 줄과 같이 묶는 어떤 것으로 이해된다. 그러나 문맥은 거짓이 수레 – 끈의 기준이 되는 소유자 (혹은 위치) – 라는 단어를 대신하는 해석을 지지한다: 거짓으로 끈을 삼아 죄악을 끌며, 수레 줄로 함같이 죄악을 끄는 은 죄악을 의미한다.

모델(3): 특성-사물

은유 가능성들

이 패턴 안에서 우리는 명백한 특성들뿐만 아니라 그들의 주어(결과적으로 특성의 담지어로 간주되어야만 하는)에 의해 수식된 상태들도 명시하는 주요부와의 조합들도 고려한다.

이 패턴은 그것의 담지어로부터 특성의 분리를 강조한다. 보통 그러한 분리는 은유적인 효과(즉, 심지어 패턴의 비은유적인 실현이 표현력으로 나타났을지라도; 참조. שמחת לבו - *joy of his heart* (그의 마음의 즐거움) [아 3:11], כצנת-שלג - *as coolness of snow* (눈의 차가움) [잠 25:13])로부터 독립된 고상한 시적인 스타일의 특징이다.

구문 외에서 지정되고 공식적으로 분리된 특성(그 행위자에 대해)으로 이끄는 행동은 사실 특성의 담지어와 관련이 있다: 참조. ואכרת קומת ארזיו - *and I cut the height of his cedars* (그의 백향목의 높이를 내가 베고) 즉, 높은 백향목 (사 37:24).

이 패턴은 비교적 거의 사용되지 않는다 (위에서 언급된 것처럼 그것의 실현은 표현의 효과를 산출해야만 한다), 그리고 그것의 은유적인 사용(즉, 정확한 특성의 은유적인 전이)은 전형적인 것도 아니다.

적절하지 않은 특성의 담지어와의 결합(수식어)에서 몇몇의 특성 지시어들이 발생한다. 사실 이러한 지시어들은 더 자연스런 담지어와 더불어 사용되지 않는다고 언급되어야 한다. 예를 들면 מתק (sweetness, 달콤함)은 히브리 성경에서 연계형으로 두 번 사용되었고 모두 "색다른"담지어와 관련하여 사용되었다: ומתק שׂפתים - *sweetness of his friend lips* (그의 친구의 입술의 달콤함) (즉, 말들의 달콤함- 잠 16:21) 그리고 ומתק רעהו - *sweetness of his friend* (그의 친구의 달콤함) (잠 27:9).

그러한 경우에 우리는 특성의 변화된 의미의 어휘화를 의심할 수 있다. 어휘화는 특성이 규명되는 그 범위 안으로 새로운 담지어들을 포함하고 있다는 것을 암시한다. 결과적으로 허상의 담지어들과의 조합은 실제적인 은유적 전이를 초래하지는 않고 이미 변화된(적어도 그것의 원래의 관점에서 은유적으로) 특성의 의미를 지지한다.

또 다른 가능성은 그것의 가능한 담지어들에 대한 특성의 완전한 무관심이다. 즉, 제일 처음에 시작하는 특성의 의미는 그것이 규명되는 범위에 제한을 암시하지 않기 때문에 아주 광범위하다.

이러한 형태의 은유적인 전이의 의심되지 않는 경우는 거의 일어나지 않는다. 그것의 실제와 허구의 담지어들(암 2:9에서 גבה - 백향목(cedar)과 잠 16:18에서 영(spirit), 즉 거만함(haughtiness)과 결합된 높이(height)와 관련된 하나 혹은 동일한 특성 지시어들의 사용은 의미에 있어서 어휘화된 변화들로부터 혹은 그 특성의 무관심(가장 일반화된 방식으로 인식되는)으로부터도 기인하다. (nakedness, 벌거벗음) 은 비슷한 방식으로 해석될 수 있다, 참조. ערות הארץ - *bareness of the land* (땅의 벌거벗음) (창 42:9); ערות אביו - *nakedness of his father* (그의 아버지의 벌거벗음) (창 9:22).

암시적 특성들 (특성들을 가리키는 "사물들")

실체의 이름들은 특성의 대체물로 거의 해석되기 어렵다. 그러한 해석은 수식어로서 *liquid honey* (נפת, 흐르는 꿀)와 *nectar* (צופים, 넥타) 결합해서 가능하다. 즉, 꿀은 넥타의 감미로움을 강조한다: *sweeter than honey and liquid honey of nectar* (꿀과 송이꿀보다 더 달다) (시 19:11, 주님의 법에 관하여).

또 하나의 가능한 특성 대체물은 죽음의(그리고 다른 문맥에서 죽음과 연관된 구멍들과 덫들을 포함하는 대체물) 지시어들 안에서 인식된다. 그리고 이러한 지시어들은 오직 그것의 범위에서부터 나온 개념과 결합된다: *grave of nothingness* (허무의 무덤) - שׁחת בלי (사38:17); *grave of their net* (그들의 그물의 무덤) - שׁחת רשׁתם (시 35:7).

결론부

가장 생산적인 은유적인 모델은 구문의 구성 요소들 사이의 서로 다른 관계를 허용하는 패턴에 기반을 둔 모델 (2)이다.

가장 전형적인 이미지들은 주요부에 위치한 명시된 의미들을 가지는 사물이다. 대상물과의 비교를 위한 가장 전형적인 기반은 이미지로 사용된 사물의 인식 안에서 실현된 기능이다.

몇몇의 이미지들은(의복, 음식, 산물들과 같이 여기에서 "각색"으로 불리운) 그들의 기능을 직접적으로 수식어에게 (은유의 대상물로서) 전이하고 그 안에서 명시된 개념과 함께 기능적인 등가를 세운다.

대부분의 이러한 이미지들은 또한 다른 구문적 구성들에서(syntactic construc-tions) 이미지들로 사용된다.

참고 서적

Barr J. The Semantics of biblical language. Oxford, 1967.

Knorina L. V. Semantic anomaly and metaphor in the genitive construction - in "Logical analysis of Language: Contradictions and Anomalies in Discourse." Moscow, 1990a (in Russian).

Knorina L. V. Types of "things" and their perception in language (in coauthorship with V. B. Borshchev) - in "Language of Logic and Logic of Language." Moscow, 1990b (in Russian).

Sovran T. Metaphor as reconciliation: the logical-semantic basis of metaphorical juxtaposition. - in "Poetics Today." Durham, 1993.

* * *

크노리나는 자신이 직접 영어로 쓴 이 글의 작업을 마치기 전에 사망했다. 편집자는 영어 스타일 교정에 도움을 주신 Alexandra Aihenwald, Raisa Rosina 그리고 Alexei Sossinski(특별히 후자)에게 감사를 표한다.

[이 글의 마지막 문장 안에서 언급된 편집자는 Vladimir Borshchev이다. 아델 벌린은 이 원고에 나타난 몇몇의 오타를 수정하였다.]

그리심 신학서적 저(역)서 안내

- **주의 날 어떻게 이해할 것인가**
  Paul R. House · 장세훈 공저 / 반양장 / 184면
- **본문의 의미를 찾아서(21세기 구약신학과 해석)**
  장세훈 저 / 반양장 / 224면
- **계시록의 구속사적 연구**
  J.B. Jordan /이동수 역 / 반양장 / 396면
- **구약 속의 그리스도**
  E. 뵐 /권호덕 역 / 반양장 / 371면
- **하나님과 인간, 그리고 시간**
  어얼 E. 케이른스 / 박영실 역 / 반양장 / 258면
- **하나님 나라와 윤리(주제별 논문)**
  김경진 / 반양장 / 303면
- **누가신학 연구**
  R. 화이트 / 김경진 역 / 반양장 / 197면
- **배경으로 본 히브리서 강해**
  정우홍 / 양장 / 406면
- **배경으로 본 마태복음 강해(상 · 하)**
  정우홍 / 양장 / 416면/472면
- **베드로전서의 메시지(주해)**
  오광만 / 반양장 / 283 면
- **산상설교(기록이유와 목적)**
  정훈택 / 반양장 / 176면
- **창조를 위한 하나님의 패턴(God's Pattern for Creation)** 창세기 1장에 대한 언약적 읽기 -
  W. Robert Godfrey · 이동수 역
- **성경에 나타난 제사법 연구**
  로저드 백위드 / 반양장 / 261면
- **신명기 1(1-8장) (주해)**
  김영욱 / 양장 / 468 면
- **신학의 종을 어떻게 울릴 것인가 (논문)**
  허 주 / 양장 / 388면
- **해석매뉴얼(성경해석법의 이론과 실제)**
  김상훈 / 양장 / 287면

- **문맥설교 매뉴얼 [1]-[2]**
  배동한 / [1] 강화체 [2] - 사건기록체 / 반양장 / 360면
- **언약이란 무엇인가?**
  팔마 로버슨 / 오광만 역 / 반양장 / 159면
- **에스겔서 강해**
  김두석 / 반양장 / 335면
- **구속사적 관점에서 본 요나서**
  손진호 / 반양장 / 176면
- **이사야의 하나님-우리의 하나님**
  최만수 / 반양장 / 262면
- **임마누엘 성령론**
  안영복 / 반양장 / 232면
- **낙원의 구속사(Paradise Restored)**
  David Chilton /안영복-이동수 공역 / 반양장 / 296면
- **여호와의 전쟁신학**
  윤용진 / 반양장 / 346면
- **계시록의 구속사적 읽기**
  이동수 / 반양장 / 432면
- **사자가 부르짖은즉 누가 두려워하지 않겠느냐?(아모스 원전연구 및 주해)**
  조 휘 / 양장 / 521면
- **세례자 요한**
  김인철 / 반양장 / 382면
- **하나님의 구원 역사 창세기**
  한민수/ 반양장 / 360면
- **신명기와 땅**
  한민수/ 반양장 / 175면
- **사랑과 율법 그리고 역사**
  김봉수/ 반양장 / 376면
- **유대문화로 읽는 복음서의 난제들(1)**
  김인철 / 반양장 / 382면
- **성경헬라어와 신약성경의 이해**
  정창욱 / 반양장 / 320면
- **성경 평행법의 역동성**
  아델 벌린 / 이희성 역 / 반양장 / 312면